Inhalt

Warum mit (vorbereiteten) Rollen spielen? Ein Vorwort .

1. Vom Schock zum Jubel – Erfolgreiche Inszenierung

Rollen leben, Rollen spielen 15
10 3/4 Schritte zum erfolgreichen Rollespieleinsatz 21

2. Die Rollenspielsammlung

Einführung

Welches Spiel für welches Ziel? 55
Welche Wirkung haben Rollenspiele im Lernprozess? 60
Welche Arten von Rollenspielen finden Sie hier? 60
Wie viele Teilnehmer spielen eine Rolle? 62

Die Spiele Teil I:
Kommunikationstechniken anwenden

1. Ran an die Beschwerde – mit Verständnis 66
2. Mir schmeckt das nicht 72
3. Wer schreibt das Protokoll? 78
4. Die Vorwurfsmühle 82
5. Kampf um die Turnhalle 85
6. Der Bürgerentscheid 89
7. Wer darf mit zum Segeltörn? 96
8. Das Firmenjubiläum 101

9. Die verschollene Berechnung 110
10. Sieben Mal kritisieren 114
11. Das misslungene Praktikum 119
12. Luxuriöser als die Chefin 126
13. Die Urlaubsreise 131
14. Übrigens... 142
15. Stilechtes Grüßen, Begrüßen und Selbstvorstellen 146
16. Der „Schwierige" 150
17. Nein oder Ja? 155
18. Der Umzug 162
19. Die bittere Pille 166
20. Guter Bote, schlechte Nachricht 172
21. Der erste Arbeitstag 177
22. Völkeraustausch 183
23. Zeit für ein gezieltes Gespräch 189

Die Spiele Teil II:
Handlungsziele kommunikativ erreichen

24. Wem sitzt der Affe auf der Schulter? 200
25. Das Einzelbüro 205
26. Verlässlichkeit 211
27. Die Werbeagentur 215
28. Die Versicherungsgesellschaft 221
29. Die pflegebedürftige Mutter 227
30. Spannungen im Pflegeteam 232
31. Gründung eines Qualitätsteams 241
32. Nie wieder eine kalte Pizza 245
33. Auf dem Weg zur Führungskraft 252
34. Wem gehört der Strand? 258
35. Die Orangenplantage 275
36. Die Küchenübernahme 279
37. Im Schuhhaus DIENER DER FRAU 284
38. Kühlschränke für Eskimos 289
39. Sand für Beduinen 295
40. Neue Büromaschinen 301

3. Widerständen widerstehen – vom Umgang mit Herausforderungen

Widerspenstige innere Stimmen 311
Widerstände bei den Teilnehmern 313
Widerspenstige Technik 327

4. Spontane Spiele – Praxissituationen von Teilnehmern im Rollenspiel bearbeiten

Erneut 10 3/4 Schritte 331
Fazit 346

5. Wissenswertes

Literatur/Quellen 349
Autorenverzeichnis 353
Stichwortverzeichnis 362

Warum mit (vorbereiteten) Rollen spielen – ein Vorwort

Liebe Kommunikationsberaterin, lieber Trainer, liebe Gruppenleiterin, lieber Erwachsenenbildner,

mit welcher Hand greifen Sie normalerweise zuerst nach Ihrem Schuh, wenn Sie ihn anziehen wollen? Sie können sich nicht so genau erinnern? Dann geht es Ihnen wie manchen Teilnehmerinnen und Teilnehmern in Ihren Seminaren, die – nein, in diesem Fall sich nicht ihre Schuhe anziehen, sondern ihre Gespräche effizienter führen wollen: Was sie erreichen wollen, ist ihnen klar – aber wie sie dies in der realen Situation anfangen, meist nicht.

Das Schuhe-Anziehen läuft auf der unbewussten Ebene, also automatisch, recht gut, und so werden wir es hier auch nicht weiter thematisieren. Gespräche hingegen funktionieren manchmal eben nicht „einfach so“. Angenommen, Sie werden von einem Teilnehmer gefragt: *„Wie kann ich meine (beruflichen) Gespräche ‚besser‘ führen?“* Dann versuchen Sie zuerst mit dem Fragenden herauszufinden, wie er in Gesprächssituationen normalerweise vorgeht, um zum Ziel zu kommen.

Und hier liegt die erste große Chance von Rollenspielen. Sie helfen dabei, gewohntes und unbewusstes Verhalten bewusst zu machen: *„Will ich das so? Erreiche ich damit mein Ziel? Welche Alternativen gibt es?“*

Nachdem solche „Blinden Flecken“ ausgeleuchtet sind – eine Videoaufzeichnung, die Rückmeldung von Beobachtern oder Methoden wie der Rollentausch helfen dabei – können neue Verhaltensentscheidungen getroffen werden. Und auch hier leistet das Rollenspiel gute Dienste: ungewohnte Handlungen können ausprobiert werden, bevor sie sich im Alltag bewähren sollen.

Warum aber eine Sammlung „fertiger" Rollenspiele? Sollte man die Rollenspielmethodik nicht vorzugsweise auf aktuelle, real erlebte Fälle anwenden, auf individuelle (Gesprächs-)Situationen, von denen Teilnehmende berichten und für die sie Anregungen, Hilfestellungen, Feedback oder Lösungen suchen?

Nicht immer haben wir als Trainerinnen und Berater optimale Bedingungen für solche Ad-hoc-Rollenspiele. Ein kurzes Seminar mit hoher Teilnehmerzahl begrenzt den „Spielraum" und konzentriert das Seminarprogramm. Hier sind Methoden gefragt, die in kurzer Zeit alle Seminarteilnehmenden ansprechen und einbeziehen, und die im gleichen Zug individuelle Fragestellungen beantworten können. Ein vorbereitetes Rollenspiel lässt sich für bestimmte Zwecke mit Gewinn einsetzen:

- Mit einem vorbereiteten Rollenspiel können Sie gezielt *in ein Kommunikationsthema einführen, Inhalte und Fragestellungen vermitteln und sie emotional verankern*. Manche Seminarbesucher haben zu Beginn des Seminars aus verschiedenen Gründen nur unspezifische oder gar keine Fragestellungen: Dem einen erscheint sein Anliegen zu komplex, um es zu schildern; ein anderer hat zu Beginn schon eine frühe Arbeitsschicht hinter sich und will einfach erstmal „ab- oder umschalten". Nicht wenige starten „kalt", ohne innere Vorbereitung in das Seminar, oder kommen gar unfreiwillig. Ein Rollenspiel hilft all diesen Personen, „hineinzufinden". Wenn das Spiel die betriebliche Wirklichkeit oder berufliche Situationen der Teilnehmenden annähernd trifft, ist es ein Assoziationsfeld für eigene Erfahrungen und damit verbundene Fragen.

- Ein vorbereitetes Rollenspiel kann durch seine Planbarkeit im Ablauf und durch ein absehbares Ergebnis ein *„Schlüsselerlebnis"* werden und Aha-Effekte erzeugen. Noch unmotivierte Teilnehmende sind nach einem solchen „Warm-up" wesentlich aufgeschlossener für das Programmangebot.

- Ein weiterer Vorteil: Mit einem vorbereiteten Rollenspiel *aktivieren Sie alle Seminarteilnehmerinnen und -teilnehmer,* denn sie können es in parallelen Arbeitsgruppen durchführen. Die Rollenbeschreibung bietet einen Anhaltspunkt, der Ablauf schafft einen Rahmen und gewährleistet den Teilnehmenden damit eine gewisse Sicherheit beim Spielen. Auch wenn sich Einzelne entscheiden mögen, nicht mitzuspielen – Rollenspiele sind „Geschichten aus dem Leben", und diese sorgen von ganz alleine dafür, dass auch scheinbar Uninteressierte plötzlich als Zeugen des Geschehens mitfühlen, mitdenken oder mitdiskutieren.

- Als Spielleiterinnen entscheiden wir uns auch für vorbereitete Rollenspiele, wenn Teilnehmende befürchten, sich durch ein eigenes Beispiel mit ihren Kommunikationsschwierigkeiten vor den anderen zu „outen". *Bei fehlender Vertrautheit* (am ersten Tag, bzw. bei Kurz-Seminaren) oder in Anwesenheit von Kollegen oder Vorgesetzten geraten manche in einen inneren Konflikt, weil sie gleichzeitig lernen und fragen, andererseits jedoch kompetent wirken wollen. Ein vorbereitetes Rollenspiel mit treffender Nähe zur erlebten Praxis der Teilnehmer schützt Einzelne, weil es alle gleichermaßen einbezieht.

- Falls der Anlass für das Seminar ein Kommunikationsproblem innerhalb der Gruppe ist, kann der Trainer den vorher recherchierten Fall leicht verfremdet als Rollenspiel inszenieren. Das *„heiße Eisen" kann auf diese Weise angepackt* und bearbeitet werden.

- Vorbereitete Rollenspiele ermöglichen es gerade Teilnehmenden mit geringer oder mittlerer Berufserfahrung, die viele Praxissituationen noch nicht kennen, in geschütztem Rahmen *neue Verhaltensweisen oder -strategien zu erproben* oder „typische" schwierige Situationen nachzuvollziehen und zu reflektieren.

- Und: Wer noch am Beginn seiner Trainerlaufbahn steht und die verschiedenen Methoden für sich gerade erprobt, wird an vorbereiteten Rollenspielen schätzen, dass sie *besser planbar* sind hinsichtlich Zeitaufwand, Ablauf und zu erwartendem Ergebnis. Sie geben damit auch dem Leitenden des Spiels mehr Sicherheit.

Im Laufe ihrer Seminarpraxis haben die Netzwerker/innen der study&train GmbH, Stuttgart zu den zentralen Lernbereichen in (Kommunikations-)Seminaren eine Vielzahl von Rollenspielen entwickelt. Die meisten darin geschilderten Situationen sind von Teilnehmenden real erlebt worden. Wir haben Rollenspiele daraus gemacht, weil diese Situationen etwas „Typisches" enthalten und sich viele andere Teilnehmer darin wiederfinden konnten.

Die in diesem Buch vorgestellten Beispiele ergänzen Ihre bisherige Auswahl von Rollenspielen und steigern damit Ihre Flexibilität, verschiedene Zielgruppen anzusprechen und unterschiedliche Lernziele abzudecken. Diese Sammlung erfüllt manchem Trainer, mancher Trainerin zudem auch das Bedürfnis nach Abwechslung.

Ein Rollenspielbuch wäre nicht vollständig ohne den Blick auf Rollenspiele, die aus Teilnehmerfällen „ad hoc", also erst vor Ort im Seminar, entwickelt werden.

- Teilnehmende mit langjähriger Berufserfahrung profitieren mehr von einem Ad-hoc-Rollenspiel, in dem sich ihre ganz spezifische Situation darstellen lässt. So lassen sich Lösungen für gegenwärtige individuelle Herausforderungen erarbeiten, beispielsweise für Konfliktsituationen oder Entscheidungsfindungen. Im Gegensatz zu einer kognitiv, also „mit dem Kopf" herausgefundenen Lösung berücksichtigt die im Rollenspiel erarbeitete Variante das emotionale Erleben der Beteiligten.

- In Rollenspielen zu eigenen, bereits erlebten Situationen können Einzelne ihr Erlebnis „aufarbeiten" und die Lernchancen aus derjenigen Situation besser nutzen, die gemäß ihrem eigenen Urteil damals nicht ideal gelaufen war.

- Ebenso sinnvoll kann es sein, Situationen gezielt zu üben, von denen die Teilnehmer wissen, dass sie ihnen bevorstehen. Sei es das Gespräch mit einem herausfordernden Mitarbeiter, sei es die Moderation eines Projektteams, sei es die abschließende Verkaufspräsentation ... Der Transfer erfolgt in jedem Fall zeitnah im Anschluss an das Seminar – was könnte ihn besser absichern?!

- Wenn das Seminar nur eine einzige kommunikative Fragestellung anspricht, haben die Teilnehmenden ähnliche Zielvorstellungen. Dann sind Ad-hoc-Rollenspiele eine Möglichkeit, das enge thematische Spektrum individuell auszuleuchten. Die weniger erfahrenen Teilnehmer lernen durch die Beispiele der „älteren Hasen" ihre Aufgabe in neuen abwechslungsreichen Facetten kennen.

So lässt sich sagen: Wenn genügend Zeit vorhanden und die Gruppe vertraut miteinander ist, dann ziehen wir die Ad-hoc-Rollenspielmethodik vor, weil sie individuelleres Arbeiten ermöglicht. Das genaue Anliegen der Teilnehmenden oder die treffende Fragestellung sollten hier zunächst sorgfältig erhoben werden, bevor man mit der Inszenierung beginnt.

Mehr zu Ad-hoc-Rollenspielen auf den Seiten 329 ff.

Als erfahrener Trainer oder erfahrene Beraterin werden Sie Freude an den immer neuen Situationen haben, denen Sie durch die Ad-hoc-Rollenspiele begegnen. Da Sie genügend innere Ruhe besitzen, um sich auf die Offenheit einer nicht vorstrukturierten Seminarsituation einzulassen, können Sie methodisch kreativ sein und immer wieder eine neue passende Inszenierungsweise finden. Natürlich können Sie vorbereitete und Ad-hoc-Rollenspiele angepasst auf die Seminarsituation auch parallel anwenden.

Was finden Sie in diesem Buch neben einer Sammlung von 40 Rollenspielen? Im Kapitel „*Vom Schock zum Jubel*" wird beschrieben, wie das „Einrollen" gut funktioniert, also das Vorbereiten der Rollenspiele mit den Teilnehmenden. Wir schildern, welche „Knöpfe" während der Durchführung zur Verfügung stehen und mit welchem Effekt sie „gedrückt" werden und stellen schließlich dar, wie Rollenspiele variantenreich ausgewertet werden können.

Trotz aller Planung und Methodenvielfalt gibt es immer wieder Herausforderungen durch die Teilnehmenden (oder die Technik). Sie sind gewissermaßen das „Salz in der Suppe" und im Kapitel „*Widerständen widerstehen*" schlagen wir Ihnen Wege zum Umgang mit solchen Situationen vor.

In *„Spontane Spiele"* lesen Sie abschließend, wie Sie aktuelle Fragen und Anliegen, die von Teilnehmenden selbst eingebracht werden, in Rollenspielen aufgreifen und bearbeiten.

Ein herzlicher Dank geht an die Kolleginnen und Kollegen vom Trainernetzwerk study&train, Stuttgart, für die wertvollen Beiträge, seien es Rollenspiele oder Texte. Das Buch ist ein lebendiges Beispiel für praktisches Netzwerken. Das Ganze ist wieder einmal mehr als die Summe seiner Teile, denn es gab auch zwischen den geschriebenen Zeilen viele kreative Gespräche und weiterführende Ideen, die unsere Arbeit bereichern.

Ein besonderer Dank geht auch an „unsere" Männer, Andreas und Hans, dafür, dass sie uns viele Stunden und Tage den Rücken frei gehalten haben. Schön, dass wir auch in unseren Partnerschaften immer wieder mit unseren Rollen spielen können.

Und nun wünschen wir Ihnen zahlreiche Anregungen, und Ihren Teilnehmern sowie Ihnen viel Spaß beim Ausprobieren der Spiele!

Eva Neumann und Sabine Heß, 2005

PS: Vielleicht haben auch Sie neue, eigene Rollenspiele entworfen oder bewährte Rollenspiele weiterentwickelt und möchten diese veröffentlichen? Haben Sie Fragen zum Thema Rollenspiele, die das Buch nicht beantwortet? Oder weitere Antworten zu herausfordernden Rollenspielsituationen? Wir freuen uns, wenn Sie uns Ihre Ideen zusenden, vielleicht werden wir dann bald *„mit noch mehr Rollen spielen"*, mit Ihnen als Mitautor ... Hier der kurze Weg zu uns:

eva.neumann@kommunikativeshandeln.de
sabine.hess@flextrain.de

EINS

Vom Schock zum Jubel – Rollenspiele erfolgreich inszenieren

Schnellfinder

Rollen leben – Rollen spielen **15**

▶ Essay: Wir tun nur so als ob – aber das so echt wie möglich!, von Eva Neumann 18

10 3/4 Schritte zum erfolgreichen Rollenspieleinsatz **21**

▶ Essay: Kleine Sätze mit großer Wirkung – aufs Gruppenklima, von Klaus Steinke 27

▶ Essay: Die Effizienz durch Einsatz einer Videokamera steigern, von Dr. Gudrun Fey 35

▶ Essay: „Walk what you talk" beim Rollenspielthema Rückmeldung, von Eva Neumann 47

Rollen leben – Rollen spielen

Wir sind Menschen mit vielen Facetten, die sich in unterschiedlichen Umfeldern (Systemen) bewegen und dabei verschiedene Aufgaben ausüben. Nehmen wir zum Beispiel Tom, den Trainer. Er führt ein eigenes Unternehmen, in dem er zwei Trainer angestellt hat. Er trainiert, coacht und berät, akquiriert und pflegt Kundenkontakte, kümmert sich um seine Buchführung und die sonstigen Büroarbeiten (seine Sekretärin ist für ein halbes Jahr im Mutterschaftsurlaub). Allein im Arbeitsumfeld besetzt Tom verschiedene „Rollen", an die er selbst sowie Personen, die ihm begegnen, unterschiedliche *Erwartungen* knüpfen.

Jeder Mensch besetzt unterschiedliche Rollen mit unterschiedlichen Erwartungen.

Gestatten: Jakob Levy Moreno

J.L. Moreno: „Handeln ist heilender als Reden."
(Bild: www.bibliodrama.privat.t-online.de)

Der Begründer des Psychodramas und somit derjenige, auf den die Methode des Rollenspiels zurückgeführt wird, Jakob Levy Moreno, definierte den Begriff „Rolle" 1989 folgendermaßen:

„Rolle kann definiert werden als die aktuelle und greifbare Form, die das Selbst annimmt. Wir definieren Rolle also als die funktionale Form, die der Mensch in dem spezifischen Moment annimmt, indem er auf eine spezifische Situation reagiert, an der andere Personen oder Dinge beteiligt sind."

Drei Beispiele:

- Tom, der Trainer, er soll begeistern, animieren, Lernen fördern ...
- Tom, der Chef – soll Verantwortung übernehmen, strategisch handeln und visionsorientiert denken ...
- Tom, der Buchhalter – soll akkurat agieren, pünktlich und vorausschauend verfahren ...

Natürlich gibt es eine Anzahl von Verhaltens- und Denkweisen, die in jeder dieser Rollen gleich Erfolg versprechend sind – aber es gibt auch gravierende Unterschiede. Wenn Tom, der Trainer eine neue Pinwand entdeckt, die als eine Art Riesenbildschirm Moderationsformen auf Knopfdruck zeigt und Wolken per Handbewegung verschiebt – ist es nicht zuletzt für seine Mitarbeiter gut, wenn er die Anschaffung mit Tom, dem Controller diskutiert ... Das heißt, es ist ratsam, dass Tom in den jeweiligen Rollen andere Fähigkeiten einsetzt und die Dinge aus einer anderen Perspektive betrachtet, bewusst oder unbewusst.

Verschiedene Rollen – verschiedene Pyramideninhalte (nach R. Dilts)

Tom, der Trainer		**Tom, der Buchhalter**
Entwicklung der Menschen fördern	**Sinn**	Unternehmenserfolg absichern
Qualität, Innovation, Bequemlichkeit	**Werte, Überzeugungen**	Genauigkeit, Planung, wirtschaftlicher Erfolg
Technisches- und Verhandlungsgeschick	**Fähigkeiten**	Mathematisch-planerisches Know-how
Neue Pinnwand kaufen	**Verhalten**	Neue Pinnwand *nicht* kaufen
Denkt sich ins Seminar	**Umfeld**	Sitzt am PC im Büro

Nehmen Sie zu den Rollen im beruflichen Umfeld noch Tom, das Familienmitglied, hinzu (Vater, (Ehe-)Partner, Sohn, Schwiegersohn, Bruder, Onkel, ...) und Tom, den Freizeitmenschen (Hobbygärtner, Gelegenheitskoch, Tennispartner, Skatkumpel, ...), wird umso deutlicher, wie sehr die Erwartungen an Tom dadurch beeinflusst werden, in welcher Rolle er wahrgenommen wird. Dem Tenniskumpel wird das laute *„ScheiXX"* im Match mild lächelnd (oder hämisch grinsend) nachgesehen – während der Schwiegersohn mit dem gleichen Verhalten während des Gala-Dinners intensiv-missbilligende Blicke ernten würde.

Der Sinn des Rollenspiels

Und hier setzt die Methodik des Rollenspiels an. Die Menschen, die in Ihrer Gruppe sitzen, seien es Verkäuferinnen, Führungskräfte, Sekretäre, Beamtinnen oder Krankenpfleger – sitzen in Ihrem Seminar in der Rolle als Teilnehmer. Sie möchten (oder sollen, sagen ihre Führungskräfte) etwas *lernen*, etwas verändern, ihre Möglichkeiten erweitern. Angewendet werden soll dieses neu Gelernte hinterher als Verkäuferin, Führungskraft, Sekretär, Beamtin oder Krankenpfleger. Also ist es entscheidend, dass die Mit-Teilnehmer und Sie als Lehrende oder Lehrender diese Personen in ihren Arbeits-Rollen erleben – um dort ein Bewusstsein für sinnvolle Veränderungen zu erzeugen und Stärken herauszuarbeiten, Verhaltens-Alternativen zu finden und einzuüben und/oder ein Umdenken in die Wege zu leiten, wenn sich lang gepflegte Überzeugungen als hinderlich erweisen.

Ziel eines Rollenspiels ist also:

Reales Rollenerleben durch gespielte Situationen

Die psychische Wirklichkeit in der gespielten Situation

Denn faszinierenderweise kann die *psychische Wirklichkeit* der Mitspieler und der Hauptakteure in der gespielten Situation sehr real sein – die „gekündigte Mitarbeiterin" kämpft mit echten Tränen, der „kündigende Chef" fühlt sich unwohl und hilflos. Natürlich fällt es dem einen leichter und der anderen schwerer, sich ganz in die zu spielende Rolle hineinfallen zu lassen, dennoch lässt ein Rollenspiel die Agierenden wie die Beobachter äußert selten kalt – falls der Rahmen gut gesetzt ist.

Wir tun nur so als ob – aber das so echt wie möglich!

von Eva Neumann

Zugegeben: Ein Rollenspiel ist eine Simulation – der Teilnehmer in der Rolle des „Verkäufers" hat nicht wirklich Kühlschränke zu verkaufen, und die beiden „Streithähne" waren nie wirklich miteinander im Konflikt. Wann und wie schaffen es also die Spieler, eine „Als-ob-Situation" als erlebte Wirklichkeit wahrzunehmen? Wie bringen wir reale Qualität ins Rollenspiel, so dass der fiktive Rahmen die Teilnehmenden in ihre berufliche Situation versetzt?

Beobachter oder keine Beobachter?

Die Zuschauer als „schweigende Masse" im Gesichtsfeld des Rollenspielers können für Stress oder Leistungsdruck sorgen und die Angst schüren, sich nicht „richtig" zu verhalten. Das verändert das innere Erleben der Gesprächspartner. Es gibt Interferenzen: Das Hier und Jetzt funkt in die erlebte Rollenspielsituation hinein. Die Spieler können ihre eigenen Erfahrungen, die es zu spielen gilt, gar nicht aktivieren. Nun gibt es zwei Möglichkeiten, diesen Einfluss zu neutralisieren:

- Sie bauen die Beobachter in Rollen ein: Sind in der realen Situation ebenfalls andere Personen anwesend? Die Kundenberatung im Reisebüro findet nur manchmal unter vier Augen statt – oft aber stehen schon die nächsten Kunden im Hintergrund und warten darauf, dass sie „drankommen". Oder eine Kollegin sitzt am Nebentisch und arbeitet am Computer. Das alles sind auch mögliche Rollen für Beobachter. Besonders interessant wird das Feedback dieser „Statisten" sein: Wie haben sie das Verhalten des Protagonisten aus ihrer Perspektive heraus erlebt?

- Findet das Gespräch real ohne Zeugen statt (Arztgespräch, Kritikgespräch), dann lassen Sie die Rollenspieler ohne Live-Beobachtung und nehmen die Szene auf eine fest stehende Videokamera auf. Die Spieler vergessen die Kamera oft, und das Gespräch kann danach anhand der Aufzeichnung in der Gruppe besprochen werden.

Schließlich genügt manchmal auch ein guter räumlicher Abstand von den Spielenden, um diese „für sich" zu lassen. (In Kleingruppen sollte der Abstand der Beobachter zum Spielgeschehen mindestens zweieinhalb mal so groß sein wie zwischen den Gesprächspartnern selbst.)

Umgebungsbedingungen und Hilfsmittel

Ein schöner Seminarraum mit Pflanzen und Aussicht, mit farbigen Wänden und Plakaten sorgt für eine angenehme Stimmung – und wirkt als atmosphärischer Rahmen in das Rollengespräch hinein. Doch so sieht es z.B. im Krankenhaus, im Büro des Vorgesetzten oder „zu Hause" nicht aus, wohin uns das Spielgeschehen eigentlich versetzen soll. Ein nüchterner Seminarraum – das sei jedem Trainer zum Trost gesagt, der mit weniger schönen Raumbedingungen zurechtkommen muss – lässt mehr Platz für Fantasie und symbolische Gestaltung des Spielgeschehens.

- Zum Beispiel für Gespräche „zwischen Tür und Angel": kurze Rückmeldungen zwischen Kollegen, spontanes (kritisches und anerkennendes) Feedback findet auf dem Gang, im Vorbeilaufen, bei einer Tasse Kaffee in der Pause oder zwischen zwei Besprechungen statt. Welche Räumlichkeiten eignen sich für solche Szenen? Ja: Der Flur vor dem Seminarraum oder auch der Pausenraum. Nutzen Sie daher *alle* zur Verfügung stehenden Räume.

- Gestalten Sie mit den Spielern den Seminarraum „realitätsnah": Bauen Sie Tische und Stühle, Trennwände, deren Platzierung etc. nach den Regieanweisungen der Teilnehmer, so dass sie ihre berufliche Situation hineininterpretieren können.

- Findet das Gespräch in der realen Situation unter Verkehrslärm statt? Dann öffnen Sie für das Rollenspiel das Fenster zu einer befahrenen Straße. Wird das Gespräch durch Telefonklingeln unterbrochen, wird einer der Gesprächspartner von Dritten angesprochen? Sorgen Sie für entsprechende Aktionen durch andere Teilnehmer. Auch ein vorbereitetes Rollenspiel lässt sich auf diese Weise realitätsnah inszenieren.

- Lassen Sie die Teilnehmenden Gegenstände oder Hilfsmittel aus ihrem Arbeitsbereich ins Rollenspiel mitbringen. Das eigene Mobiltelefon, die eigene Schreibmappe, der eigene Kugelschreiber sind „Anker" und Erinnerungshilfe an die reale Situation. Vielleicht lässt sich am Veranstaltungsort auch ein Computerbildschirm auftreiben, um ein Büro zu simulieren.

Verhalten des Rollenspielpartners

Nicht zuletzt ist das Verhalten der Rollenspielpartner ausschlaggebend dafür, ob ein Teilnehmer „sein" Rollenspiel als realitätsnah erlebt. Wenn sich die Rollenspielpartner zu gut kennen, besteht die Gefahr, dass der Lernende seinen Partner mehr als die wirkliche Person und weniger als die dargestellte Person wahrnimmt. Die reale Beziehung kann die Gesprächsdynamik im Rollenspiel unterbrechen. Sinnvoller ist es dann, einen Fremden als Rollenspielpartner zu wählen.

Manche Trainer laden externe Gesprächspartner mit „echtem" Rollenprofil ein, oder dafür eigens ausgebildete Darsteller. So profitieren z.B. in einem gemeinsam durchgeführten Training zum Thema „Umgang mit Patienten am Krankenbett" Schauspiel(schül)er und Ärzte voneinander. Horchen Sie auf, wenn Teilnehmende von ihren bisherigen beruflichen Erfahrungen sprechen. Haben diese die gesuchte Rolle schon gelebt, können sie den Part im Rollenspiel besonders leicht übernehmen. Die meisten Teilnehmer kennen jedenfalls die Situation als „Kunde" oder „Patient". Andere sind oder waren Führungskraft und können diese Erfahrungen als Rollenspielpartner leicht reaktivieren.

Von der Planung bis zur Auswertung gibt es viele Möglichkeiten, das „Setting" so zu beeinflussen, dass sich die psychische Realität gut entfalten kann. Und dass gleichzeitig der Spaß am Lernen aktiviert wird – denn er ist der Türöffner für die Veränderungsbereitschaft Ihrer Lernenden. Ein chinesisches Sprichwort sagt: *„Ich höre – und vergesse. Ich sehe – und behalte. Ich tue – und verstehe."*

Sie haben die Wahl: Verwenden Sie fertige, selbst vorbereitete oder Ad-hoc-Rollenspiele?

Die Arbeit mit Rollenspielen ist variantenreich: Sie können aus einer Vielzahl an *„fertigen" Rollenspielen* wählen, allein dieses Buch enthält 40 verschiedene Szenarien. Und jedes der Rollenspiele lässt sich zusätzlich verändern, erweitern, an Ihre Zielgruppe anpassen. Darüber hinaus können Sie bereits während der Auftragsklärung und der Analyse Ihres Kunden Ihre Augen und Ohren darauf ausrichten, Fälle zu sammeln, aus denen Sie selbst Rollenspiele vorbereiten – vielleicht nutzt Ihnen die von uns verwendete Struktur zur Orientierung für Ihre eigenen Kreationen. Und nicht zuletzt haben die Teilnehmerinnen und Teilnehmer oft eigene Situationen im „Gepäck", für die Ad-hoc-Rollenspiele DIE Methode zur Lösungsfindung sind. In diesem ersten Kapitel konzentrieren wir uns auf die Arbeit mit vorbereiteten Rollenspielen, im letzten Kapitel geht es um Rollenspiele aus Teilnehmerfällen.

10 3/4 Schritte zum erfolgreichen Rollenspieleinsatz

Schritt 1: Konzipieren

Das Rollenspiel als eine von vielen möglichen Methoden

„Wer als Werkzeug nur den Hammer hat, für den ist jedes Problem ein Nagel ...“ (A. Maslow). Ja, dieses Buch konzentriert sich auf eine methodische Vorgehensweise, die des Rollenspiels – dennoch ist das Rollenspiel natürlich nur *eine von vielen Methoden*, die in einem guten Konzept Raum finden sollte.

Sie haben den Bedarf des Kunden intensiv analysiert: Die Geschäfts-/Gesamtziele sind Ihnen bekannt, die Aufgabe der Zielgruppe zu deren Erreichung ist deutlich. Das momentane Verhalten der Zielgruppe haben Sie herausgefunden und gemeinsam mit dem Auftraggeber das Zielverhalten definiert. Das Umfeld der Zielgruppe ist Ihnen bekannt, Sie haben die verschiedenen Sichtweisen (Vorgesetzte/Mitarbeiter/Kunden ...) auf die Zielgruppe abgeklopft. Es ist klar, was bisher getan wurde, um das Ziel zu erreichen und was parallel zu Ihren Aktivitäten passiert. Unter Abwägung aller Faktoren sind Sie zu dem Schluss gekommen, dass ein Training zum jetzigen Zeitpunkt die beste Maßnahme ist, um den Kunden bei der Erreichung seiner Ziele zu unterstützen.

Wenn Sie nun dasitzen, mit den Ergebnissen Ihrer Kundenbedarfs-Analyse auf der rechten Seite und den daraufhin von Ihnen formulierten Lernzielen auf der linken (oder umgekehrt), vor sich den leeren Leitfaden, dann wägen Sie eine Menge Dinge miteinander ab, um zu entscheiden, ob, wann und welches Rollenspiel in Ihrem Konzept Sinn macht ...

Die Ziele: „Welche der Lernziele sind (nur oder am besten) durch Rollenspiele erreichbar?"

Den Prozess: „Wann brauchen die Teilnehmer eine Aktivierung? Wie viel Zeit messe ich welchem Lernschritt zu? Welche Rollenspiel-Variante passt zu diesen Überlegungen?"

Das Erleben: „Welcher Lernschritt soll durch einen Erlebnisprozess verankert werden? Welche Aha-Effekte bringen die Teilnehmer zum Ziel? Welches Bewusstsein sollte erzeugt werden, damit die Veränderungsbereitschaft erhöht wird? Mit welcher Art von Rollenspielen erreiche ich das?"

Die Teilnehmer: „Wie ist die alltägliche Erlebniswelt meiner Zielgruppe? Mit welchem Vorgehen hole ich die Gruppe ab, wohin führe ich sie? Mit welchen Rollenspielen kann dies geschehen? Welche vorgegebene Situation ist dem bisherigen Erleben nahe genug, um als sinnvoll erachtet zu werden? Welche Situation ist weit genug vom sonstigen Alltag der Rollenspieler entfernt, um die Vorteile der Abstraktion zu bieten? Wie müssen die Rollen eines vorbereiteten Spiels definiert sein?"

Das innere Abwägen

Und vielleicht, mehr oder weniger bewusst, wägen in Ihnen noch zwei Stimmen etwas ab: „Oh Mann, das sehe ich schon wieder vor mir – die wollen ja sowieso keine Rollenspiele machen!" „Nun, vielleicht aber doch ... Erinnerst du dich an das Feedback vom letzten Mal? Das Wichtigste waren die Rollenspiele ..." „Ja, wenn's vorbei ist. Vorher murren sie immer!" „Na ja, manche haben ja auch gute Gründe, weil sie negative Erfahrungen gemacht haben. Aber du weißt ja, das kannst du auffangen." „Ja aber es gibt doch auch andere Methoden, mit denen ich es mir vielleicht leichter mache ..." „Genauso wirkungsvolle?" „Nun ja, die eine oder andere ist schon auch gut ..." „Das glaube ich dir sofort. Aber es spricht ja auch nichts dagegen, neben Rollenspielen auch andere gute Methoden einzusetzen – zusätzlich!" „Also gut, ich mach's ja!"

Dieses Abwägen, sowohl Ihr inneres als auch das konzeptionelle, geschieht gleich zweimal. Zuerst bei der Erstellung Ihres Leitfadens

und dann noch einmal mitten im Seminar, wenn Sie den Prozess beobachten und die Teilnehmer erleben. *Planung und Flexibilität zugleich* – das ist in einem guten Leitfaden ebenso wichtig wie im Rollenspielablauf selbst. Deshalb sind die folgenden Schritte zur Orientierung gedacht – weder ihre Reihenfolge, noch die Notwendigkeit des Gehens jedes Schrittes sind in Stein gemeißelte Bedingungen für ein gutes Rollenspiel. Aber: die 10 3/4 Schritte haben sich in unserer Praxis bewährt ...

Schritt 2: Vorbereiten

Wesentliche Voraussetzung: ein offenes, vertrauensvolles Klima

Manche Blumen wachsen auch im rauhesten Klima – für gute Rollenspiele ist allerdings ein *wertschätzendes und vertrauensvolles Klima* unserer Erfahrung nach der deutlich bessere Nährboden. Gerade um sich auf Rollenspiele einzulassen, brauchen die meisten Menschen ein Gefühl von Sicherheit und Schutz – Schutz vor seelischen „Verletzungen" durch Gelächter, Angriffe oder vernichtende Kritik. Das Bewusstsein, sich zu zeigen und damit angreifbar zu machen, ist beim Rollenspieler sehr präsent.

Dies setzt voraus: Ihre innere Haltung stimmt.

Es braucht also ein vertrauensvolles, wertschätzendes Klima, eine gute „Atmosphäre", damit Teilnehmerinnen und Teilnehmer sich auf Rollenspiele einlassen. Natürlich dienen Sie als Leiterin oder Leiter der Gruppe zunächst als Modell, von dem sich die Teilnehmenden abschauen, wie miteinander umgegangen wird. Dabei strahlt *Ihre innere Haltung* nach außen. Die Einstellung, mit der Sie an Ihre Teilnehmer herangehen, ebenso wie die Überzeugung für die von Ihnen gewählte Methode. Ihr Verhalten drückt diese innere Haltung aus – Ihre Glaubwürdigkeit wird daran gemessen. Es erscheint zwar selbstverständlich, dennoch tut es immer wieder gut, sich selbst kritisch zu überprüfen: *Lebe ich was ich lehre??? Zum Beispiel, wenn ich Feedback gebe?*

Zwei Seminarschritte unterstützen die Bereitschaft der Teilnehmer, sich zu zeigen und Fehler zuzulassen: *Spielregeln für den Umgang miteinander* sowie *Regeln für Rückmeldungen (Feedback)*.

Die Spielregeln für den Umgang miteinander

Bei den Seminarregeln, zum Beispiel „Vertrag zum Vertragen" genannt, geht es um Klarheit. Zur Sicherheit aller werden die Leitplanken gezogen, innerhalb derer sich die Gruppe durch das Seminar bewegt. Aus der TZI (Themenzentrierte Interaktion nach Ruth Cohn) sind viele Regeln auf Kommunikationsseminare übertragbar. Im Zusammenhang mit der Rollenspielmethodik haben sich die folgenden sieben Vereinbarungen zu besonders förderlichen Leitplanken zusammengefügt:

Vertrag zum Vertragen ☺

- Alle persönlichen Informationen bleiben unter uns.
- Wir unterstützen einander in unserer Entwicklung.
- Ich gestatte mir „Fehler".
- Ich bin bereit, Neues auszuprobieren.
- Ich habe das Recht, *Nein* zu sagen.
- Ich sorge für meine Lern- und Arbeitsfähigkeit.
- Unwohlsein („Störungen") spreche ich zeitnah an.

Welche Vorteile bieten die aufgestellten Seminarregeln?

- Vertraulichkeit sorgt dafür, dass die Teilnehmenden sich öffnen.
- Wenn sich alle bei der Entwicklung unterstützen, zeigt dies zum einen deutlich das Ziel des Zusammenseins im Seminar (wir sind hier, um zu lernen). Zum anderen beinhaltet die Aussage einen fördernden Umgang miteinander.
- Um den inneren Kritiker bereits zu Beginn des Seminars ruhig(er) zu stellen, ist die Erlaubnis, Unzulänglichkeiten an sich selbst entdecken zu dürfen, ein nützlicher Schritt. Jeder darf sich von seinem Perfektionsanspruch verabschieden.
- Die Bereitschaft für Neues und gleichzeitig das Recht, *Nein* zu sagen, ermöglicht jedem einzelnen die Festlegung der persönlichen Grenze. Die Teilnehmenden entscheiden selbst, wann ein Experiment o.k. ist und wann nicht mehr. (Nichtsdestotrotz ermuntern wir alle, über die eigenen Grenzen hinwegzugehen, den Mut zu haben, sich in Rollenspielen auszuprobieren – aber es gibt keinen Zwang.)

- Wenn Teilnehmer das Angebot bekommen, über Rollenspiele zu lernen, so geschieht dies sicher aus gutem Grund. Also sollte jeder genau prüfen, ob er sich um eine Lernchance bringt, indem er sich verweigert. Durch diese Regel wird spürbar, dass Lernen ein selbst zu verantwortender Prozess ist. Der Trainer kann den Weg ebnen und das Ziel schmackhaft machen, laufen können nur die Teilnehmer und Teilnehmerinnen selbst.
- Und sollten Einzelne beim Rollenspiel oder danach ein ungutes Gefühl bekommen, haben sie nicht nur die Möglichkeit sondern sogar die Pflicht, dies zu äußern. Dadurch kann Abhilfe geschaffen werden – eine Art Netz und doppelter Boden.

Wie alle Verträge wird auch dieser als eine *Absichtserklärung* geschlossen. Die Gruppe nimmt sich etwas vor – jeder für sich und alle im Umgang miteinander. Die Teilnehmer und der Trainer räumen einander Rechte ein, die genutzt werden können – aber nicht genutzt werden müssen (so berufen sich Teilnehmer nur dann auf das Recht, *Nein* zu sagen, wenn es ihnen extrem wichtig ist). Wenn jemand das Gefühl hat, der Vertrag ist nicht eingehalten worden, so gilt der letzte Satz: Melde es zurück – was durch den einmal geschlossenen Vertrag leichter fällt, denn alle haben die Absicht bekundet, sich daran halten zu wollen.

Die Feedback-Regeln

Bei den Feedback-Regeln sind nicht erschlagende 297 Paragrafen gefragt, das hemmt eher, als dass es lockert. Ziel ist vielmehr, eine Erleichterung für das Geben und Nehmen von Feedback zu schaffen – durch verständliche, überschaubare Orientierungshilfen (siehe auch Kasten auf S. 47 ff.: Walk what you talk).

Feedback schenken

- Auf Positives achten – und es anschaulich zurückmelden.
- In Ich-Aussagen sprechen (Bewusstsein: Ich sage mehr über mich als über den anderen).
- Beobachtetes Verhalten konkret und wertfrei beschreiben.
- Sachliche und emotionale Auswirkungen schildern.
- Vorschläge für Veränderungsmöglichkeiten unterbreiten.
- Den Feedback-Nehmer direkt ansprechen und -schauen – wie geht es ihm mit der Rückmeldung?

Feedback (an-)nehmen

- Sich innerlich für die Wahrnehmung und Schlussfolgerung des anderen öffnen (Verteidigungshaltung vermeiden).
- Zuhören und verstehen.
- Unklares hinterfragen.
- Aufnehmen, reflektieren, selbst über Veränderungen entscheiden.
- Sich (innerlich) bedanken.

Es empfiehlt sich, das Geben und Nehmen von Feedback in einzelnen Phasen zu *üben* – vor allem das wertneutrale Beschreiben. Denn die meisten Menschen sind es nicht gewohnt, sich derart auszudrücken: *„Ich hatte den Eindruck, Dein Blick ging häufiger in Richtung des Halses als zu den Augen Deines Gegenüber. Dadurch wäre ich als Gegenüber irritiert – habe ich einen Fleck am Hals? Dies lenkt meine Aufmerksamkeit ab und ich überhöre vielleicht Deine entscheidenden Argumente. Ich wünsche mir als Dein Gegenüber, dass Du mir in die Augen schaust."*

Schritt 3: Einstimmen

Streuen Sie Aktivitäten lieber von Beginn an ein.

Neben den Leitplanken lenkt der Fahrstil hin zum Spiel – oder bremst den Schwung ab. Denn nach fünf Stunden Lehrgespräch brauchen die Teilnehmer viel mehr Anlauf, um ins Agieren zu kommen, als wenn die ganze Zeit über *Aktivitäten* eingestreut sind.

Schon beim Kennenlernen kann ein spielerisches Element Klarheit darüber schaffen, auf welche Art und Weise hier gelernt wird. Kleine Experimente, die Spaß machen, dem Seminarziel dienen und jeden mitnehmen, sollten im Konzept immer wieder auftauchen.

Kleine Sätze mit großer Wirkung – aufs Gruppenklima

von Klaus Steinke

Mark Twain hat einmal gesagt: *„Der Unterschied zwischen einem Wort, das eine Sache ungefähr bezeichnet und einem Wort, das die Sache genau trifft, ist der gleiche wie zwischen einem Streichholzflämmchen und einem Blitzeinschlag."* Ähnliche Unterschiede bestehen oft bei Trainer-Anleitungen für ein bestimmtes Rollenspiel. Wird „irgendwie" angeleitet oder leitet ein Mensch an, der *genau* weiß, wohin er die Rollenspieler führen will? Hat der Anleitende bereits am Anfang das Ende im Sinn?

Mit anderen Worten: Mit nichts kann man die Freude an guten Rollenspielen schneller zerstören als durch falsche oder unüberlegt gegebene Anleitungen. Schon einzelne Sätze machen oft den auf den ersten Blick nur feinen, im Ergebnis aber wesentlichen Unterschied. Wir wissen zum Beispiel: Wenn eine Teilnehmergruppe sich gegenseitig vertraut, geht vieles. Wenn Teilnehmer sich nicht vertrauen, geht gar nichts.

Vertrauen setzt jedoch Bekanntschaft, „sich kennen", voraus.
Wie scheinbar einfach und leicht ist am Beginn eines Seminars das „Partner-Interview" eingeleitet: *„Bilden Sie Zweiergruppen und stellen Sie sich gegenseitig vor."* Jeder sucht sich jemand, mit dem er schon ein paar Worte gewechselt hat, der ihm schon von anderswo bekannt ist und man vertieft diese Bekanntschaft. Die schon von Anfang an bestehende Kleingruppenbildung verstärkt sich, Bekanntschaften werden ausgebaut.

Gleichzeitig bedeutet dies jedoch auch: Schüchternes Alleinsein verstärkt sich, jeder bleibt am liebsten in seinem gewohnten Bekanntschaftsnetz. Nur wenige lernen sich neu kennen.

Mein kleiner Satz mit großer Wirkung an dieser Stelle: *„Suchen Sie sich denjenigen im Raum, den Sie noch am wenigsten von allen kennen. Bilden Sie Zweiergruppen und ..."* Ergebnis: Vier oder fünf, die sich untereinander bereits kennen, interessieren sich für die ein oder zwei neuen Gesichter, die plötzlich nicht allein am Rand, sondern im Brennpunkt der Nachfrage stehen. Im Idealfall hat als Ergebnis der Übung *jeder* im Teilnehmerkreis eine neue Bekanntschaft geknüpft. Der jeweils „Fremdeste" ist zum Bekannten geworden. Sämtliche „Einzelgänger" hatten mit mindestens einem anderen Menschen einen engeren Kontakt.

Weitere gute Sätze im Seminarverlauf:

- *„Suchen Sie sich jemanden, mit dem Sie noch nicht in einem Rollenspiel zusammen waren."*
- *„Suchen Sie sich jemanden, auf den Sie im Seminarverlauf neugierig geworden sind."*
- *„Suchen Sie sich jemanden, dem Sie zutrauen, ein würdiger Sparringspartner, ein würdiger Gegner zu sein ..."*

Eisbrecher: eine Warm-up-Übung vor dem Spiel

Auch direkt vor dem Rollenspiel kann ein *Warm-up* unterstützen. So treffen sich in unseren Seminaren zum Beispiel „berühmte Persönlichkeiten" auf einer Benefiz-Gala zu Gunsten der SOS-Kinderdörfer: Die Teilnehmerinnen und Teilnehmer suchen sich eine Persönlichkeit aus, die allen bekannt ist und in deren Rolle sie schlüpfen. Sie bewegen sich wie diese Person, sprechen wie sie (inhaltlich und im Tonfall), nehmen die Welt aus ihrer Sicht wahr. Die anderen versuchen durch Gespräche und Beobachtungen herauszufinden, wer wer ist. An den Erfahrungen dieser Übung (Dauer ca. 15 Minuten) lässt sich gut ableiten, was passiert, wenn wir unterschiedliche Rollen annehmen. Was hat sich für mich durch die Rolle verändert? Wie habe ich die Gala-Situation erlebt? Wie habe ich die anderen wahrgenommen? Was hat mir gefallen, was hat mich irritiert?

Eisbrecher: Erläutern Sie den Ablauf des Spiels.

Neben dem Warm-Spielen ist eine genaue *Darstellung des Ablaufs* der Rollenspiele vor dem ersten Durchgang oft wichtig. Empfehlenswert ist aus unserer Erfahrung folgendes Vorgehen: *„Sie führen Regie, das heißt: Wenn etwas nicht zu Ihrer Zufriedenheit verläuft, können Sie stoppen und sozusagen zurückspulen, also das Gesagte oder Getane anders wiederholen. Oder Sie können sich durch die Gruppe beraten lassen, wenn Sie nicht weiterkommen. Nutzen Sie dies hier als Übungsfeld, es geht nicht um die perfekte Lösung Ihrer Aufgabe. o.k.?"* Dies nimmt einen großen Teil des Drucks, unter den sich manche Teilnehmer setzen – denn der Perfektantreiber ist ein weit verbreiteter Gast unter uns Menschen (oder sollte ich sagen unter uns Deutschen? :-)).

Das Wichtigste für die Bereitschaft, sich auf eine Methode einzulassen, ist jedoch die Vermittlung ihres *Sinns*. Welches Ziel haben die

Teilnehmer selbst? Was leistet die Methode auf dem Weg zu diesem Ziel? Warum ist dies das effizienteste/erfolgversprechendste/... Vorgehen? So kann es *sinn*voll sein, ein und dasselbe Rollenspiel in zwei verschiedenen Gruppen unterschiedlich anzuleiten: Nehmen wir zum Beispiel das Rollenspiel 2: *„Mir schmeckt das nicht"* (Seite 72 f.). In einem Seminar für Sekretärinnen hört sich eine mögliche Einstimmung so an: *„Immer wieder sind Sie gefragt, Ihren Chef von etwas zu überzeugen, was ihm nicht gefällt, nicht ‚schmeckt', wie wir ja auch gern sagen. In der nun folgenden Simulation dürfen Sie in einer sehr ‚geschmacksnahen' Situation ausprobieren, welche verschiedenen Überzeugungswege Sie beschreiten können. Wir werden die angewendeten Vorgehensweisen auf Ihre alltäglichen Situationen übertragen ..."* Dasselbe Rollenspiel eingeführt bei einem Erziehungstraining für Eltern: *„Wir haben ja bereits darüber gesprochen, dass es interessant ist festzustellen, wann Sie Ihren Kindern gegenüber aus der Machtposition heraus argumentieren und wann Sie sie überzeugen. Bei der nun folgenden Situation versetzen wir eine Kommunikation, die Sie mit Ihren Kindern vermutlich häufiger führen, in die Erwachsenenwelt. Sie experimentieren damit, wie Sie einen Geschäftspartner dazu bringen, eine bestimmte Speise zu probieren – und schauen im Nachgang, wie sich dies auf die Situation mit Ihren Kindern übertragen lässt."* Die Notwendigkeit der *aktiven Übertragung des Erlebten auf die Praxis der Teilnehmer* wird hier gerade bei vorbereiteten Rollenspielen sehr deutlich – und kommt nach dem Spiel zum Tragen. Nun geht es aber erst einmal darum, die Spieler zu finden.

Eisbrecher: Erläutern Sie den Sinn des Spiels.

Tipp

Es ist nicht erforderlich, dass Sie den Begriff „Rollenspiel" während der Einleitung verwenden. Durch Begriffe wie „Simulation", „Übung" oder „Praxisbeispiel" vermeiden Sie negative Gefühle, die bei manchen Menschen an den Begriff „Rollenspiel" gekoppelt sind.

Schritt 4: Auswählen

Ein neuralgischer Punkt für den fließenden Ablauf der Rollenspielmethode ist der Zeitpunkt, an dem die *Rollen verteilt* werden. Denn welcher Trainer hat es nicht schon mal erlebt, dass am Ende der Frage *„Na, wer ist denn gleich die Führungskraft?"* das große Schweigen beginnt. Der Jetzt-nur-nicht-hochgucken-sonst-bin-ich-dran-Virus befällt Gruppen in solchen Momenten immer wieder ... Denn die Frage fordert dazu auf, sich aus der Gemeinschaft herauszulösen, aus der sicheren, kuscheligen Masse, in der es gemütlich und bequem ist, in der man nur zuschaut. Es gibt immer wieder Personen, die ein solches Heraustreten genießen. Sie werden das Schweigen brechen (vielleicht sogar recht schnell). Aber wie gewinnen Sie die anderen?

Fordern Sie konkret auf, eine Rolle einzunehmen.

Neben der konkreten *Aufforderung „Frau Weber, Sie haben vorhin Ihre Situation mit Ihrer Kollegin beschrieben – dieses Rollenspiel ist eine gute Möglichkeit, daran zu arbeiten.“*, die ein Nein akzeptiert (siehe Vertrag zum Vertragen, Seite 24), ist auch das bewusste Einplanen und Aushalten des Schweigens ein Weg zum Ziel. Oder ...

- Die Spieler werden bereits in einer frühen Phase des Seminars festgelegt. Zum Beispiel in Form von *Gutscheinen*, die verteilt werden (Hauptperson 1 – Hauptperson x). Dann ist klar, dass die Teilnehmerin mit der Nummer 1 das erste Spiel als Protagonistin (= Hauptdarstellerin) gestalten wird.

- Sie geben alle im Seminar zu spielenden Rollen zu Beginn bekannt (*„Drei von Ihnen haben die Chance, sich als Verkäufer auszuprobieren, einer kann in die Rolle eines Moderators schlüpfen, ...“*). Die Teilnehmer entscheiden sich, welche der Rollen ihnen am meisten Lernchancen bietet – und tragen ihren Namen in eine entsprechende *Liste* ein.

- Die Rollen werden zu Beginn des einzelnen Spiels *ausgelost*. So wählt zum Beispiel jeder Teilnehmer eine Zahl zwischen 1 und x (= Anzahl der Teilnehmer). Sie schreiben vor der Auswahl eine Zahl verdeckt auf – die Person, die diese Zahl wählt, darf die Rolle übernehmen.

Die richtige Wortwahl ermutigt Ihre Teilnehmer.

Den Mut der Teilnehmer, selbst eine Rolle auszuwählen, können Sie durch die *Wahl Ihrer Worte* unterstützen. *„Chance nutzen“* oder *„dürfen“* zeugt von etwas Reizvollem, selbst Gewähltem – während *„Es muss sowieso jeder“* oder *„Dann haben Sie es hinter sich“* ein Zwangsgefühl fördert. Die Aufforderungen *„Wer wäre so nett zu beginnen“* oder *„Vielleicht würden Sie ja freundlicherweise“* suggerieren hingegen, das Spielen erfolge dem Trainer zum Gefallen – wo bliebe denn da das eigenverantwortliche Lernen?!

Klären Sie, wer Feedback erhält.

Noch vor der Einteilung der Spielenden ist es gerade bei vorbereiteten Rollenspielen wichtig, sich und der Gruppe bewusst zu machen: Wer spielt die „Hauptrolle", den so genannten *Protagonisten*? Derjenige versucht im Seminar erlerntes Verhalten umzusetzen und bekommt daraufhin Feedback. Sein Mit- oder Gegenspieler, der *Antagonist*, darf sich verhalten wie er möchte – für ihn gelten die Regeln nicht, denn in der späteren Praxissituation sitzen auch Personen vor dem Protagonisten, die sich nicht immer an die Regeln für erfolgreiche Kommunikation halten.

Es kann sinnvoll sein, dass sich der Protagonist seinen Mitspieler selbst aussucht (*„Wer kann für Sie am ehesten den/die ... darstellen?"*). So kann der Hauptspieler die Situation für sich so realistisch wie möglich gestalten.

Bei manchen Rollenspielen sind alle Mitspieler Protagonisten und bekommen hinterher Feedback (zum Beispiel beim *„Kampf um die Turnhalle"*, Seite 85). Dann ist es natürlich wichtig, dass sich sowohl die Spielenden als auch die Beobachtenden darüber im Klaren sind.

Schritt 5: Einrollen

Die Teilnehmenden denken sich in ihre Rollen ein.

Wenn die Rollenspieler gefunden sind, brauchen sie zunächst Zeit, um sich in ihre vorbereiteten Rollen *hineinzudenken*. Sie können sich allein, in einem anderen Raum, in die Beschreibung einlesen – oder jemand aus der Gruppe begleitet sie. Variante zwei hat den Vorteil, dass zum einen das Verständnis für die Rolle aus zwei Sichtweisen heraus diskutiert wird, was zu mehr Klarheit und zu einem tieferen Erfassen des Charakters führen kann. Zum anderen können die Unterstützer des Protagonisten und des Antagonisten während des Spiels als „unsichtbare Helfer" agieren, indem sie die Spielenden bei Bedarf beraten.

Vier-Augen-Gespräche zulassen

Oft hängt der *Aha-Effekt* der vorbereiteten Rollenspiele davon ab, dass der eine Spieler die Rollenvorgabe des anderen Spielers nicht kennt. Daher kann es wichtig sein, jedem Spieler die Chance zu geben, Fragen unter vier Augen vom Trainer beantwortet zu bekommen. Wir bieten den Spielenden an, dass sie uns nach ihrer Rückkehr ins Plenum vor Beginn des Rollenspiels für derartige Klärungen „zur Seite nehmen" können.

Umso mehr stellt sich die Frage: Was tun Sie mit dem *Rest der Gruppe*, während die Spielenden sich vorbereiten? Auch die Gruppe braucht Anleitungen aus dem Rollenspiel, mindestens die Situationsbeschreibung. (Die einzelnen Darstellungen der Rollenspiele ab Seite 66 verdeutlichen, welche Informationen welchem Teil der Gruppe wann bekannt sein sollten.) Darüber hinaus sollten die Beobachter Klarheit darüber haben, was und wen sie beobachten werden. So kann der Protagonist die Gruppe oder einzelne Teilnehmer noch vor dem Rollenspiel bitten, auf bestimmte Dinge zu achten und damit sein Feedback eigenverantwortlich steuern. Auch können Sie natürlich die Beobachtung der Teilnehmer auf wichtige Punkte konzentrieren. Werden die Lerninhalte zu diesem Zweck noch einmal durchgesprochen, können die Spielenden noch im Raum sein – oft ist es jedoch besser, dass sie diese Wiederholung nicht miterleben. Denn es besteht die Gefahr, dass die Darsteller sich zu stark auf den einen oder anderen Lerninhalt konzentrieren, ihn unbedingt „richtig" einsetzen wollen – und dadurch weniger gut in der Lage sind, sich in die Situation „hineinfallen" zu lassen und das reale Rollenerleben zu erreichen.

Verteilen Sie wechselnde Beobachtungsaufträge.

Für die Beobachtenden empfehlen wir *wechselnde Aufträge*, nicht zuletzt, um die Didaktik zu beleben. Hier sind vier Möglichkeiten, wie Sie Beobachtungspunkte verteilen können:

- **Beobachtungskriterien aufteilen**
  Aus den Lernzielen wählen Sie für die einzelnen Beobachter Themen aus: *„Sie beide achten bitte besonders auf die Körpersprache und den emotionalen Kontakt der Spieler, Sie beide achten bitte auf den Einsatz und die Formulierung von Fragen, ..."*
  Diese Aufgaben können Sie stichwortartig auf Karten schreiben

und ausgeben. In der nächsten Runde wird neu verteilt, so dass sich jede Beobachterin und jeder Beobachter auf immer wieder neue Inhalte konzentriert.

- **Zu beobachtende Rollenspieler aufteilen**
  Wenn mehrere Protagonisten am Spiel beteiligt sind, betrachtet ein Teil der Gruppe hauptsächlich einen ihm zugewiesenen Spieler – und gibt diesem Feedback. Das reduziert die Komplexität und hält die Anzahl der Rückmeldungen überschaubar.

- **Identifikation mit bestimmten Rollen**
  Die Gruppe wird aufgeteilt auf alle Protagonisten und Antagonisten. Die Aufgabe jedes Beobachters: sich während des Spiels mit dieser zugeordneten Rolle zu identifizieren, durch ihre Augen das Geschehen zu betrachten. Wann fühle ich mich wohl, wann unwohl? Welche Ansprache meines Gegenübers erreicht welche Reaktion bei mir? Aus dieser Rollen-Identifikation heraus wird später das Feedback formuliert.

- **Beobachtungsbogen**
  Ein Hand-out, beispielsweise eingeteilt nach den Phasen des Gesprächs (Einstieg, Kontaktaufbau, Situationsklärung, Argumentation, ...), dient den Beobachtenden als Orientierung. Sie notieren im Verlauf des Rollenspiels Stichworte zu ihren Wahrnehmungen und geben anhand der Struktur ihre Rückmeldungen. Durch diese Struktur lenken Sie als Leiterin oder Leiter des Rollenspiels die Aufmerksamkeit der Teilnehmenden – wählen Sie also bewusst Schwerpunkte aus, die den Zielen des Seminars entsprechen.

Aus den Varianten wird deutlich, dass spätestens zu diesem Zeitpunkt festgelegt wird, auf welche Art und Weise Sie hinterher die Auswertung gestalten (siehe auch Seite 41 ff.: Auswertung). Ihre Planung sollte also schon das Ende des Rollenspielprozesses voraussehen.

Schritt 6: Einrichten

Überlassen Sie es Ihren Rollenspielern, die „Bühne" einzurichten.

Die Rollen sind verteilt, die Beobachter instruiert – jetzt braucht es die *„Bühne"*, den Ort des Geschehens. Wenn das Rollenspiel nichts anderes festlegt, empfehlen wir, die Bühne durch den Protagonisten einrichten zu lassen – entsprechend seines Praxisumfelds. Je eher er sich (auch unbewusst) in die reale Situation versetzt fühlt, desto leichter findet er in das reale Rollenerleben (siehe auch S. 18 ff: „Wir tun nur so als ob ...").

Beim Videoeinsatz zählt: Unbedingt Vertraulichkeit wahren

Wollen Sie das Rollenspiel über *Video* auswerten? Dann haben Sie sicher bereits am Morgen des Seminartages die Technik getestet: Eine Probeaufnahme, abgespielt über den Fernseher – stimmt die Lautstärke (die Stummfilmzeit ist ja schon seit einigen Jahrzehnten vorbei)? Ist die Kamera gut zur Lichtquelle positioniert (Schattenrisse sind zwar hübsch, aber ...)? Sind ausreichend Aufnahmemedien vorrätig? (Bei längeren Lernprozessen ist es sehr interessant, jedem Teilnehmer eine persönliche Kassette zur Verfügung zu stellen, auf die jedes seiner Rollenspiele aufgenommen wird. Diese Kassetten geben wir den Akteuren selbst in Verwahrung – Stichwort Vertraulichkeit – und ermöglichen ihnen damit, die Aufnahmen im Vergleich anzuschauen. Über die Entwicklungsschritte tauscht sich die Gruppe aus, so dass Forschritte gebührend Beachtung finden und damit weiter gefördert werden.) Auch ist es ratsam zu prüfen, ob die Aufnahmemedien „leer" sind. Denn es gefährdet das Vertrauen Ihrer Teilnehmerinnen und Teilnehmer, wenn Sie versehentlich Teile eines anderen Rollenspiels zeigen. Wenn Sie vorherige Aufnahmen nicht gelöscht haben, kann dies leicht passieren, sei es beim Suchen einer bestimmten Stelle im eben aufgenommenen Rollenspiel oder am Ende der eben gemachten Aufnahme, kurz vor dem Abschalten des Fernsehers.

Die Effizienz durch Einsatz einer Videokamera steigern

von Dr. Gudrun Fey

Die Videokamera lässt sich in allen Seminaren einsetzen, in denen sich die Teilnehmenden nach bestimmten Übungen selbst einen Eindruck verschaffen sollen, wie sie wirken.

Welche Vorteile bietet das Video-Feedback den Teilnehmenden?

Es ist immer ein eindrucksvolles Erlebnis, manchmal geradezu ein „Aha-Effekt“, sich selbst zu begegnen. Dieser Effekt ist nicht vergleichbar mit dem Blick in den Spiegel und das nicht nur, weil man sich im Spiegel seitenverkehrt sieht, auf dem Bildschirm jedoch so, wie andere einen sehen. Außerdem kann man sofort reagieren und zum Beispiel ein freundliches Gesicht machen, falls einem das Spiegelbild nicht gefällt. Sehe ich jedoch eine Videoaufzeichnung von mir, dann ist dies zeitlich verschoben. Damit kann ich innerlich Abstand zu mir gewinnen und mich wie einen fremden Menschen betrachten (der mir allerdings sehr ähnlich sieht).

Das ist auch der didaktische Kniff, mit dem Trainerinnen oder Trainer den Rollenspielern das Anschauen der Videoaufzeichnung erleichtern können. Denn den meisten Teilnehmenden ist das Anschauen ihrer Person unangenehm: Man hat ein gewisses Bild von sich (Selbstbild) und befürchtet nun, dass einem nicht gefällt, was dort zu sehen ist.

Manchmal weiß der Teilnehmer schon nach dem Rollenspiel, was bei der aufgezeichneten Übung nicht so lief, wie er sich das vorgestellt hat. Mag sein, dass er während der Übung selbst gemerkt hat, dass er sich ein paar Mal versprochen hat, dass er öfter „Ähm“ gesagt hat oder dass er das Gefühl hatte, rot zu werden. Manchmal allerdings werden bestimmte Angewohnheiten für den Teilnehmer überhaupt erst wahrnehmbar, wenn er sie auf dem Bildschirm an sich selbst entdeckt (*„Was? Ich sage so oft ‚eigentlich‘? ... Das hätte ich eigentlich nicht gedacht ...“*)

Dies ist der erste Schritt eines Lernprozesses, der wie folgt verläuft:

1. Ich weiß nicht, dass ich häufig „eigentlich“ sage – es macht mir nichts aus, aber die anderen bemerken es.
2. Ich bemerke, dass ich häufig „eigentlich“ sage – und ärgere mich darüber. Die anderen bemerken das „eigentlich“ ebenfalls – aber wenn ich es ihnen zeige, merken sie auch, dass ich daran arbeite, es zu verändern.
3. Ich bemerke es, kurz bevor ich „eigentlich“ sagen will – und kann es nun immer öfter bewusst vermeiden. Die anderen bemerken dies meist gar nicht.

4. Ich sage nicht mehr „eigentlich", ohne dass es mir bewusst ist. Um mich über meinen Lernprozess zu freuen, mache ich mir die Stufe 2 wieder bewusst.

Ich als Trainerin kann den Protagonisten oft auch versichern, dass sie in der Regel besser wirken, als sie sich gefühlt haben. Der Grund dafür ist, dass eine Reihe von gefühlten „Mängeln" nach außen gar nicht sichtbar oder spürbar ist. Das lässt sich gut am Modell des *Johari-Windows* (siehe Seite 50 f.) erklären. Sehen sich die Teilnehmenden auf dem Bildschirm, fällt ihnen selbst auf, dass andere weder hören noch sehen konnten, was sie vergessen haben oder anders machen wollten. Auch die innere Nervosität lässt sich von außen oft gar nicht oder nur abgeschwächt erkennen. Denn Herzklopfen und selbst Kniezittern bemerkt oft nur jeder selbst.

Natürlich gibt es in der Regel immer noch etwas, das am Verhalten optimiert werden kann. Wenn die Teilnehmer dies erkennen, dann können sie gezielt daran arbeiten. So sind dem Rollenspieler körpersprachliche Beobachtungen und deren Auswirkungen oft nur mithilfe einer Videoaufzeichnung zu verdeutlichen, denn sie werden während des Spiels nur selten selbst wahrgenommen.

Es ist aber dank der Videoaufzeichnung auch möglich, auf positive Verhaltensweisen aufmerksam zu machen, etwa ein gewinnendes Lächeln, eine angenehme Stimme. Oder darauf, dass der Beitrag keineswegs chaotisch wirkte, sondern ein geordnetes Nacheinander war. Durch das „Selbstsehen und -hören" muss der Feedback-Geber den Rollenspieler weder von negativen Verhaltensweisen noch von positiven überzeugen: Denn das, was man selbst sieht und hört, glaubt man auch.

Erfahrungsgemäß ist der Lernerfolg von der ersten zur zweiten Videoaufzeichnung am größten. In einem Seminar sollten deshalb mindestens zwei Übungen mit der Videokamera aufgenommen werden. Es kann zwar sein, dass die Rollenspieler nicht gleich alle neuen Ideen beim zweiten Mal umsetzen, eine Verbesserung ist aber in jedem Fall zu beobachten und das ist schon Lernerfolg genug.

Durch das Video-Feedback wird auch der Halo-Effekt (der Überstrahlungseffekt) vermieden. Denn manche glauben, wenn eine Kleinigkeit nicht gestimmt hat, sei der ganze Redebeitrag schlecht. Diesen negativen Eindruck kann man ebenfalls durch das Anschauen der Aufzeichnung gerade rücken.

Ein weiterer Vorteil ist, dass sich die Teilnehmer mit anderen vergleichen können. Dadurch relativiert sich manches. Oder sie gewinnen Vorbilder, an denen sie sich orientieren können.

Warum setzen manche Trainer/-innen trotzdem die Videokamera nicht ein?

Nachdem ich schon über zwanzig Jahre die Videokamera einsetze, habe ich mich des Öfteren gefragt, was wohl die Gründe sein mögen, dass manche Trainer Videoaufzeichnungen grundsätzlich ablehnen.

Meist wird auf den hohen Zeitaufwand verwiesen, da die Abspielzeit hinzukommen würde und das vielleicht gründlichere und damit zähe Analysieren. Ich meine jedoch, dass dies durch den höheren Lernerfolg wettgemacht wird. Außerdem kann ich als Trainerin die Ausführlichkeit der Analyse steuern – durch die Wahl meiner Methode (siehe Schritt 8: Auswerten, Seite 41 ff.).

Manche Trainer/-innen scheinen wohl auch den Widerstand der Teilnehmer zu fürchten. Hier ist tatsächlich manchmal etwas Überzeugungsarbeit nötig. Folgendes sage ich meinen Teilnehmern – und habe bis jetzt alle überzeugen können: *„Sie wirken meist besser, als Sie sich selbst in der Situationen fühlen und das ich möchte Ihnen hinterher gern beweisen."* Ein weiteres Argument ist, dass ich ihnen sage, dass ich die Kamera nicht einsetzen würde, wenn sie nicht entscheidend zum Lernerfolg beitragen würde. Dann mache ich darauf aufmerksam, welche Effekte durch die Videobetrachtung erreicht werden können.

Bei der Aufzeichnung selbst kann ich als Trainerin dafür sorgen, dass die Kamera so wenig wie möglich wahrnehmbar ist (siehe Kasten „Wir tun nur so als ob ...", Seite 18).

Das Lobenswerte herausstellen

Beim Abspielen gilt die Devise: *„Erwisch sie/ihn, wenn er/sie etwas gut gemacht hat!"* Denn ein Verhalten, das gelobt wird, wird öfter gezeigt! So können Sie die Teilnehmerinnen und Teilnehmer motivieren, ihre Befürchtungen vor der Videokamera abzubauen. Ich setze deshalb gerne einen Beobachter ein, der nur die Aufgabe hat, am Ende der Besprechung das Lobenswerte am Verhalten des Rollenspielers herauszustellen.

Und das Beste: Die Lernerfolge lassen sich dokumentieren. So können die Teilnehmenden ihre Videokassette oder DVD mit nach Hause nehmen. Der Behaltenseffekt wird vergrößert, wenn Teilnehmer sich ihre Aufnahme später noch einmal ansehen. Bei einem längeren Seminar mit aufeinander aufbauenden Teilen zum Beispiel ist es immer spannend, sich die anfänglichen Leistungen nach einiger Zeit im Vergleich zu aktuellen Aufnahmen anzuschauen.

Schritt 7: Durchführen

Die klassische Form

Mit oder ohne Videoaufnahme – schon dies ist eine Variation bei der Durchführung. Neben der *klassischen Form* – die ganze Szene wird gespielt, z.B. das komplette Beschwerdegespräch aus dem Rollenspiel Nr. 1, von der Begrüßung bis zur Verabschiedung – gibt es einige methodische Varianten, die Ihre Lernziele wirksam unterstützen können.

Sequenzielles Rollenspiel

▶ *Sequenzielles Rollenspiel* – es wird nur ein Teil einer Szene, eines Gesprächs gespielt, z.B. nur der Einstieg und die Situationsklärung beim Rollenspiel 1 *„Ran an die Beschwerde"* (Seite 66 ff.). Auch wenn die glasklare Trennung in Gesprächsphasen manchmal nicht ganz gelingt, hat dieses Vorgehen den Vorteil, dass sich die Spieler auf eine begrenzte Zahl von Lerninhalten (aktives Zuhören, Ich-bin-o.k.-Du-bist-o.k.-Haltung) konzentrieren können. Und es verkürzt den Zeitaufwand enorm – was Rollenspiele bei manchen Seminarkonstellationen überhaupt erst möglich macht.

Wichtig ist, dass Sie den Rollenspielern das Vorgehen ankündigen und selbst einen Schnitt machen, wenn die vereinbarten Phasen Ihrer Meinung nach vorbei sind. So können sich die Spielenden ganz in das Geschehen vertiefen und müssen nicht auf der Metaebene (Außensicht auf das Geschehen) beobachten, wann sie welche Phase beendet haben.

Slow Motion

▶ *Slow Motion* – hier agieren mehrere Übende mit einem Gegenspieler: Mehrere Teilnehmer verkörpern z.B. eine Führungskraft und sitzen einem Mitarbeiter gegenüber. Die Führungskräfte treten wie verschiedene innere Stimmen bei ein und derselben Person auf: Sie sprechen und handeln im Wechsel, immer derjenige, dem gerade etwas einfällt. Durch diese Rollenspielform können verschiedene Antwortmöglichkeiten zu einer Mitarbeiterreaktion ausprobiert werden, bis alle Führungskräfte mit der Idee einverstanden sind. Oder das Gespräch wird wie ein normaler Dialog geführt, alle leben mit der Äußerung, die ein anderer von ihnen getätigt hat (so wie jeder von uns vielleicht manchmal etwas sagt, was er gern ungeschehen machen würde – aber es ist nun mal gesagt ...). Bei einer größeren Gruppe bekommen einige Teilnehmer die Rolle der Beobachter oder Ratgeber.

Neben der Beteiligung möglichst vieler Teilnehmer liegt der Vorteil dieses Vorgehens in der geteilten Verantwortung für das Gelingen – was ängstlichere Lernende entlasten kann.

ABC-Training

▶ *ABC-Training* – eine Rollenspielvariante und eine Gruppenarbeit zugleich. Der Hauptakteur A, sein Mitspieler B und der Beobachter C spielen gemeinsam eine Szene durch. (Sollte auf Grund der Teilnehmerzahl eine Vierergruppe nötig sein, gibt es mehrere Beobachter.) Danach geben B und C dem Protagonisten A Feedback und tauschen im Anschluss die Rollen. Dies wird ein weiteres Mal wiederholt, so dass jeder der Teilnehmer einmal Hauptakteur A, einmal Mitspieler B und einmal Beobachter C war. Anschließend werden die Erfahrungen im Plenum ausgetauscht.

Insbesondere als Einstieg ins Spielen ist dies ein guter Weg – da die geringere Zuschauerzahl die Hemmungen vieler Teilnehmer mindert, sich zu zeigen. Wichtig ist es darauf zu achten, dass alle Gruppen ins Spielen kommen – und nicht nur über die Lösungsmöglichkeiten für die Situation diskutieren. Gehen Sie als Leiter/in der Gruppe deshalb gerade zu Beginn der Arbeit durch alle Gruppen und unterstützen Sie den Einstieg ins Rollenspiel.

Vorbereitung der Beobachter

Bevor das Rollenspiel beginnt, welche Variante Sie auch immer geplant haben, bitten Sie alle Beobachter, Stift und Papier für ihre Notizen bereitzuhalten. Sie stellen den Beobachtern und den Spielern noch einmal kurz die Situation vor: *„Wir befinden uns im Forschungszentrum XYZ. Sie, Herr Bartel haben Frau Dr. Demel um ein Gespräch gebeten. Es geht um Ihr Hauptprojekt, an dem Sie gemeinsam mit Herrn Peters arbeiten. Es ist 11.00 Uhr an einem Dienstagvormittag und Sie gehen zu Frau Dr. Demel ins Büro ...“* (Rollenspiel 24, *„Wem sitzt der Affe auf der Schulter“*, Seite 200 ff.). Und nun geht es los ... Im Verlauf eines vorbereiteten Rollenspiels können einige der folgenden Interventionen hilfreich werden, die zum Teil dem Psychodrama entlehnt sind:

Einfrieren

▶ *Einfrieren* – der Rollenspielleiter oder, je nach Vereinbarung, ein Beobachter kann die Szene anhalten, alle Spieler verbleiben in ihren Positionen. Der Hauptakteur bekommt Tipps oder Hilfestellungen (evtl. geflüstert). Danach läuft die Szene weiter. Dieser Vorgang kann wiederholt werden, bis der Protagonist sein Ziel erreicht hat. So macht er die positive Erfahrung, dass er die Situation zu seiner Zufriedenheit lösen kann – und lernt nicht erst im Nachhinein aus seinen „Fehlern". Es sollte jedoch darauf geachtet werden, dass das Rollenspiel im Fluss bleibt. Bewährt haben sich maximal zwei bis drei Unterbrechungen (siehe auch: Zwei Ideen aus der Theaterpädagogik, Seite 321 f,).

Zurückspulen

▶ *Zurückspulen* – ähnlich wie beim Einfrieren kann nun der Trainer, ein Beobachter oder der Hauptakteur selbst, das Spiel „zurückspulen", als wäre es ein Film. Der Hauptakteur bekommt unterstützende Hinweise oder fängt selbst ab einer gewissen Szene noch einmal an. Auch hier liegt der Nutzen in der positiven Lernerfahrung.

Spiel-Storming

▶ *Spiel-Storming* – Analog zum Brainstorming werden Ideen zum weiteren Vorgehen gesammelt – und zwar im Spiel. An einer Stelle, bei der es Schwierigkeiten gibt, wird das Spiel gestoppt. Der Protagonist nimmt als Zuschauer vor der Bühne Platz, die Beobachter sind aufgefordert, an seiner Stelle im Spiel weiterzumachen. Dabei sind alle Ideen erlaubt, auch ungewöhnliche oder scheinbar absurde. Es wird immer nur ein kurzer Ausschnitt gespielt, bevor die nächste Idee eine Chance bekommt. Am Ende geht der Protagonist wieder in seine Rolle zurück und probiert die Verhaltensweise(n) aus, die ihm jetzt sinnvoll erscheinen.

Für alle Varianten gilt: Sie sollen die Lernziele sinnvoll unterstützen.

Die Varianten beteiligen weitere Teilnehmerinnen und Teilnehmer – und sie bringen Abwechslung in die sonst oft allzu gleichmäßig verlaufende Phase der Rollenspiele. Der ermüdende „Dia-Vortrag-Effekt" wird minimiert. Es sollte jedoch darauf geachtet werden, dass die Varianten wirklich *sinnvoll die Lernziele unterstützen* und nicht nur aus Liebe zum Variationsreichtum durchgeführt werden. Weitere Interventionen, die sich bei Ad-hoc-Rollenspielen bewährt haben, finden Sie im Kapitel *Spontane Spiele* ab Seite 331.

Schritt 7 3/4: Ausrollen

Führen Sie die Teilnehmer nach dem Spiel wieder aktiv aus ihrer Rolle heraus.

Wenn das Rollenspiel vorbei ist, gilt es, die Akteure wieder in ihre Rollen als Teilnehmer *zurückzuführen* – damit sie die emotionale Ebene des eben Erlebten mit Abstand von außen betrachten können und somit aufnahmefähiger für Feedbacks sind. Leider wird dieser Schritt oft vergessen, was dazu führen kann, dass die Teilnehmer noch in der folgenden Pause aus den Rollen heraus miteinander agieren: *„Du hast mir da vorhin aber ganz schön Paroli geboten ...“* Damit Ihnen das Ausrollen *merk*würdig erscheint, also des Merkens würdig, hat der Punkt die Nummer 7 3/4 ☺.

Das Ausrollen kann sofort am Ende des Spiels sinnvoll sein – oder erst nach einem Teil der Auswertungsphase, wenn die Spieler in ihrer Rolle interviewt wurden. *„Sie als Pflegekraft, wie haben Sie den Verlauf des Gespräches wahrgenommen?“ „Und wie ist es Ihnen als Patientin gegangen?“*

Um die Rückführung in die Teilnehmerrolle zu beeinflussen, können Sie die Spieler einmal um ihren Rollenspiel-Stuhl herumgehen lassen und sie dabei auffordern, bewusst aus der Rolle auszusteigen. Oder sie schütteln die Rolle und die damit verbundenen Emotionen von sich ab. Oder sie drehen sich einmal um sich selbst und damit aus der Rolle heraus ... Finden Sie Ihren Weg, der keine „peinlichen“ Aktivitäten von den Teilnehmenden verlangt, aber dennoch einen *bewussten Rollenwechsel* herbeiführt. *„Und wenn Sie jetzt wieder in der Runde Platz nehmen, sind Sie Teilnehmerin und Teilnehmer dieses Seminars ‚Umgang mit Konflikten‘ und werten mit uns anderen Beobachtern ein eben abgelaufenes Rollenspiel aus.“*

Schritt 8: Auswerten

Das Rollenspiel ist beendet – was geht jetzt in den Darstellern vor sich? Von entspannter Gelassenheit bis hin zu aufgewühlten Emotionen kann die ganze Bandbreite menschlichen Fühlens im Rollenspieler vorherrschen. Wie zufrieden ist derjenige selbst mit seinem eben gezeigten Verhalten? In welchem emotionalen Zustand hat das Spiel für den Protagonisten geendet? Inwieweit hat der Protagonist sein Ziel erreicht? Wie fühlt sich der Antagonist in Folge dessen, was er in der Rolle erlebt hat?

Diese Phase verlangt vom Trainer ein hohes Einfühlungsvermögen.

Der Rollenspielleiter, die Rollenspielleiterin ist in dieser Phase mit ganzer *Präsenz* und hohem *Einfühlungsvermögen* gefragt. Was brauchen die Spieler am ehesten? (Wenn starke Emotionen im Spiel sind, fragen wir die Teilnehmer, was in ihnen vorgeht, ob sie reden möchten oder lieber zunächst in Ruhe gelassen werden wollen.) Was ist für die Gruppe als Ganzes wichtig? Inwieweit ist ein methodischer Wechsel gefordert? Welchen Weg gibt die Zeitachse vor? Es sind einige Variationen bei Auswertungen möglich:

Die Protagonistin schweigt zunächst.

Variante: Die Protagonistin schweigt zunächst – Manch einer Rollenspielerin tut es gut, wenn sie zunächst mit ihren eigenen Gedanken und Gefühlen „in Ruhe gelassen" wird. Sie kann verdauen und nach und nach die Eindrücke der anderen Rollenspieler und der Beobachter in sich aufnehmen. Die Feedback-Geber melden ihre Eindrücke unbeeinflusst von der Selbstwahrnehmung der Hauptakteurin zurück. Gedanken wie *„Das kann ich ihr jetzt nicht sagen, sie fand sich ja so gut ..."* werden vermieden, das Feedback wird klar, offen und respektvoll mitgeteilt – in all seinen Facetten. Erst danach äußert die Hauptakteurin ihre Wahrnehmung und ihre Einschätzung dessen, was sie erlebt hat und dessen, was ihr gerade zurückgemeldet wurde (ohne sich jedoch zu verteidigen).

Der Protagonist hat als Erster das Wort.

Variante: Der Protagonist hat als Erster das Wort – Andere Rollenspieler möchten zunächst herauslassen können, wie es nach dem Rollenspielerlebnis in ihnen aussieht. Sie schildern ihre Selbstwahrnehmung, wobei der innere Kritiker meist die lautere Stimme hat. Deshalb unterstützt es manchen Protagonisten im Aufbau eines realistischen Selbstbildes, ihn gezielt auch nach seinen positiven Eindrücken zu fragen. Die Aussagen des Hauptakteurs ermöglichen es den Beobachtern zu erkennen, wo das Selbstbild mit dem Eindruck des Beobachters einhergeht – und wo die Beobachter beim Feedback-Geben berücksichtigen können, dass der Spieler ein anderes Bild von sich hat – sei es positiver oder negativer als die Sichtweise des Beobachters. Auch kann der Hauptakteur einen besonderen Feedback-Schwerpunkt benennen, bei dem ihn die Wahrnehmungen und Interpretationen der anderen besonders interessieren. So kann Feedback noch gezielter, dosierter und empathischer gegeben werden – es ist allerdings darauf zu achten, das eine falsch verstandene Rücksichtnahme nicht dazu führt, dass bestimmte Dinge verschwiegen oder abgeschwächt werden.

***Sharing:* Die Beobachter teilen ihre Eindrücke mit dem Protagonisten.**

Variante: Die Beobachter teilen ihre eigenen Erlebnisse mit dem Protagonisten – Das so genannte *Sharing* aus dem Psychodrama hat das Ziel, den Hauptakteur emotional wieder zurück in die Gruppe zu holen. *„Wer von Ihnen hat schon einmal selbst eine ähnliche Situation erlebt, wie sie Herr Remmer gerade in der Rolle des Mediators erlebt hat? Wer ist ebenfalls unzufrieden mit seinem Tun aus einem derartigen Gespräch gegangen? Wer kann mit ihm mitfühlen? Ja, Frau Ammerster, bitte erzählen Sie ...“* Durch das Gefühl: „Nicht nur ich allein habe ein solches Problem!“ wird beim Hauptakteur die Spitze seiner Emotionen gekappt, er fühlt sich beruhigt und wieder in die Gruppe eingegliedert, dazugehörig.

Die Spieler werden aus den Rollen heraus interviewt.

Variante: Die Spieler werden aus den Rollen heraus interviewt – Zunächst werden die Antagonisten befragt (am Beispiel des Spiels *„Die Werbeagentur“*, Seite 215 ff.): *„Sie als Daniela Gross, wie geht es Ihnen jetzt?“ ... „Wie zufrieden sind Sie mit dem Ergebnis des Gesprächs?“ ... „Was hat aus Ihrer Sicht, Frau Gross, am meisten zum Erreichen des Ziels beigetragen?“ ... „Und Sie, Herr Heiner Gross, wie geht es Ihnen jetzt?“ ... „Auf einer Skala von 0 bis 10, wenn 0 absolut unzufrieden und 10 voll und ganz zufrieden bedeutet, wo ordnen Sie Ihre Zufriedenheit mit dem Ergebnis des Gesprächs ein?“ ... „Was hat aus Ihrer Sicht, Herr Gross, den Gesprächsverlauf am ehesten positiv beeinflusst?“* Danach werden die Spieler aus den Rollen in die Beobachter-/Teilnehmerrolle zurückgeführt. Die Protagonistin, in diesem Fall eine Mediatorin, hört sich die Aussagen der Rollenspieler an und gleicht sie mit ihrer Einschätzung der Situation ab.

Variante: Beobachter geben nur positives Feedback – Wenn die Rollenspielerin an sich selbst keinerlei positive Verhaltensweisen entdecken konnte, kann in einem ersten Schritt oder als einzige

Die Beobachter geben nur positives Feedback.

Intervention die ausschließliche Rückmeldung der Stärken durch die Beobachter hilfreich sein: *„Damit Tanja ihren Blick auf sich selbst erweitern kann, um künftig auch ihre eigenen Stärken bewusst wahrzunehmen, bitte ich nun alle Beobachterinnen und Beobachter um Feedbacks zu förderlichem Verhalten von Tanja in der Rolle als Verkäuferin. Was hat sie getan und was hatte dies für positive Folgen im Gespräch? Bitte, fang Du gern an, Karsten ...“*

Es geben nur die Beobachter Feedback, die vorher vom Protagonisten ausgewählt wurden.

Variante: Zwei bis vier vorher durch die Protagonistin ausgewählte Beobachter geben Feedback – Die anderen Beobachter ergänzen nur dann, wenn etwas für sie sehr Wichtiges nicht erwähnt wurde. Bereits in Phase 6, dem Einrichten, wählt der Hauptakteur seine Feedback-Geber aus – und beeinflusst damit selbst die Art von Feedback, die er haben möchte. Sofern sich die Teilnehmenden vorher bereits als Feedback-Geber erlebt haben (was für diese Methodik empfehlenswert ist), kann der Protagonist in stiller Abwägung entscheiden: *„Nehme ich Frau Wagner, die sehr offen redet oder nehme ich Herrn Zucher, der besonders einfühlsame und wertschätzende Rückmeldungen vergibt? Ist es mir wichtiger, den erfahrenen Herrn Rüske als Feedback-Geber zu haben, oder hilft mir das frische Gemüt des Neulings Kanter eher?“* Diese Beeinflussung, die bewusst oder unbewusst das Lernen des Hauptakteurs fördert, ist neben der Zeitersparnis der größte Gewinn dieser Vorgehensweise.

Sie können die Gruppe der Feedback-Geber gemeinsam mit dem Protagonisten einen Kreis im Inneren des Raumes bilden lassen, die anderen Beobachter setzen sich in einem weiteren Kreis um diese Gruppe herum. Wenn jemand aus dem Außenkreis etwas beitragen möchte, setzt er sich auf einen leeren Stuhl, der im inneren Kreis bereitsteht – und geht nach seinem Beitrag in den äußeren, stillen Kreis zurück.

Die Beobachter geben nur schriftliches Feedback.

Variante: Beobachter geben schriftliches Feedback – Eine schnelle Form des Rückmeldens ist das ausschließlich schriftliche Festhalten aller Eindrücke, zu dem die Beobachter nach Ende des Rollenspiels etwas Zeit benötigen. Am besten lassen Sie jeden seinen Namen auf das Blatt schreiben, damit die Feedback-Nehmerin später eventuelle Verständnisfragen klären kann und in der Lage ist, die

Rückmeldungen dem Erfahrungshintergrund des Feedback-Gebers zuzuordnen. Die Teilnehmer drücken sich in der Regel sehr bewusst aus, wenn sie ihr Feedback schriftlich geben, was den Umgang mit den Rückmeldungen erleichtert. Leider geht der Lerneffekt für die Gruppe verloren, der durch die offen geäußerten Rückmeldungen gewährleistet ist – daher setzen wir diese Form der Auswertung nur bei großer Zeitknappheit oder einer hohen Zahl von Rollenspielen in einem Training ein.

Weniger zeitsparend, dafür aber eine wertvolle Erinnerungshilfe ist ein kombiniertes schriftliches und mündliches Feedback: Die Beobachtenden schreiben ihre Punkte während des Rollenspiels auf Karten, geben ihre Rückmeldungen dann mündlich und händigen dem Feedback-Empfänger anschließend ihre Notizen aus.

Die Beobachter geben indirektes Feedback.

Variante: Beobachter geben indirektes Feedback (Klatsch und Tratsch) – Wenn die Gruppe sehr zurückhaltend beim Geben von Feedback ist, kann ein besonderes Szenario zur Offenheit beitragen: Der Feedback-Nehmer setzt sich hinter eine (Pin-)Wand, so, dass zwar die Rollenspielleitung ihn sieht, nicht aber die Feedback-Geber. Nun reden die Beobachter miteinander über den Protagonisten – wertschätzend und konstruktiv, aber ohne ihn anzusehen. Wenn alles Wichtige gesagt ist, kommt der Protagonist zurück in die Gruppe und teilt die Erfahrungen mit, die er hinter der Wand gemacht hat. Die Rollenspielleitung achtet während des Prozesses darauf, was die Körpersprache des Feedback-Nehmers über seinen emotionalen Zustand aussagt – und unterbricht das Feedback, wenn es dem Feedback-Empfänger nicht mehr gut zu gehen scheint (das ist übrigens eine Grundregel der Feedback-Situation). Er wird befragt, wie es ihm geht und was er jetzt braucht – seine Antworten bestimmen den weiteren Verlauf des Geschehens.

Alle geben einander Feedback.

Variante: Alle geben einander Feedback (Innenkreis – Außenkreis) – Bei einer Beteiligung vieler oder aller Teilnehmer und Teilnehmerinnen am Rollenspiel bietet es sich an, das Feedbackgeben als parallel verlaufenden Prozess zu initiieren. Die Teilnehmenden bilden zwei gleich große Gruppen. Eine Gruppe bildet einen Kreis, alle wenden den Blick nach außen. Die zweite Gruppe positioniert sich derart um die erste Gruppe herum, dass sie einen Kreis mit dem Blick nach innen bildet und jedes Gruppenmitglied des Außenkreises einem Gruppenmitglied des Innenkreises gegenübersteht. Nun gibt der Außenkreis dem Innenkreis Feedback. Nach einer zuvor festgelegten Zeit von 2-3 Minuten wird gestoppt und kurz innegehalten, bevor sich der Außenkreis im Uhrzeigersinn so lange seitlich bewegt, bis jeder einem neuen Gegenüber in die Augen schaut. Nach einem kurzen Moment der Konzentration und Sammlung gibt erneut für 2-3 Minuten der Außenkreis dem Innenkreis Feedback. Dies wird so lange wiederholt, bis der Außenkreis den Innenkreis einmal umrundet hat, dann wechselt die innere Gruppe nach außen und wird ihrerseits zu den Feedback-Gebern (siehe auch Auswertungsvorschlag zum Rollenspiel *„Das Firmenjubiläum"*, Seite 101 ff.).

Die Methode bringt Bewegung in die Gruppe – sowohl physisch als auch emotional, denn sie ermöglicht jeder Teilnehmerin und jedem Teilnehmer eine geballte Ladung an Feedback!

Feedback vom Rollenspielleiter

Variante: Der Rollenspielleiter gibt Feedback – Na klar, aber wann? Wir empfehlen: zum Schluss. Denn die Lernenden können ihre Reflexionsfähigkeit am besten trainieren, wenn sie ohne das (meist gewichtige) Wort der Trainerin oder des Trainers ihr Feedback äußern. Zudem ermöglicht es Ihre geschulte Wahrnehmung, ein großes Spektrum an Rückmeldungen zu geben. Wenn einige Punkte davon bereits genannt wurden, ist es nicht nötig, sie zu wiederholen, es sei denn, ihre besondere Bedeutung scheint noch nicht deutlich geworden zu sein. Die Wahrscheinlichkeit, dass manche Punkte des Rollenspielleiters/Trainers noch nicht erwähnt sind, ist groß – und die dürfen Sie jetzt anbringen :-).

„Walk what you talk“ beim Rollenspielthema Rückmeldung

von Eva Neumann

Was liegt näher, als bei der Besprechung eines Rollenspiels zum Thema „Rückmeldung und Kritik“ gleich die Feedback-Regeln anzuwenden, bzw. anwenden zu lassen? Nicht nur die mutigen Rollenspieler hätten die Möglichkeit, situativ zu üben, sondern gleich alle Teilnehmenden, wenn sie sich bei ihren Kommentaren an die vorher besprochenen Maßgaben halten: Das beobachtete Verhalten wertungsfrei und konkret schildern, die sachlichen und emotionalen Auswirkungen auf sich und andere Beteiligte verdeutlichen, die Sichtweise des Gegenübers erfragen und im Hinblick auf gemeinsame Ziele Veränderungsmöglichkeiten besprechen und vereinbaren. Und wenn möglich, mehr anerkennende als kritische Rückmeldung geben.

Natürlich wollen wir eine traumhafte Transferleistung und einen maximalen Trainingseffekt erzielen!

Nun, wie geht das? Hier Anleitung A:

1. Stelle komplizierte Feedback-Regeln auf – der Vollständigkeit halber alle Regeln, die Du mal irgendwo aufgeschnappt hast.
2. Trainiere die Merkfähigkeit Deiner Teilnehmer und vermeide es, die Feedback-Regeln zu visualisieren.
3. Spare Dir die Zeit, ihre Sinnhaftigkeit zu erläutern – Hauptsache, sie werden korrekt gelebt.
4. Derartige Feedback-Regeln sind natürlich nur für Anfänger. Du als Profi hast deutlich wirkungsvollere Wege, Deine Botschaft zu vermitteln.
5. Stelle von vorneherein klar, dass in der Nachbesprechung eines Rollenspiels alle Teilnehmeräußerungen verboten sind, die nicht diesen Regeln entsprechen.
6. Greife aus Prinzip sofort ein, wenn jemand die Regeln verletzt. Unterbreche ihn rigoros. Stelle ihn in die Ecke. Man muss deutliche Maßnahmen ergreifen, damit Teilnehmer verstehen, wie wichtig die Einhaltung von Feedback-Regeln ist.
7. Halte dem Delinquenten seine Äußerung vor Augen, konfrontiere ihn und die Gruppe mit der Feedback-Regel und gebe einem anderen die Chance, jene Rückmeldung jetzt gleich korrekt zu formulieren.

Was passiert? Nichts.
Keiner traut sich mehr, überhaupt Rückmeldung zu geben. Beredte Blicke wenden sich dezent nach unten und lassen erahnen, was da gedacht wird: („Mal schauen, wer jetzt was sagt. Ich sage lieber nichts. Wenn's ‚falsch' ist, werde ich vorgeführt und zerlegt. Da behalte ich's doch lieber für mich.“)

Also vielleicht doch lieber Anleitung B?
Es gibt eine Möglichkeit, beobachtende Teilnehmende wirklich eine Hier-und-Jetzt-Erfahrung machen zu lassen, durch die auch sie die Wirkung ihres Rückmeldeverhaltens erfahren – und nicht nur die Rollenspieler.

1. Bitten Sie die Gruppe nach dem Rollenspiel zum Thema „Kritik“ oder „Rückmeldegespräch“ mitzuteilen, *„was Ihnen positiv aufgefallen ist, was beibehalten werden sollte, sowie was Sie an Stelle der Rollenspieler anders machen würden“.*
2. Fragen Sie auf jeden Fall nach verstärkenden Rückmeldungen. Beispielsweise so: *„Was hat Ihnen gut gefallen?“* oder *„Wodurch ist Frau X ihrem Gesprächsziel näher gekommen?“* Die Erfahrung zeigt: Die Gruppe teilt ihre Meinung recht unbefangen und uneingeschränkt mit, und in den meisten Fällen hagelt es trotz der direkten Aufforderung zu positiver Rückmeldung mehr Kritik als Lob.
3. Und hier ist nun der Ansatzpunkt für den oder die Trainer/-in: Achten Sie während der Kommentare der Beobachtenden auf dreierlei: erstens auf das Verhältnis zwischen anerkennenden oder wertungsfreien Äußerungen zu kritischen Bemerkungen aus der Gruppe. Zweitens auf die Formulierung der kritischen Bemerkungen. Und drittens auf die Feedback-Empfänger – was sagt ihre Körpersprache zu den Rückmeldungen? Halten sie die kritischen Kommentare noch aus?
4. Wenn Sie genug gehört haben oder der Feedback-Empfänger an der Schwelle zum Widerstand steht, unterbrechen Sie die Diskussion freundlich aber bestimmt. Wechseln Sie gegebenenfalls Ihre Position im Raum, um zu signalisieren, dass jetzt „etwas anderes kommt“. Kündigen Sie an, dass Sie dem Feedback-Empfänger nun eine wichtige Frage stellen wollen. Und diese Frage lautet: *„Wie wirken diese Rückmeldungen auf Sie?“*
5. Jetzt hat der Rollenspieler, dessen Verhalten bisher Thema war, das Wort, und die anderen Teilnehmer sollten in dieser Zeit zuhören. Der Rollenspieler kann mitteilen, was die Diskussion der Beobachter in ihm oder ihr auslöste. Fragen Sie nach: *„Wie reagieren Sie auf die Rückmeldungen? Welche Rückmeldungen helfen Ihnen weiter? Was fehlt Ihnen noch?“*

So wird das Thema des Seminarabschnitts – wie gebe ich angemessen und wirkungsvoll Rückmeldung – zur praktischen Erfahrung aller Teilnehmenden. Der Feedback-Empfänger wird auch zum Feedback-Geber und die Beobachtenden zu Feedback-Empfängern. Der Rollentausch gibt allen die Möglichkeit nachzuvollziehen, wie es ist, das eigene Verhalten aus den Augen einer anderen Person zu sehen. Ein wertvoller Moment – denn nun sind auch die Beobachtenden zu Spielern im Seminargeschehen geworden.

In jedem Fall ist es, insbesondere bei vorgegebenen Situationen und Rollen, sehr wichtig, den Bogen zur täglichen Praxis der Teilnehmenden aktiv und bewusst zu schlagen. *„Was bedeutet das eben Erlebte in Ihrer sonstigen Rolle als Verkäuferin/Beamter/...?"*

Varianten zur Video-Präsentation

Egal, welche Auswertungsvariante Sie wählen: Wenn Sie das Rollenspiel per Video aufgenommen haben, ist zu entscheiden, wann Sie die Aufzeichnung zeigen. Mehrere Varianten sind möglich:

- Das Video direkt nach dem Rollenspiel vor dem Feedback anschauen. Dies gibt dem Protagonisten die Chance, sich ein eigenes Bild zu machen – wodurch manch ein Feedback überflüssig werden kann. Die Beobachter haben die Chance, ihre Eindrücke noch einmal zu überprüfen und sich die Situationen zu merken, auf die sich ihre Rückmeldungen beziehen.

- Das Video nach dem mündlichen Feedback in Gänze zeigen. Der Feedback-Empfänger kann die Fremdbilder anhand des Gefilmten überprüfen, das Feedback setzt sich, kann bereits verarbeitet werden.

- Das Video abschnittweise betrachten. Sowohl die Teilnehmenden als auch die Trainerin oder der Trainer entscheiden, welche Szenen angeschaut werden. Die Momente, bei denen Uneinigkeit über die Beobachtung herrscht, die Augenblicke, wo das Selbstbild des Feedback-Nehmers ein anderes ist als das Bild der Feedback-Geber oder zu denen der Feedback-Empfänger Fragen hat und/oder die Abschnitte, bei denen ein ganz besonders gutes oder verändernswertes Verhalten zu beobachten ist.

Falls Sie die Aufzeichnung nicht noch einmal nutzen werden, ist jetzt ein guter Zeitpunkt, den Film zu löschen – damit die *Vertraulichkeit* gesichert bleibt. Ansonsten können Sie den Film auch mit der Aufnahme der nächsten Situation überspielen, wenn Sie noch eine Aufzeichnung planen. Es ist sinnvoll, dass die Teilnehmerinnen und Teilnehmer dies wissen, da Sie damit die Vertraulichkeit erneut unterstreichen.

Schritt 9: Teilen

Die Beobachter tauschen sich über ihre Schlussfolgerungen aus.

Ein großer Nutzen der Rollenspielmethode liegt in ihrer Praxisnähe und somit im leichten Transfer des Gelernten in den beruflichen oder privaten Alltag. Damit dieser Effekt bei jedem Rollenspiel für die gesamte Gruppe genutzt wird, tauschen sich die *Beobachter* darüber aus, was sie selbst aus dem eben Erlebten schlussfolgern und für ihre Praxis mitnehmen.

In Form eines Blitzlichts (Jeder sagt einen Satz, was er gelernt hat. Es wird keine vorher getätigte Äußerung diskutiert oder kommentiert.) wird der Protagonist wie beim Auswertungs-Sharing wieder in die Gruppe integriert, denn nicht nur er hatte etwas zu lernen, sondern auch die Beobachter. Und diese haben nicht nur „schlaue Kommentare von außen" abgegeben, sondern auch ihr eigenes Potenzial zur Verbesserung reflektiert.

Das Johari-Fenster

Mit diesem Prozess hat die gesamte Gruppe ihren „Bereich des freien Handelns" vergrößert – so wird im *„Johari-Fenster"* (benannt nach den amerikanischen Sozialpsychologen *Joseph Luft* und *Harry Ingham*, University of California) der Bereich bezeichnet, der mir selbst und den anderen bekannt ist, mit dem ich mich also authentisch zeige.

A **Bereich des „freien Handelns"** mir bekannt anderen bekannt	**B** **Bereich des „blinden Flecks"** mir nicht bekannt anderen bekannt
C **Bereich des „Verbergens"** mir bekannt anderen nicht bekannt	**D** **Bereich des „Unbewussten"** mir nicht bekannt anderen nicht bekannt

Feedback dient dazu, den Bereich des Verbergens sowie den blinden Fleck zu verkleinern. Der Feedback-Geber gibt von sich etwas preis, nämlich seine Wahrnehmung und seine Interpretation einer Situation. Dadurch erfahren der Feedback-Nehmer und die Gruppe etwas über den Feedback-Geber, der Bereich „anderen bekannt" wird vergrößert.

Durch die Rückmeldung wird sich der Feedback-Nehmer zusätzlich manchen Verhaltens bewusst, das ihm vorher unbekannt war:

Somit ist mehr und mehr authentisches Handeln in der Gruppe möglich, ein äußert wünschenswerter Zustand, oder?!

Ein weiterer Effekt, der dadurch erreicht wird, dass jeder Teilnehmer einmal laut ausspricht, was er in Zukunft anders machen wird, ist die Transferunterstützung. Das Ziel wird verpflichtender, die Umsetzung wahrscheinlicher. Deshalb sollte auch der Protagonist Gelegenheit haben, seine Schlussfolgerungen aus dem Erlebten und aus dem Feedback zu äußern.

Schritt 10: Überleiten

Das Gelernte wird verarbeitet.

Abschließend gilt es, das Gelernte zusammenzufassen und zu einem abgeleiteten Lehrgespräch, einer passenden Übung oder zum nächsten Thema überzuleiten – eventuell nach einer Kaffeepause, die hilft, *das Erlebte zu verarbeiten ...*

ZWEI

Die Rollenspielsammlung –
Rollenspiele erfolgreich durchführen

Schnellfinder

Einführung in die Rollenspielsammlung 55
- Sortierung nach Lernbereichen 56
- Sortierung nach Gesprächskonstellation und Zeitaufwand 63

Sammlung Teil I:
Kommunikationstechniken anwenden 65

Sammlung Teil II:
Handlungsziele kommunikativ erreichen 199

Einführung

Welches Spiel zu welchem Ziel?

Die 40 Rollenspiele sind nach zwei Gesichtspunkten gruppiert: Im ersten Teil „Kommunikationstechniken anwenden" (Rollenspiele 1-23) finden Sie Szenarien, mit denen Sie einzelne Kommunikationstechniken gezielt üben lassen können, z.B. Rückmeldung geben, Fragen stellen, Gespräche beenden, Argumentieren ...

Steht die strategische Gesprächsführung stärker im Vordergrund, so finden Sie dazu Rollenspiele im zweiten Teil der Sammlung „Handlungsziele kommunikativ erreichen" (Rollenspiele 24-40). Bei Themen wie Konflikte klären, Moderieren oder Verhandeln können natürlich auch einzelne Techniken geübt werden; im Vordergrund steht jedoch die Lösung der Situation, das Erreichen eines Zieles. Die Fähigkeiten, die in der ersten Gruppe geübt werden, können die Grundlage für die Bewältigung der Kommunikationssituationen bilden, die in der zweiten Gruppe stehen.

Sortierung nach Lernbereichen

Jedes Rollenspiel kann mehrere Lernziele unterstützen. In der folgenden Tabelle finden Sie die wesentlichen Lernbereiche alphabetisch geordnet in der linken Spalte. Der „vorrangige" Lernbereich des einzelnen Rollenspiels ist in der Tabelle **fett** gekennzeichnet. Daneben eignet sich jedes Rollenspiel zur Übung und Beobachtung weiterer kommunikativer Techniken oder Verhaltensweisen. Diese „nachrangigen" Lernbereiche sind mit einem normalen Kreuz gekennzeichnet. Die Tabelle spiegelt unsere Einschätzung wider, Sie können jederzeit die eigenen Erfahrungen mit den Rollenspielen – oder weiterentwickelten Varianten – durch Eintragung in die Tabelle dokumentieren.

Teil I: Kommunikationstechniken anwenden (Rollenspiele 1-23)

Nr. und Titel des Rollenspiels

Lernbereich (LB)
X = vorrangiger LB
X = nachrangiger LB

Lernbereich (LB)	1. Ran an die Beschwerde – mit Verständnis	2. Mir schmeckt das nicht	3. Wer schreibt das Protokoll?	4. Die Vorwurfsmühle	5. Kampf um die Turnhalle	6. Der Bürgerentscheid	7. Wer darf mit zum Segeltörn?	8. Das Firmenjubiläum
Aktives Zuhören	**X**	**X**						
Angriffe und Beschwerden beantworten	**X**		**X**	**X**	X			X
Argumentation, Überzeugen im Gespräch		**X**	X		**X**	**X**	**X**	**X**
Feedback, Kritik und Anerkennung								
Fragetechnik								
Gespräche beenden								
Gespräche beginnen, Kontaktaufnahme								
„Schwierige" Gesprächspartner								
Selbstbehauptung, Durchsetzungsvermögen			X	X	**X**	**X**	**X**	X
Unangenehmes mitteilen								
Wahrnehmung								
Zielorientierte Gesprächsführung					X			

Die Rollenspiele lassen sich auch im Training hinsichtlich folgender Handlungsziele einsetzen:

Handlungsziel	1.	2.	3.	4.	5.	6.	7.	8.
Coaching								
Führen und Führungsrolle								
Konfliktklärung								
Konfliktvermittlung, Mediation								
Moderieren			X		X	X		X
Projektmanagement, Präsentation								
Verhandeln					X			
Verkaufen und Kaufberatung								

9. Die verschollene Berechnung				**X**						X	X		X						
10. Sieben Mal kritisieren				**X**			X			X	X									
11. Das misslungene Praktikum	X			**X**	X						X	X	X	X						
12. Luxuriöser als die Chefin				**X**	X						X			X	X					
13. Die Urlaubsreise	X				**X**				X											**X**
14. Übrigens ...						**X**		X	X	X		X								
15. Stilechtes (Be-)Grüßen und Selbstvorstellen							**X**							X						
16. Der „Schwierige“								**X**				X								
17. Nein oder Ja?									**X**	X										
18. Der Umzug			X						**X**								X		X	
19. Die bittere Pille										**X**		X		X						
20. Guter Bote, schlechte Nachricht							X			**X**				X						
21. Der erste Arbeitstag											**X**									
22. Völkeraustausch											**X**									
23. Zeit für ein gezieltes Gespräch				X					X		X	**X**		X						

Teil II: Handlungsziele kommunikativ erreichen (Rollenspiele 24-40)

Lernbereich (LB) **X** = vorrangiger LB X = nachrangiger LB / **Nr. und Titel des Rollenspiels**	24. Wem sitzt der Affe auf der Schulter?	25. Das Einzelbüro	26. Verlässlichkeit	27. Die Werbeagentur	28. Die Versicherungs-gesellschaft	29. Die pflegebedürftige Mutter	30. Spannungen im Pflegeteam
Coaching	**X**						
Führen und Führungsrolle	**X**		X				**X**
Konfliktklärung		**X**	**X**	X	X	X	**X**
Konfliktvermittlung, Mediation	X	X		**X**	**X**	**X**	X
Moderieren							X
Projektmanagement, Präsentation			X				
Verhandeln							
Verkaufen und Kaufberatung							

Die Rollenspiele lassen sich auch zum Training folgender Kommunikationstechniken einsetzen:

	24.	25.	26.	27.	28.	29.	30.
Aktives Zuhören	X			X	X	X	
Angriffe und Beschwerden beantworten		X					
Argumentation, Überzeugen im Gespräch		X					
Feedback, Kritik und Anerkennung		X					
Fragetechnik	X			X	X	X	X
Gespräche beenden							
Gespräche beginnen, Kontaktaufnahme							
„Schwierige" Gesprächspartner		X					
Selbstbehauptung, Durchsetzungsvermögen		X					
Unangenehmes mitteilen							
Wahrnehmung		X					
Zielorientierte Gesprächsführung							

31. Gründung eines Qualitätsteams					**X**						X		X							X
32. Nie wieder eine kalte Pizza		X			**X**	**X**					X		X							X
33. Auf dem Weg zur Führungskraft		X					**X**				X						X			
34. Wem gehört der Strand?							**X**		X		X		X							X
35. Die Orangenplantage							**X**										X			X
36. Die Küchenübernahme							**X**						X							X
37. Im Schuhhaus DIENER DER FRAU							**X**	X		**X**							X			X
38. Kühlschränke für Eskimos							X	**X**	X		**X**									X
39. Sand für Beduinen							X	**X**			**X**									X
40. Neue Büromaschinen							X	**X**			X		X							X

Welche Wirkung haben Rollenspiele im Lernprozess?

Stichwort: „Einsatz"

Die Autoren haben unter dem Stichwort „*Einsatz*" angegeben, welche Wirkung das Rollenspiel aus ihrer Sicht für den Lernprozess entfalten kann. Mit einem Rollenspiel kann der Trainer:

- *Für eine Fragestellung sensibilisieren:* Sie führen in ein Thema ein und ermöglichen den Teilnehmenden ein Schlüsselerlebnis, öffnen deren Wahrnehmung für eine bestimmte Fragestellung.
- *Den IST-Zustand der Fähigkeiten ermitteln:* Sie erzeugen oder verstärken das Bewusstsein der Teilnehmenden darüber, wie sie sich in bestimmten herausfordernden Situationen verhalten.
- *Neues Verhalten entdecken lassen:* Sie bieten als Trainerin oder Trainer einen situativen Kontext, damit die Teilnehmer verschiedene Verhaltensmöglichkeiten oder verschiedene Vorgehensweisen ausprobieren können.
- *Verhalten trainieren:* Das Rollenspiel dient dazu, neue Verhaltensweisen einzuüben und zu verfeinern.
- *Spielraum für Verhaltensentscheidungen geben:* Sie lassen die Kommunikationstechniken und -strategien auf ihren angemessenen Einsatz (hinsichtlich Gesprächspartner, -ziel, -situation) von den Teilnehmern prüfen.

Welche Arten von Rollenspielen finden Sie hier?

Rollenspiel als Verhaltenstraining

- Rollenspiel als Verhaltenstraining

Im Grunde funktionieren die hier gesammelten vorbereiteten Rollenspiele durch ihre metaphorische Nähe zur erlebten Situation der Teilnehmer: Auf den „Überschneidungspunkten" zwischen Spiel und Realität reflektiert der Spieler sein eigenes Verhalten.

Da Rollenspiele eine Situation nur skizzieren, können sie an die Realität der Teilnehmenden oder an ihr persönliches Lernziel angepasst werden. Beispiel: Im Rollenspiel *„Im Schuhhaus DIENER DER FRAU“*, Seite 284 ff., wird eine Reklamationsverhandlung beschrieben. Nehmen wir an, eine Teilnehmerin, die in die Verkäuferrolle geht, hat das (zusätzliche) persönliche Lernziel: *„Ich will in einer Stresssituation überlegt und ruhig reagieren.“* Wir können als Trainer klären, auf welche konkreten Äußerungen und Verhaltensweisen von Kunden sie gelassener reagieren will und diese dann in die Rollenbeschreibung der „Kundin“ einbauen. Die Reaktion der „Verkäuferin“ auf eine ärgerliche „Kundin“ wird dann zusätzliches Beobachtungskriterium während des Spiels. Unsere Empfehlung: Passen Sie die Situationsbeschreibung nach Bedarf noch weiter an die Praxis der Teilnehmenden an: Welches Produkt aus dem Arbeitskontext des Protagonisten sollte reklamiert werden – vielleicht gibt es in dessen Unternehmen aktuell ein Produkt, das häufiger zurückgegeben wird? Welche Art von Reparatur kann vorgeschlagen werden?

Kommunikationsspiele mit Rollenbeschreibungen

▶ Kommunikationsspiele mit Rollenbeschreibungen

Einige Rollenspiele sind mehr „Erfahrungsfeld“ als Training: Im *„Völkeraustausch“*, Seite 183 ff., geht es um die Wirkung präziser oder unpräziser Formulierung, in *„Der erste Arbeitstag“*, Seite 177 ff., um den Einfluss von perspektivischer Wahrnehmung auf die Wiedergabe von Informationen. Zu Beginn eines Kommunikationsseminars helfen Wahrnehmungsübungen und -spiele dabei, die Teilnehmenden für Fallstricke und Funktionen der zwischenmenschlichen Kommunikation zu sensibilisieren: Die beiden genannten Spiele lassen grundlegende „Regeln“ der Kommunikation erfahren und können sowohl als Auflockerung als auch als Einstieg ins Kommunikationsseminar genutzt werden.

Kurzrollenspiele

▶ Kurzrollenspiele

Im Basistraining Kommunikation geht es für die Teilnehmenden manchmal darum herauszufinden, wie ein und dieselbe „Technik“ in verschiedenen Situationen und mit verschiedenen Gesprächspartnern wirkt. So können sie ein Gefühl für die Vorgehensweise entwickeln und Erfahrung zu ihrem angemessenen Einsatz sammeln. Zu diesem Zweck sind in diesem Buch verschiedene Kurzrollenspiele zu finden, die den Teilnehmenden die Gelegenheit geben, mit geringem Zeitaufwand viele Gesprächssequenzen anzuspielen und auszuwerten. Dazu gehören: *„Die Vorwurfsmühle"*, Seite 82 ff.; *„Sieben Mal kritisieren"*, Seite 114 ff.; *„Stilechtes Grüßen, Begrüßen und Selbstvorstellen"*, Seite 146 ff.; *„Der ‚Schwierige'„*, Seite 150 ff. sowie *„Nein oder Ja?"*, Seite 155 ff.

Wie viele Teilnehmer spielen eine Rolle?

Wie viele Teilnehmer erhalten eine Rolle?

Die folgende Übersicht zeigt, wie viele Teilnehmende in einer Spielsituation eine eigene Rolle bekommen. Unabhängig davon können Sie natürlich beliebig viele Gruppen bilden, die das Rollenspiel gleichzeitig durchführen. Außerdem entnehmen Sie der folgenden Liste eine Angabe über die Dauer des Spiels – wobei es in der Durchführung und in der Auswertung so viele Aspekte gibt, die bei jeder Gruppe und jedem Trainer anders ablaufen können, dass die Angaben bitte nur als grobe Schätzung zu verstehen sind.

Gesprächskonstellation (in den Feldern steht die Anzahl der bereitgestellten Rollen)

Teil I: Kommunikationstechniken	**Paar-gespräch**	**Dreier-gespräch**	**Gruppen-gespräch**	**Zeit-aufwand (ca.)**
1. Ran an die Beschwerde – mit Verständnis	2			45 Min.
2. Mir schmeckt das nicht	2			60 Min.
3. Wer schreibt das Protokoll?			12	90 Min.
4. Die Vorwurfsmühle				45 Min.
5. Kampf um die Turnhalle			6	120 Min.
6. Der Bürgerentscheid			2 Gruppen zu 4+4 TN	120-150 Min.
7. Wer darf mit zum Segeltörn?			13	60 Min.
8. Das Firmenjubiläum			5	90 Min.
9. Die verschollene Berechnung	2			45 Min.
10. Sieben Mal kritisieren	7x2			5-10 Min./Bsp.
11. Das misslungene Praktikum	3			60 Min.
12. Luxuriöser als die Chefin	2			60 Min.
13. Die Urlaubsreise	2	möglich		15 Min./Bsp.
14. Übrigens ...	2			30 Min.
15. Stilechtes Grüßen, Begrüßen und Selbstvorstellen	4x2			5-10 Min./Bsp.
16. Der „Schwierige“	7x2			90 Min.
17. Nein oder Ja?	7x2			5-10 Min./Bsp.
18. Der Umzug			13	60 Min.
19. Die bittere Pille	2			45 Min.
20. Guter Bote, schlechte Nachricht	2			60 Min.
21. Der erste Arbeitstag				45 Min.
22. Völkeraustausch			alle TN	45 Min.
23. Zeit für ein gezieltes Gespräch	2			45 Min.

Teil II: **Handlungsziele kommunikativ erreichen**	**Paar-** **gespräch**	**Dreier-** **gespräch**	**Gruppen-** **gespräch**	**Zeit-** **aufwand (ca.)**
24. Wem sitzt der Affe auf der Schulter?	2			60 Min.
25. Das Einzelbüro	2			60 Min.
26. Verlässlichkeit	2			45 Min.
27. Die Werbeagentur	möglich	3		90-120 Min.
28. Die Versicherungsgesellschaft	möglich	3		90-120 Min.
29. Die pflegebedürftige Mutter		3		90-120 Min.
30. Spannungen im Pflegeteam			4-6	90 Min.
31. Gründung eines Qualitätsteams			alle TN	60 Min.
32. Nie wieder eine kalte Pizza			7	120 Min.
33. Auf dem Weg zur Führungskraft	2			45 Min.
34. Wem gehört der Strand?			5 Gruppen zu 3+4+3+3+1 TN	120-180 Min.
35. Die Orangenplantage			4	45 Min.
36. Die Küchenübernahme	2			45 Min.
37. Im Schuhhaus DIENER DER FRAU	2			45 Min.
38. Kühlschränke für Eskimos		3		45 Min.
39. Sand für Beduinen		3		45 Min.
40. Neue Büromaschinen		3		60 Min.

Kommunikationstechniken anwenden

Teil I

Schnellfinder

1. Ran an die Beschwerde – mit Verständnis 66
2. Mir schmeckt das nicht 72
3. Wer schreibt das Protokoll? 78
4. Die Vorwurfsmühle 82
5. Kampf um die Turnhalle 85
6. Der Bürgerentscheid 89
7. Wer darf mit zum Segeltörn? 96
8. Das Firmenjubiläum 101
9. Die verschollene Berechnung 110
10. Sieben Mal kritisieren 114
11. Das misslungene Praktikum 119
12. Luxuriöser als die Chefin 126
13. Die Urlaubsreise 131
14. Übrigens 142
15. Stilechtes Grüßen, Begrüßen und Selbstvorstellen 146
16. Der „Schwierige“ 150
17. Nein oder Ja? 155
18. Der Umzug 162
19. Die bittere Pille 166
20. Guter Bote, schlechte Nachricht 172
21. Der erste Arbeitstag 177
22. Völkeraustausch 183
23. Zeit für ein gezieltes Gespräch 189

1. 

Ran an die Beschwerde – mit Verständnis

von Katharina K. Schaal

Überblick

Kurzbeschreibung

Was wollen Menschen, die sich beschweren, wirklich? Finden Sie es heraus!

Zielgruppe

Die Übung ist für Mitarbeiter/-innen und Führungskräfte geeignet, die „Aktives Zuhören" beherrschen sollten.

Lernziele

- Aktiv Zuhören statt Argumente zu suchen (dadurch können übereilte Gesprächseinstiege vermieden und das Verständnis für den Gesprächspartner erhöht werden.).
- Wünsche des Gesprächspartners herausfinden.
- Sicherheit bei der Annahme von Beschwerden gewinnen.

Einsatz

- Das Rollenspiel eignet sich gut, um bei der Bearbeitung der Themenbereiche: „Kundenservice" bzw. „Beschwerdemanagement" praxisnah zu arbeiten.
- Teilnehmer/-innen, die im Berufsalltag mit Beschwerden konfrontiert sind, haben häufig das Gefühl, dass von ihnen sofortige Lösungen gefragt sind. Daher ist es für sie ein Aha-Erlebnis im Rollenspiel zu erkennen, dass bei Beschwerden von ihnen zunächst „nur" ein offenes Ohr verlangt wird und Taten erst danach erwünscht sind.

Spielen und auswerten

Situation

In diesem Rollenspiel finden Sie eine ganz alltägliche Situation aus dem Gesundheitswesen wieder. Sie kann leicht auf andere Berufsgruppen abgeändert werden (siehe Varianten). Es gibt einen Beschwerdeführer (Angehöriger), der um das Wohl einer geliebten Person besorgt ist, und einen Beschwerdeabnehmer. Dies kann die Pflegedienstleitung, Stationsleitung, ein Pflegemitarbeiter, ebenso wie der Koch oder der Ergotherapeut im Hause sein, da Angehörige häufig spontan ihre Beschwerde bei der nächstbesten Person loswerden wollen, die gerade „greifbar" ist. Der Beschwerdeabnehmer ist auf die Beschwerde im Rahmen dieses Rollenspiels nicht vorbereitet.

Rollen

Der Seminarleiter fragt die Seminarteilnehmer/innen, wer die Chance nutzen möchte, die Rolle der Beschwerdeführer, der Beschwerdeabnehmer und der Beobachter zu übernehmen.

▶ **Beschwerdeführer**

Sie bemerken seit geraumer Zeit, dass Ihr/e Angehörige/r immer dünner wird und haben das bereits drei Mal auf Station angemerkt. Sie machen sich große Sorgen. Ihre Befürchtung ist, dass sich Ihr/e Angehörige/r unwohl fühlt und daher Gewicht verliert. Trotz mehrfacher Hinweise haben Sie den Eindruck, es ändere sich nichts. Ihr Ziel ist es, etwas zu verändern. Sie sind davon überzeugt: Wenn Sie mit größter Vehemenz auftreten, müssen Sie Gehör finden.

- Werden Sie etwas lauter beim Sprechen – Sie sind verärgert.
- Lassen Sie Ihr Gegenüber nicht ausreden.
- Gehen Sie davon aus, dass Ihr/e Angehörige/r schlecht versorgt ist.
- Sie haben selbst eine Vollbeschäftigung und wohnen 50 km entfernt, daher können Sie nicht jeden Tag vorbei kommen. Sie werden von Ihrem schlechten Gewissen geplagt. Am liebsten würden Sie selbst kontrollieren, wie die Versorgung Ihrer/s Angehörigen abläuft.

- Sobald Sie das Gefühl haben, dass Ihr Gegenüber Ihnen zuhört und Sie sich angenommen und verstanden fühlen, passen Sie sich in Tonfall, Lautstärke und Inhalt angemessen an.

- **Beschwerdeabnehmer**

Sie haben die Funktion, die Sie im täglichen Arbeitsleben ebenso bekleiden. Ihr Gegenüber ist ein/e Angehörige/r, der ziemlich aufgebracht ist. Sie sind in Ihrem Arbeitsablauf unvorbereitet von dem Angehörigen unterbrochen worden. Sie erinnern sich, dass dieser Angehörige sich schon mehrfach besorgt darüber geäußert hat, dass sein Verwandter so viel Gewicht verloren hat. Ihr fachliches Verständnis sagt Ihnen, dass der Angehörige bestens versorgt ist. Dies scheint Ihr Gegenüber nicht zu verstehen. Versuchen Sie eine gemeinsame Lösung zu finden. Arbeiten Sie dabei mit den Grundlagen des „Aktiven Zuhörens", die wir uns erarbeitet haben.

- Aktives Zuhören
- Sach- und Beziehungsebene trennen
- Wertschätzung beachten nach der Grundlage: Ich bin o.k. – Du bist o.k.

Durchführung

Entweder kann dieses Rollenspiel exemplarisch durchgeführt werden, d.h., es gibt einen Beschwerdeführer und einen Beschwerdeabnehmer, und alle anderen Teilnehmer übernehmen dann die Rolle des Beobachters. Oder Sie bitten die Teilnehmer, sich in Dreiergruppen einzuteilen, innerhalb derer es jeweils einen Beschwerdeführer, Beschwerdeabnehmer und Beobachter gibt. Geben Sie den Teilnehmer/innen die passenden Rollenbeschreibungen (die Beobachter erhalten alle Beschreibungen). Geben Sie den Spielteilnehmern circa 5-10 Minuten Zeit, um sich in die jeweilige Rolle hineinzuversetzen. Die Beobachter lesen ihre Beobachtungskriterien durch. Sie überlegen, welche Schwierigkeiten bei diesem Gespräch auftauchen können und ergänzen eigene Fragen, die hierbei aufgeworfen werden.

Die Übung findet im Hier und Jetzt statt. Es macht Sinn, eine Starthilfe zu geben, zum Beispiel: *„Sie werden auf dem Flur angesprochen."* Oder: *„Sie werden in Ihrem Büro angesprochen."*

Beobachtung

Der Beschwerdeführer ist stark emotional beteiligt, d.h., er ist sachlichen Informationen zunächst nicht zugänglich. Der Beschwerdeabnehmer wird von der an ihn gerichteten Beschwerde überrascht, denn diese fällt möglicherweise nicht in seinen Zuständigkeitsbereich.

- Wurde „Aktives Zuhören" genutzt, statt gegenargumentiert?
- Hat sich der Beschwerdeführer ernst genommen gefühlt? Was war dafür ausschlaggebend?
- Welchen Eindruck haben Sie in Bezug auf diese Situation: Würde der Beschwerdeführer den Beschwerdeabnehmer bei neuen Beschwerden wieder ansprechen? Bitte erläutern Sie, warum ja/nein.
- Wurden Angebote gemacht, die Situation zu verändern oder sie besser zu verstehen? Wurden Wünsche angesprochen?

Moderation der Auswertung

Nachdem alle Teilnehmer beide Rollenbeschreibungen ausgeteilt bekommen haben, eignen sich folgende Fragen an die Teilnehmer zur Auswertung:

- Was ist Ihnen bei dem Gespräch leicht gefallen?
- Wie wurde miteinander gesprochen? Haben Sie sich beide o.k. gefühlt?
- Was hat Ihnen besonders gut an Ihrem Gesprächspartner gefallen?
- Welche Verhaltensweisen haben Sie an Ihrem Gesprächspartner beobachtet? Was haben Sie daraus geschlossen?
- Welche Parallelen sehen Sie zu Ihrem Berufsalltag?

Durch die Vorgabe, dass der Beschwerdeabnehmer dieselben Tätigkeiten wie im täglichen Berufsleben ausführt, ist die Identifikation des Teilnehmers mit der „Rolle" hoch. Das heißt, bei ungeübten Teilnehmern macht es Sinn, eine Gesprächshilfe an die Hand zu geben, um Erfolgserlebnisse schneller herbeizuführen (siehe Varianten). Teilweise kommt es vor, dass Teilnehmer/innen sich bei der Auswertungsrunde für ihre Äußerungen rechtfertigen, dies ist oft ein Zeichen von Unwohlsein. Dann sollten die Teilnehmer darauf hingewiesen werden, dass sie ihre Rolle sehr gut gespielt und dadurch eine Arbeitsgrundlage geschaffen haben, die für alle wichtig ist. Den Teilnehmern kann auch Dank für das Engagement ausgesprochen werden und Lob für die „Mutigen", die sich ausprobiert haben.

Außerdem ...

Anmerkungen

Bisher sind alle von mir durchgeführten Versionen dieses Rollenspiels erfolgreich verlaufen und wurden, da praxisnah, sehr gut von den Teilnehmern angenommen.

Gesprächshilfe für Beschwerdeabnehmer
(für Ungeübte und Anfänger im Aktiven Zuhören)

1. Aktives Zuhören
„Wenn ich Sie richtig verstanden habe, dann ... (sachliche Inhalte wiederholen), *daher ärgern Sie sich über ...* (Gefühle aufgreifen und ansprechen)."

2. Fragen Sie nach, welche Wünsche Ihr Kunde hat
„Was wünschen Sie sich für Ihren Angehörigen?" und/oder *„Welche alternativen Vorgehensweisen fallen Ihnen ein?" „Was glauben Sie, was wir besser machen können?"*

3. Halten Sie gemeinsam die weitere Vorgehensweise fest
„Wir werden Folgendes umsetzen ... und nächste Woche Mittwoch noch einmal Rücksprache halten." und/oder *„Ihre Idee könnte eine Möglichkeit sein, am besten wir sprechen mit ... darüber."*

Hinweis: Falls Sie inhaltlich nicht weiterkommen, ist dies ein Zeichen dafür, dass noch nicht genug „Aktiv Zugehört" wurde. Das heißt, jedes Mal, wenn Sie Widerstand bemerken, beginnen Sie mit der Gesprächshilfe von vorne.

Varianten

Das Rollenspiel kann leicht für andere Berufsgruppen verändert werden. Hierbei ist wichtig zu beachten, dass beim Beschwerdeführer eine emotionale Beteiligung zu Grunde gelegt wird. Zum Beispiel bemerkt ein Ingenieur nach geraumer Zeit, dass ein von ihm geschätzter, gutmütiger Kollege von zwei anderen Kollegen der Abteilung ausgenutzt wird. Die Beschwerde kann hier z.B. an den Vorgesetzten gerichtet werden. Der Beschwerdeabnehmer (der Vorgesetzte) ist davon überzeugt, dass arbeitsrechtlich alles in Ordnung ist usw.

Quellen

Der Impuls zum Rollenspiel „Ran an die Beschwerde – mit Verständnis" kam durch Fallbeispiele, die mir Mitarbeiter verschiedener Pflegeeinrichtungen immer wieder schilderten.

2. Mir schmeckt das nicht

von Katharina K. Schaal

Überblick

Kurzbeschreibung

Bei diesem Rollenspiel sollen die Teilnehmer die unterschiedliche Wirkung von „jemanden überreden“ und „jemanden überzeugen“ für sich reflektieren. Zudem eignet es sich ausgezeichnet dazu, das Nein-Sagen zu üben.

Zielgruppe

- Die Übung ist für Mitarbeiter/innen, die in ihrem Beruf überzeugen wollen.
- Ebenso für Mitarbeiter, die klare Grenzen ziehen möchten.

Lernziele

- Aktives Zuhören um dadurch das Verständnis für den Gesprächspartner zu erhöhen.
- Argumentationswege finden, für die der Gesprächspartner ein offenes Ohr hat.
- Klares „Nein“ äußern und dafür Akzeptanz finden.

Einsatz

Dieses Rollenspiel eignet sich gut, um alltägliche Gesprächssituationen im Berufs- und Privatleben zu üben, in denen wir andere von etwas überzeugen, bzw. uns abgrenzen wollen.

- Die Teilnehmer/innen haben hierbei die Möglichkeit festzustellen, inwieweit sie in Gesprächen selbstreferenziell argumentieren, bzw. wie stark sie die Bedürfnisse des Gegenübers einbinden, um zu überzeugen. Des Weiteren kann hier das Nein-Sagen eingeübt werden.

Spielen und auswerten

Situation

Zwei Kollegen/innen treffen bei einem Firmenessen zusammen. Da das 50-jährige Firmenjubiläum (Weihnachten, Ostern, ...) gefeiert wird, sind die Tische festlich gerichtet und die festgelegte Menüabfolge liegt auf dem Tisch. Beide Teilnehmer/innen haben keine Möglichkeit, sich wie gewöhnlich ihr Essen von der Speisekarte zusammenzustellen. Dabei kommt das Gespräch der beiden unweigerlich auf das Essensangebot – es gibt unter anderem Nudelsuppe. Hierbei stellt sich heraus, dass ein Teilnehmer ganz im Gegensatz zu seinem/r Kollegen/in ein begeisterter Fan von Nudelsuppe ist.

Rollen

▶ **Der/die Nudelsuppenliebhaber/in**

Sie kennen Ihren Kollegen/in schon seit circa vier Jahren, da Sie beide in der gleichen Abteilung arbeiten. Ab und zu gehen Sie gemeinsam zum Mittagessen. Sie finden Ihren Kollegen sympathisch. Ihr Kollege/in lässt die zum Menü gehörende Nudelsuppe sofort wieder abräumen. Bei Ihnen löst dies völliges Unverständnis aus – zum einen lieben Sie Nudelsuppe, zum anderen gehört für Sie zu einem richtigen Menü auf jeden Fall eine Suppe. Versuchen Sie nun Ihren Kollegen/in davon zu überzeugen, dass er/sie unbedingt die Nudelsuppe essen soll.

▶ **Der/die Nudelsuppenverachter/in**

Sie kennen Ihren Kollegen/in schon seit circa vier Jahren, da Sie beide in der gleichen Abteilung arbeiten. Ab und zu gehen sie gemeinsam Mittagessen. Sie finden Ihren Kollegen sympathisch. Sie lassen die zum Menü gehörende Nudelsuppe sofort zurückgehen, da Sie Nudelsuppe „nicht mehr sehen können". Zu Zeiten, als Sie noch in den Kindergarten und in die Schule gingen, waren Sie oft bei Ihren Großeltern, die sehr häufig Nudelsuppe kochten. Sie mochten Nudelsuppe nie besonders gern, wurden jedoch jahrelang dazu angehalten, gegen Ihren Willen die Nudelsuppe aufzuessen. Seit Sie unabhängig von Ihrer Familie sind, haben Sie sich geschworen, nie wieder Nudelsuppe zu essen.

Durchführung

Entweder kann dieses Rollenspiel exemplarisch durchgeführt werden, d.h., es gibt einen Nudelsuppenliebhaber und einen Nudelsuppenverachter, und alle anderen Teilnehmer übernehmen dann die Rolle der Beobachter. Oder Sie bitten die Teilnehmer, sich in Dreiergruppen einzuteilen, innerhalb derer es jeweils einen Nudelsuppenliebhaber, Nudelsuppenverachter und Beobachter gibt. Geben Sie den Teilnehmer/innen die passenden Rollenbeschreibungen aus (die Beobachter erhalten alle drei Beschreibungen). Geben Sie den Spielteilnehmer circa 5-10 Minuten Zeit, um sich in die jeweilige Rolle hineinzuversetzen. Die Beobachter lesen ihre Beobachtungskriterien durch, sie überlegen, welche Schwierigkeiten bei diesem Gespräch auftauchen können und ergänzen eigene Fragen, die hierbei aufgeworfen werden. Das Gespräch soll bis zu zehn Minuten dauern.

Beobachtung

Der Nudelsuppenliebhaber versucht den Nudelsuppenverachter davon zu überzeugen, dass eine (Nudel-)Suppe zu einem richtigen Menü dazugehört. Beobachten Sie, wie das Gespräch verläuft:

- Versucht der Nudelsuppenliebhaber den Nudelsuppenverachter zu überreden oder zu überzeugen?
- Hat der Nudelsuppenliebhaber versucht herauszufinden, was genau die Ursache für das Zurückgehenlassen der Nudelsuppe ist?
- Erzählt der Nudelsuppenliebhaber von sich? (Selbstreferenzielles Argumentieren)
- Wer setzt sich aus welchen Gründen durch? Was erreicht derjenige, der sich durchsetzt?
- Wie sachlich verläuft das Gespräch? Werden Sach- und Beziehungsebene voneinander getrennt?
- Auf welche Art und Weise gibt der Nudelsuppenverachter zu verstehen, dass er keine Nudelsuppe mehr sehen kann?
- Kann der Nudelsuppenverachter „Nein" sagen? Wenn ja, wie tut er dies?

Moderation der Auswertung

Nachdem alle Teilnehmer beide Rollenbeschreibungen ausgeteilt bekommen haben, eignen sich folgende Fragen an die Teilnehmer zur Auswertung:

- Wo liegt der Unterschied zwischen überreden und überzeugen?
- Welche Auswirkungen hat das Überreden auf den Gesprächspartner (Situation)? Und welche Auswirkungen hat das Überzeugen?
- Haben Sie sich verstanden gefühlt?
- Wurde Druck bzw. Gegendruck aufgebaut?
- Haben Sie Ihre Ziele erreicht?
- Inwieweit haben Sie die Ziele Ihres Gesprächspartners mit einbezogen?
- Welche Möglichkeiten sehen Sie, den anderen zu überzeugen?
- Welche Möglichkeiten sehen Sie, sich klar abzugrenzen und „Nein" zu sagen?
- Fiel es Ihnen schwer, „Nein" zu sagen? Wenn ja, aus welchen Gründen?
- Welche Parallelen sehen Sie zu Ihrem Berufsalltag?

Je nach Schwerpunkt macht es Sinn, gezielt Fragen zur Diskussion auszusuchen, da erfahrungsgemäß hoher Diskussionsbedarf entsteht. Berücksichtigen Sie auf jeden Fall die Frage: *„Wo liegt der Unterschied zwischen überreden und überzeugen?"*

Außerdem ...

Anmerkungen

Bisher sind alle von mir durchgeführten Varianten dieses Rollenspiels erfolgreich verlaufen. Die Frage nach Parallelen im Berufsalltag zeigt sich hierbei als äußerst fruchtbar. Achtung: Bei spielungewohnten Gruppen kann es hilfreich sein, den Beobachter als „Kellner" für die Nudelsuppe einzubauen, der dann eine der Suppe nach Ablehnung wieder mitnimmt. So wird er nicht zum „störenden Zuschauer", sondern gestaltet die Situation so real wie möglich mit.

Varianten

Das Rollenspiel kann nach der Durchführung und Besprechung noch einmal wiederholt werden. Geben Sie nun allen Teilnehmern/innen mehr Informationen über den Nudelsuppenverachter mit auf den Weg. Zum Beispiel: Der Nudelsuppenverachter ist ein großer Fan von China und plant seit geraumer Zeit eine Reise dorthin. Höflichkeit ist für ihn ein wichtiger Bestandteil gemeinsamer Kommunikation. Daraufhin kann der Nudelsuppenliebhaber erneut versuchen, den anderen zu überzeugen, indem er die neu erlangten Informationen mit in seine Argumentation einbaut (z.B. Nudeln kommen ursprünglich aus China, in China gibt es verschieden gewürzte Nudelsuppen mit unterschiedlichen Nudeln; Nudelsuppe gehört zu den Spezialitäten und der Kultur des Landes; in China wird es als höflich empfunden, alles, was einem zum Essen angeboten wird, zu probieren ...).

Eine weitere Variante ist es, dem Nudelsuppenverachter eine Hilfe zum Nein-Sagen an die Hand zu geben. Zum Beispiel: Hören Sie aktiv zu; trennen Sie Sach- und Beziehungsebene (*„Ich verstehe, Du bist ein Nudelsuppenfan und Du ...“*); sagen Sie „Nein“ und erklären Sie wieso Sie „Nein“ sagen (*„Ich für meinen Teil esse keine Nudelsuppe, da ...“*); fragen Sie nach der Nachvollziehbarkeit Ihrer Äußerung (*„Kannst Du das nachempfinden?“ „Kennst Du ähnliche Situationen?“ „Was fällt Dir hierzu ein?“*); usw.

Eine dritte Variante ist die Kombination dieses Rollenspiels mit dem „Kontrollierten Dialog“: Die beiden Gesprächspartner diskutieren Pro und Contra für drei Minuten, dann setzen sie ihr Gespräch mit einer Gesprächsregel fort: *„Sie dürfen erst dann Ihre eigene Meinung sagen, wenn Sie die Meinung des anderen zunächst sinngemäß richtig wiedergegeben haben. Ob Sie die Äußerung Ihres Gesprächspartners richtig verstanden haben, signalisiert er Ihnen durch Zustimmung („Stimmt“) oder Ablehnung („Falsch“). Im Falle der Ablehnung versuchen Sie den Sinn erneut wiederzugeben, bis der andere sich verstanden fühlt. Dann erst geht das Gespräch weiter.“*
– Auswertungsgesichtspunkte sind: Was verändert das Wiedergeben mit eigenen Worten (das so praktizierte „Aktive Zuhören“) an der Gesprächsatmosphäre, dem Gesprächsverlauf und seinem Ergebnis?

Quelle

Die Idee zum Rollenspiel „Mir schmeckt das nicht", kam durch das Fallbeispiel einer Teilnehmerin. Diese Teilnehmerin versuchte bereits seit einiger Zeit ihrer Familie klarzumachen, dass ihr eine bestimmte Suppe nicht schmeckt – ohne dabei Gehör zu finden. Auf der Suche nach einem Weg entstanden verschiedene Lösungsideen, sowohl für die Suppenverachterin, als auch für die Suppenliebhaber.

3. Wer schreibt das Protokoll?

von Dr. Gudrun Fey

Überblick

Kurzbeschreibung Die bisherige Protokoll führende Person möchte ab der jetzigen Sitzung kein Protokoll mehr schreiben.

Zielgruppe Alle, die lernen wollen, sich gegenüber Angriffen und Vorwürfen zu behaupten.

Lernziele

- Sich gegenüber Vorwürfen und Angriffen selbstbewusst behaupten.
- Lernen, „Nein“ zu sagen.
- Moderation von Gruppendiskussionen.

Einsatz

- Vor diesem Rollenspiel sollte erläutert werden, was in einem Menschen abläuft, wenn er sich unfair angegriffen fühlt und welche Möglichkeiten der Selbstbehauptung es gibt.
- Auch die Technik des Nein-Sagens kann vorher im Rahmen eines Lehrgesprächs erörtert werden.
- Möglich ist auch eine „Trockenübung“ zum Thema Umgang mit Killerphrasen vor dem Rollenspiel, in dem sich Teilnehmende in Kleingruppen wechselseitig „angreifen“ und die empfohlenen Standardantworten ausprobieren können.
- Das Rollenspiel kann eingesetzt werden, sobald die Gruppe bereit ist, sich mit dem Camcorder aufzeichnen zu lassen.

Spielen und auswerten

Situation

In einer Projektgruppe, die seit einem Jahr zusammenarbeitet, sagt ein Mitglied kurz vor Beginn der Sitzung zu dem Leiter/der Leiterin, dass er/sie jetzt seit einem Jahr Protokolle schreibe und dazu ab heute keine Lust mehr habe. Der Teilnehmer oder die Teilnehmerin darf darüber hinaus keine Sachargumente anführen.

Rollen

1. **Leiter/in**
2. **Mitglied** ist total überlastet
3. **Mitglied** ist gegen rollierendes System
4. **Mitglied** setzt sich für rollierendes System ein
5. **Ältestes Mitglied** will, dass jüngstes Projektgruppenmitglied zukünftig das Protokoll schreibt
6. **Mitglied** macht kreative Vorschläge
7. **Mitglied** kocht bei der jeder Sitzung Kaffee
8. **Mitglied** will übliche Protokolle abschaffen und die Ergebnisse auf Flipcharts festhalten, die als Fotoprotokoll versandt werden
9. **Mitglied** greift in unfairer Weise die Person an, die keine Protokolle mehr schreiben will
10. **Mitglied** greift in unfairer Weise die Leitung an
11. **Mitglied** meckert jeden Kollegen oder Kollegin an und findet an allen Vorschlägen etwas Negatives
12. **Mitglied** erklärt sich bereit, zukünftig das Protokoll zu schreiben, doch die anderen wollen nicht, dass diese Person das Protokoll schreibt, weil sie unzuverlässig, chaotisch ist, nicht gut formulieren kann und die neue Rechtschreibung nicht beherrscht.

Durchführung

Die Rollen werden ausgelost. Alle bekommen die Spiel- u. eine Rollenbeschreibung

- Der/die ausgeloste oder der/die freiwillig gefundene Leiter/ Leiterin erklärt zu Beginn der Sitzung, dass ab heute jemand anderes das Protokoll führen muss, da die jetzige Protokollantin/Protokollant dies nicht mehr tun möchte. Daraufhin entwickelt sich eine Diskussion, wer diese Aufgabe übernimmt bzw. wie das Protokollschreiben gehandhabt werden soll.

- Das Rollenspiel wird mit Video/Camcorder aufgezeichnet.
- Zeitbedarf: Wenn man es unter dem Aspekt „Sich selbst behaupten bei Angriffen und Vorwürfen" einsetzt, reicht eine Aufzeichnungszeit von 10 Minuten aus. Möchte man das Problem wirklich in der Gruppe lösen, dauert es in der Regel, je nach Aggressionspotenzial der Teilnehmenden, wesentlich länger.

Beobachtung

- Welche Möglichkeiten der Selbstbehauptung gibt es? Wie kann man sie einsetzen?
- Wer behauptet sich in der Diskussion und wie?
- Wer sagt wie „Nein" und mit welcher Wirkung?
- Wie steuert die Leitung das Gruppengespräch?

Moderation der Auswertung

Die Auswertung erfolgt unter zwei Aspekten:

- Wie wird mit unfairen Angriffen umgegangen?
- Wie lässt sich ein solches Problem praktisch lösen?

Das Verhalten der Beteiligten wird anhand der Videoaufzeichnung besprochen. Es gelten die üblichen Feedbackregeln.

Außerdem ...

Anmerkungen

Der Nachteil dieses Spiels ist, dass die Beteiligten nicht nur lernen, sich selbst zu behaupten. Sie lernen auch, andere unfair anzugreifen. Es kann jedoch gerade für schüchterne Menschen eine wichtige Erfahrung sein, auch mal zu den Angreifenden zu gehören.

Varianten

Man kann die Rolle des Leiters/der Leiterin auch weglassen, wenn man das Thema Moderation von Gruppen nicht behandeln möchte.

Ist die Leitung von Gruppen dagegen Thema des Seminars, sollte man auch nach jemandem fragen, der/die bereit wäre, die Leitung in diesem Spiel zu übernehmen.

Bei weniger als 13 Teilnehmern kann man auch Rollen entfallen lassen, jedoch sollten dies auf keinen Fall die aggressiven Rollen sein.

Quelle

Eine Teilnehmerin brachte in einem Seminar diesen Fall ein und wir konzipierten daraus ein Rollenspiel.

4. 

Die Vorwurfsmühle

von Klaus Steinke

Überblick

Kurzbeschreibung Mit Vorwürfen, Angriffen und Killersätzen fertig werden.

Zielgruppe Alle, die Vorwürfen, Angriffen und Killersätzen ausgesetzt sind oder sich darauf vorbereiten wollen.

Lernziele

- Mit Vorwürfen, Angriffen und Killersätzen souverän umgehen lernen.
- Erkennen, dass man mit formalistischen Verhaltensweisen, bei denen man nicht selbst zu denken braucht, erstaunlich weit kommt.
- Schlagfertigkeit ist nicht gefragt. Überleben zählt. Die zweitbeste Reaktionsmöglichkeit ist meist besser als das, was uns als erster Reflex einfällt.

Einsatz

- Überall möglich, bei allen thematisch verwandten Seminaren von Gesprächsführung über Moderation und Kommunikation bis Verhandlungsführung. Viele Übungen dazu haben eine hohe Anfangsschwelle – nicht jedoch die Vorwurfsmühle. In sehr kurzer Zeit, in der jeder mal als Täter und mal als Opfer „drankommt", wird das Spektrum der möglichen Reaktionsweisen, mit denen man Angriffe mit Anstand überlebt, lustvoll und doch formalistisch eröffnet.
- Was „nicht funktioniert", liefert weiteren Diskussionsstoff.

Spielen und auswerten

Vorzubereitende Spielmaterialien

- Circa zehn Moderationskarten pro Teilnehmer
- Ein Satz Reaktionskarten mit folgenden Aufschriften:
  - „Das verletzt mich. Wie lösen wir das jetzt?"
  - Nicken. Abwarten.
  - „Ich würde das gerne verstehen. Wie meinen Sie das?"
  - „Herr/Frau <Name>, wieso sagen Sie das?"
  - „Wenn ich Sie richtig verstehe, sind Sie mit der bisherigen Vorgehensweise nicht einverstanden."
  - Schweigen
  - Lachen
  - „Ich merke, dass Sie das verärgert hat."
  - „Was Sie da sagen, hat mich menschlich tief enttäuscht. Pfui, sage ich nur!!"
  - (Variante: plus eine starkfarbene Karte mit einem Gegenangriff, z.B. „Sie sind ein Hornochse, wissen Sie das?" oder „Lernen Sie erst mal richtig Deutsch!" ...)

Situation

Zwei gegenüberstehende Stühle: ein „Täter"- und ein „Opfer"-Stuhl.

Rollen

„Täter" und **„Opfer"**, jeder besetzt im Verlauf beide Rollen.

Durchführung

Die Teilnehmer werden aufgefordert, jeweils auf leere Kärtchen die drei „schlimmsten" Killersätze aufzuschreiben, mit denen sie jemals konfrontiert wurden oder eigene Vorwürfe zu erfinden. Zum Beispiel: *„Von Ihnen kommen nie sinnvolle Beiträge", „Sie verstehen ja überhaupt nichts", „Sind Sie immer noch nicht fertig?", „Kommen Sie immer zu spät?", „Sie lügen mich doch ständig an", „Sie haben zwar keine Ahnung, aber davon eine ganze Menge!!", „Ihre Inkompetenz kotzt mich an!!"* – also typische „immer"-, „nie"- usw.-Sätze. Zwei Teilnehmende setzen sich auf die Stühle. „Täter" erhebt seinen ersten Vorwurf, „Opfer" nimmt sich Zeit für eine Antwort und hat zwei Möglichkeiten: Entweder es fällt ihm selbst etwas ein oder er holt sich Hilfe von den Reaktionskarten. Insgesamt darf der Täter drei Angriffe starten. Danach räumen beide den Platz für zwei andere Mitspieler.

Am Ende war jeder einmal auf dem „Opfer-“ und einmal auf dem „Täterstuhl“.

Moderation der Auswertung

Allgemeine Diskussion der möglichen Reaktionsweisen auf Vorwürfe und Angriffe. Was ist eine angemessene Reaktion? Was nicht? Typisierung möglicher Erfolg versprechender Verhaltensweisen durch den Trainer. Gegebenenfalls den Kärtchensatz möglicher Reaktionsweisen mit Teilnehmerhilfe „fortentwickeln“.

Außerdem ...

Literaturhinweis

Gutes Buch hierzu: Dr. Gudrun Fey: „Gelassenheit siegt.“ Walhalla Verlag, Fit for Business, 2003.

Kampf um die Turnhalle

5. 

von Johanna Schott

Überblick

Kurzbeschreibung

Es gilt, ein Verteilungsproblem zu lösen.

Zielgruppe

Personen, die in größeren Runden ihre Interessen vertreten müssen:

- (in- oder externe) Moderatoren von Sitzungen, in denen unterschiedliche Interessen schnell auf den Punkt gebracht werden sollen
- Mitarbeiter im öffentlichen Dienst

Lernziele

- In einer schwierigen, emotional aufgeladenen Situation bewusst und zielgerichtet kommunizieren.
- Gesprächsführung in Gruppen, die Meinungsverschiedenheiten austragen.

Einsatz

- Die Situation eignet sich für Anfangssituationen, um Lernpotenziale deutlich zu machen.
- Das Spiel ist ebenso gut gegen Ende eines Trainings einzusetzen, um Gelerntes anzuwenden.

Spielen und auswerten

Situation Auf Grund von Abstimmungsschwierigkeiten zwischen dem Sportamt und dem Schulamt kam es in der Planung der Sporthallenbelegung am Donnerstag zu dem Kuriosum, dass drei verschiedene Sportgruppen für den Zeitraum zwischen 17.00 und 19.00 Uhr die Halle zugeteilt bekommen haben. Es handelt sich bei der Halle um die einfache Turnhalle einer Grund- und Hauptschule. Die gleichzeitige Zuweisung der Hallenstunden haben die AH (Altherren)-Mannschaft des VfB, der Aerobic-Kurs der VHS (Volkshochschule) und die Kindersportgruppe des VfL erhalten.

Aufgefallen ist die Mehrfachbelegung, da der erste Abend bereits stattgefunden hat. Letzten Donnerstag trafen die Mütter und Kinder der Kindersportgruppe, die „AHs" des VfB und die Frauen der Aerobic-Gruppe aufeinander. Nachdem das Chaos groß war, hat die Hallenwartin alle Gruppen der Halle verwiesen.

Um eine Lösung zu finden, hat das Sportamt die Vertreter der verschiedenen Sportgruppen zu einer Besprechung geladen. Die Besprechung findet im Besprechungszimmer des Sportamtes statt. Die angesetzte Zeit ist knapp bemessen, es stehen nur 30 Minuten zur Verfügung.

Rollen

- Abteilungsleitung des Sportamtes – Frau oder Herr Langjahr
- Bearbeiter/in – Frau oder Herr Döcker
- Hallenwartin – Frau Bürkle
- Übungsleiter/-in der Kindersportgruppe – Frau oder Herr Rühle
- Sachbearbeiter/in des VfB, zuständig für die Organisation des AH- Trainings – Frau oder Herr Mißbichler
- Vertreter/in der VHS, zuständig für die Organisation aller Sportkurse – Frau oder Herr Rathgeb

Durchführung

Geben Sie den Spielern für die Vorbereitung ihrer Rolle mindestens 20 Minuten Zeit: Ziele, Rückzugsziele, welche Argumente, wie eröffnen, wer sagt was etc.

Damit alle Teilnehmer involviert sind, kann der Trainer die Teilnehmenden ohne Rolle den Spielern als Beratern zuordnen. Der Trainer bereitet in dieser Zeit den Raum vor, stellt Namensschilder auf und baut gegebenenfalls die Videokamera und das Mikrofon auf.

Um sich als Trainer besser auf den Spielverlauf konzentrieren zu können, hat es sich bewährt, einen Teilnehmenden als Zeitnehmer einzuteilen und gemeinsam zu überlegen, mit welcher Spieleingabe sich das Spiel gut abbrechen lassen kann. So kann es sich z.B. ereignen, dass die Sekretärin die Kultusministerin des Landes am Telefon hat, die dringend die Amtsleiterin sprechen muss.

Bevor das Spiel startet, bespricht der Trainer mit den Spielern, wie sie in das Besprechungszimmer kommen, begrüßt werden usw. Dies hilft den Teilnehmenden, in ihre Rollen zu finden.

Achtung: Die Beobachter klar beauftragen und kurz vor Spielbeginn auffordern, sich Notizen zu machen.

Beobachtung

Während des Spiels sind die Berater nun Beobachter. Sie haben die von ihnen beratene Person zu beobachten und gegebenenfalls zusätzlich noch auf einen inhaltlichen Punkt hinzuweisen, der im Seminar besprochen wurde. Den Fokus des Spiels kann man je nach Seminarfragestellung auf das Thema Moderation, Verhandeln, Vertreten von Interessen oder auch Konflikte lösen legen.

Moderation der Auswertung

Das Spiel kann je nach Arbeitsweise des Trainers ausgewertet werden. Eine Videoaufzeichnung erleichtert die Auswertung.

Eine bewährte Einstiegsfrage ist, an welche Alltagssituationen das Spiel die einzelnen Teilnehmer erinnert hat. Im nächsten Schritt wird das Ergebnis bewertet und anschließend die Frage erörtert, wie es zu dem Ergebnis kam. Wenn einzelne Spieler Rückmeldungen bekommen, gilt es aufzupassen, dass auch der jeweilige Berater gefragt wird, inwieweit sich der Spieler an die eigenen Pläne gehalten hat oder nicht.

Außerdem ...

Anmerkungen Für das Spiel benötigt man etwa einen gesamten Vormittag oder Nachmittag. Städtische Mitarbeiter können sich mit den Rollen besonders gut identifizieren.

Variante Es können sich auch in- oder extern agierende Moderatoren an diesem Szenario ausprobieren.

Quelle Das Rollenspiel wurde gemeinsam mit den Teilnehmenden in einem Seminar entwickelt.

„Der Bürgerentscheid“ – ein kommunalpolitisches Rollenspiel

6.

von Frank Seeger

Überblick

Kurzbeschreibung

Ein Streitgespräch zwischen zwei Gruppen, die ihre Überzeugung vehement verteidigen.

Zielgruppe

- Politisch Aktive und Personen, die in Gremien sprechen.
- Personen, die ihre Überzeugungskraft stärken wollen.

Lernziele

- Sich durchsetzen, überzeugen.
- Politische Kampagnenfähigkeit.
- Teamarbeit.
- Moderation.

Einsatz

- Im Rahmen eines Seminars zum Thema „politische Rhetorik“ können die Teilnehmer hier zeigen, dass sie gewinnen und sich durchsetzen können. Damit kann der nächste Wahlkampf kommen ...
- Darüber hinaus ist dieses Rollenspiel für Fortgeschrittene zum Thema Meinungsrede geeignet, es können erlernte Argumentationstechniken eingeübt werden.

Spielen und auswerten

Situation Seit Jahren plant der Gemeinderat der kleinen Stadt Wiesenloch gemeinsam mit der evangelischen Kirchengemeinde ein Bürgerzentrum. Wiesenloch hat ca. 10.000 Einwohner, 45% sind evangelisch, 40% sind katholisch und die restlichen 15% bekennen sich zu anderen Glaubensgemeinschaften oder sind konfessionslos. Das hierfür vorgesehene Grundstück ist seit 50 Jahren im Besitz der Stadt und wurde seither immer als Platz für das Bürgerhaus bezeichnet und freigehalten. In der Zwischenzeit ist rings um das geplante Bürgerhaus ein dicht besiedeltes Wohngebiet entstanden. Das Bürgerhaus wird einen Veranstaltungssaal mit Bühne beinhalten, der bestuhlt 200 Menschen Platz bietet. Bislang gibt es in Wiesenloch vier Räumlichkeiten (die sich alle im Besitz von Vereinen und Glaubensgemeinschaften befinden), in denen bis zu 150 Personen Platz finden. Außerdem gibt es noch die alte, marode Halle des SV Wiesenloch (ein Sportverein mit 12 Abteilungen und knapp 2.000 Mitgliedern), deren Saal bestuhlt 400 Menschen beherbergen kann. Diese Halle wurde vor 10 Jahren von der Stadt Wiesenloch gepachtet, da der Sportverein finanziell nicht mehr in der Lage war, die von der Halle verursachten Kosten zu tragen. Der Pachtvertrag läuft in zwei Jahren aus. Im Pachtvertrag ist geregelt, dass die Stadt alle laufenden Kosten sowie die Instandhaltung der Halle übernimmt.

Außer dem Saal sind noch folgende Räumlichkeiten geplant: Ein großzügiges Foyer, eine gut ausgestattete Küche für die Bewirtung durch die örtliche Gastronomie, ein kleines Café, zwei kleinere Tagungsräume, in denen jeweils 50 Personen Platz haben, ein Büro für den Stadtjugendreferenten sowie einen Andachtsraum (für maximal 80 Personen) und zwei Gruppenräume (für jeweils 50 Personen), zu denen ausschließlich die evangelische Kirchengemeinde Zutritt hat. Es wird mit Baukosten von 6 Millionen EUR gerechnet, davon werden 700.000 EUR von der evangelischen Kirche bezahlt, eventuell anfallende Mehrkosten gehen zu Lasten der Stadtkasse. Die Stadt hat sich außerdem verpflichtet, 80% der jährlichen Folgekosten zu übernehmen. Die Belegung des großen Saales steht zu 60% der Stadt und zu 40% der evangelischen Kirche zu.

Die Stadt Wiesenloch verfügt vor der Verwirklichung des Bürgerhauses über Rücklagen von 7 Millionen EUR. Die Steuereinnahmen der Stadt sind rückläufig, dagegen wird die Abgabenlast (durch Kreisumlage usw.) immer höher. Die örtliche Schule platzt aus allen Nähten, es muss ein größeres Schulhaus her. Vorsichtige Schätzungen beziffern die Kosten hierfür auf 4 Millionen EUR. Auch die Sanierung des städtischen Hallenbads wird in den nächsten Jahren nötig sein und knapp 1 Million EUR kosten.

Die Stadt Wiesenloch hat seit zwei Jahren einen neuen Bürgermeister. Er ist 32 Jahre alt. Wie sein Vorgänger unterstützt er das geplante Bürgerhaus nach Kräften. Im Stadtrat wird mit 13 zu 6 Stimmen der Baubeschluss gefasst. Dagegen geht nun eine Bürgerinitiative (bestehend aus Anwohnern und besorgten Bürgern aus der ganzen Stadt) vor und erzwingt durch eine groß angelegte Unterschriftensammlung einen Bürgerentscheid. Die Bürgerinitiative wird von den 6 Stadträten, die auch im Rat gegen das Projekt gestimmt haben, unterstützt.

Der dafür angesetzte Wahlsonntag naht ...

Die Befürworter (B):

Rollen

▶ B1: **Bürgermeister Butz**

Sie sind sehr fleißig, intelligent, alleinstehend, 32 Jahre jung und seit 2 Jahren Bürgermeister von Wiesenloch. Sie haben Ihren Abschluss an der Fachhochschule für Verwaltung mit einer 1 gemacht. Sie haben hier die Möglichkeit, Ihre Durchsetzungsfähigkeit zu demonstrieren und den Widerstand gegen das dringend benötigte Bürgerhaus zu brechen und so ein Zeichen zu setzen.

▶ B2: **Stadtrat Herz**

Sie sind der Stimmenkönig von Wiesenloch und schon seit über 20 Jahren Stadtrat. Sie haben schon viel erlebt – aber dass jetzt eine Entscheidung der demokratisch gewählten Vertreter der Bürgerschaft derart angegriffen wird, ist Ihnen neu. Das Bürgerhaus muss gebaut werden, da es eindeutig finanzierbar ist und bei einem Scheitern die beträchtlichen Planungskosten in den Sand gesetzt wären.

▶ B3: **Evangelischer Pfarrer Talheim**
Sie brauchen das Bürgerhaus dringend, da die anderen Räumlichkeiten Ihrer Gemeinde nicht mehr zeitgemäß sind und die Lage „bei den Gläubigen" ideal ist. Die Zusammenarbeit zwischen evangelischer Kirche und Stadt ist in Wiesenloch traditionell gut, die Angst vor einer Bevorteilung der ev. Kirchengemeinde ist völlig unbegründet. Mit Ihnen kann man doch reden.

▶ B4: **Zahnärztin Dr. Bloch**
Sie sind sehr an Kunst und Kultur interessiert und sind Vorsitzende des Wiesenlocher Künstler- und Kulturvereins. Für Veranstaltungen aller Art braucht es angemessene Räumlichkeiten, die mit dem Bürgerhaus endlich gegeben wären.

Die Gegner (G):

▶ G1: **Frau Wiedemann**
Sie sind Steuerberaterin und wohnen direkt neben dem geplanten Bürgerhaus. Sie werden dafür sorgen, dass nach 22 Uhr bei jeder Veranstaltung die Polizei „auf der Matte steht". Man baut so etwas einfach nicht mitten in ein Wohngebiet. Sie sind aktives Mitglied der Bürgerinitiative gegen das Bürgerhaus.

▶ G2: **Stadtrat Fischer**
Sie sind der Stadtrat in Wiesenloch und Sie können einfach nicht verstehen, wie man gegen den Widerstand der Bürger ein Bürgerhaus bauen kann. Sie haben immer gegen das Bürgerhaus gestimmt und sie kämpfen auch weiterhin dagegen an, da für Sie „die Zukunft Wiesenlochs auf dem Spiel steht".

▶ G3: **Herr Druck**
Sie sind Bauunternehmer in Wiesenloch und können als finanziell seriös rechnender Unternehmer nicht nachvollziehen, wie man bei der aktuellen Situation der Stadt und den viel wichtigeren Bedürf-

nissen der Schule so ein unnötiges Projekt planen kann. Sie sind aktives Mitglied der Bürgerinitiative gegen das Bürgerhaus.

▶ G4: **Stadtrat Östereicher**
Sie sind entsetzt, dass die ev. Kirchengemeinde so stark unterstützt wird und es keine Gleichbehandlung der Kirchen und Vereine in Wiesenloch gibt. Und was passiert dann mit der Halle des SV Wiesenloch? Außerdem können Sie nicht verstehen, dass der Bürgermeister und die Mehrheit des Gemeinderats so arrogant vorgehen und die berechtigten Bedenken der Bevölkerung nicht ernst nehmen.

Durchführung

Kündigen Sie das Rollenspiel als Höhepunkt und positive Herausforderung des Tages an.

Lesen Sie gemeinsam mit den Teilnehmern die Situationsbeschreibung und geben Sie danach noch die Gelegenheit, Fragen zu stellen. Dann besetzen Sie die Rollen, verteilen die Rollenbeschreibungen und geben den Spielern 5 Minuten Zeit, sich auf die Rolle vorzubereiten und sich Argumente zu überlegen. Dann setzen sich für 10 Minuten Befürworter und Gegner jeweils getrennt zusammen tauschen Argumente aus und besprechen das gemeinsame Vorgehen.

Zwischenzeitlich besprechen Sie mit den übrigen Teilnehmern die Beobachtungskriterien und bestimmen einen Moderator, der die Leitung der folgenden (Podiums-)Diskussion übernimmt. Alle anderen Teilnehmer sind das Publikum und stimmen bereits vor der Diskussion geheim gemäß ihrer aktuellen Meinung ab. Das Ergebnis wird nicht bekannt gegeben.

Verteilen Sie die Beobachtungsaufgaben und richten Sie den Raum her. Mitspieler und Moderator sollten frontal zum Publikum sitzen. Dann bitten Sie die Spieler herein und an ihre Plätze, die Versammlung kann beginnen. Spieldauer: 30 Minuten. Es ist sinnvoll, die Diskussion auf Video aufzunehmen.

Beobachtung

- Überzeugungskraft – welches argumentative Vorgehen hat das Publikum besonders überzeugt und warum?
- Stimme – wer hat seine Stimme Gewinn bringend und für das Publikum angenehm eingesetzt und wie hat er das getan?
- Umgang mit Angriffen – wie sind die Spieler mit Angriffen umgegangen?
- Teamarbeit – haben die Teams gut zusammengearbeitet? Woran stellen Sie das fest?
- Der Moderator – hatte er die Diskussion „im Griff" und war er wirklich unparteiisch?

Moderation der Auswertung

- Bilden Sie je nach Zahl der Seminarteilnehmer Kompetenzteams mit 2-4 Personen, die sich gemeinsam auf ein Beobachtungskriterium konzentrieren.
- Nach dem Rollenspiel lassen Sie sofort erneut geheim abstimmen und veröffentlichen dann die Ergebnisse. Was hat sich geändert?
- Geben Sie im Anschluss den Kompetenzteams fünf Minuten Zeit (Ihre Spieler verschnaufen fünf Minuten), um sich zu besprechen und um eine Person auszuwählen, die dann im Plenum die Erkenntnisse des Kompetenzteams vorträgt.
- Bei Meinungsverschiedenheiten im Seminar können die betreffenden Passagen auf dem Video angesehen werden.

Außerdem ...

Anmerkung

Wenn Sie das Gefühl haben, dass Ihren Teilnehmern schon auf Grund der ausführlichen Situationsbeschreibung viel einfällt, dann können Sie die Rollenbeschreibung auf ein Mindestmaß reduzieren. Es reicht dann die Rollenbezeichnung, zusammen mit einer inhaltlichen Positionierung (z.B. Bürgermeister Butz, für das Bürgerhaus) völlig aus. Die Geschlechter sind beliebig austauschbar.

Varianten

Das Rollenspiel muss nicht als Podiumsdiskussion durchgeführt werden. Es können auch einfach auf Grund der Situationsbeschreibung zwei Teams gebildet werden, die sich in 30 Minuten ein Wahlkampfkonzept für die letzten zwei Wochen vor dem Bürgerentscheid überlegen und dieses dann im Plenum vorstellen.

Quelle

Dieses Rollenspiel beruht auf einer wahren Begebenheit.

7. 

Wer darf mit zum Segeltörn?

von Dr. Gudrun Fey

Überblick

Kurzbeschreibung

Bei der Buchung eines Segeltörns ist ein Missgeschick passiert: statt für 13 Passagiere gibt es nur Platz für fünf. Die Gruppe macht unter sich aus, wer mit darf.

Zielgruppe

- Alle, die lernen wollen, besser zu argumentieren.
- Und die erfahren möchten, welche gruppendynamischen Regeln in solchen Situationen gelten sowie welche Argumente und Verhaltensweisen Erfolg versprechend sind.

Lernziele

- Sich selbst behaupten, argumentieren lernen.
- Sensibel werden für gruppendynamische Prozesse.
- Erkennen, dass gute Argumente allein oft nicht viel nützen, wenn man z.B. eine Idee in einer Gruppe durchsetzen möchte.

Einsatz

Eignet sich gut als letztes Rollenspiel in einem mehrtägigen Seminar, da alle Teilnehmer beteiligt sind und vieles üben und testen können, was sie in dem Argumentations- oder Kommunikationsseminar gelernt haben.

Spielen und auswerten

Situation

Sie wollen an einem Segeltörn ins Mittelmeer als zahlender Gast teilnehmen. Auf dem Segelschiff ist eine Crew, die das Schiff steuert und Sie auch sonst versorgt. Sie haben sich schon lange auf diesen Segeltörn gefreut. Am Treffpunkt und Ausgangsort der Reise, dem Hafen in Cuxhaven angekommen, erfahren Sie jedoch, dass bei der Buchung ein Missgeschick passiert ist. Auf dem Segelschiff ist nur Platz für fünf Gäste. Es sind jedoch wesentlich mehr Teilnehmer zu dem Treffpunkt im Hafen gekommen.

Da die Crew es ablehnt, zu entscheiden, wer mit darf und wer nicht, und der Reiseveranstalter nicht erreichbar ist, beschließt die Gruppe, selbst zu entscheiden. Das Losverfahren wurde mehrheitlich abgelehnt. Die Gründe, die vorgebracht werden, sollen entscheidend sein, wer mit auf den Segeltörn darf.

Zeit: 30 Minuten, dann muss das Segelschiff in See stechen, da sonst wegen der einsetzenden Ebbe das Wasser zu niedrig ist.

Rollen

1. **Handwerksmeister/in**
2. **Gitarrist/in**
3. **Arzt/Ärztin**
4. **Krankenschwester/Krankenpfleger**
5. **Zauberer/in**
6. **Mittelständische/r Unternehmer/in**
7. **Berühmter Schauspieler/berühmte Schauspielerin inkognito**
   (Name kann den Anwesenden jedoch genannt werden)
8. **Politiker/Politikerin inkognito**
   (Name kann den Anwesenden jedoch genannt werden)
9. **Antarktisforscher/in**
10. **Elfjähriges Kind**
11. **Vater/Mutter des elfjährigen Kindes**
12. **Kampfsportler/in**
13. **Person, die viele Fremdsprachen spricht**

Durchführung

Am besten sitzt die Gruppe im Kreis ohne Tische. Es empfiehlt sich, das Spiel mit einem Camcorder aufzuzeichnen, damit man es hinterher besser auswerten kann. Die Teilnehmer bekommen die Situationsbeschreibung und die Rollenbeschreibung (Passt auf ein DIN-A4-Blatt.). Die Rollen werden ausgelost.

1. Runde: Alle Teilnehmer stellen sich in ihren Rollen vor und begründen, warum sie unbedingt beim Segeltörn dabei sein möchten.

Aussprache (Trainer oder Trainerin beendet sie nach Gutdünken: spätestens nach 30 Minuten): Die Teilnehmer diskutieren darüber, wer mitsegeln soll, bzw. zu Hause bleiben soll.

Abstimmungsrunde: Jede/r Teilnehmer/in hat zwei Stimmen, die er/sie an die Person/Personen vergeben darf, die auf jeden Fall mit soll/en. Die fünf Personen mit den meisten Stimmen dürfen mit. Falls es beim fünften Platz Stimmengleichheit gibt, wird eine Stichwahl durchgeführt.

Beobachtung

Es spielen alle Teilnehmer mit, nur der Trainer oder Trainerin zeichnet das Spiel auf und beobachtet.

Moderation der Auswertung

Anhand der folgenden Checkliste, die alle Teilnehmer nach dem Spiel erhalten, wird die Auswertung vorgenommen.

Danach schaut man sich die Videoaufzeichnung ganz oder stellenweise an. Wenn Sie eine ausschnittsweise Analyse planen, sollten Sie sich als Trainer oder Trainerin während der Aufzeichnung die sehenswerten Szenen notieren.

Checkliste

Die folgenden Punkte entscheiden darüber, ob Sie mitsegeln dürfen:

1. Ihre Rolle

- Wie auffällig waren Sie?
- Was für Gefühle weckten Sie? Neid, Aggressionen, Mitleid, Sympathie, Bewunderung, Rücksicht ...
- Weckten Sie Tabus?
- Welche Vorteile bot Ihre Rolle der Gruppe?

2. Ihr Verhalten

- Bildeten Sie Seilschaften?
- Haben Sie sich Feinde/Freunde geschaffen?
- Waren Sie ein U-Boot (zum richtigen Zeitpunkt auf- bzw. abtauchen)?
- Haben Sie sich taktisch verhalten?

3. Ihre Argumentation

- Wie glaubwürdig wirkte Ihre Argumentation auf die anderen Teilnehmer?
- Haben Sie Vorteile/Nutzen für Ihre Teilnahme herausgestellt?
- Versuchten Sie, mit Logik zu überzeugen?

4. Die Zusammensetzung der Gruppe

- Inwieweit war die Zusammensetzung der Gruppe ausschlaggebend für die Entscheidung, Sie mitzunehmen oder nicht mitzunehmen?
- Haben Sie die Wertvorstellungen der Gruppe erkannt und berücksichtigt?
- Welche Werte waren ausschlaggebend für das Mitgenommenwerden?

5. Welche Spielregeln beeinflussten in welcher Weise das Ergebnis?

- Wer viel redet, fällt auf.
- Zeitpunkt der Abstimmung.
- Geheime oder offene Abstimmung.
- Reihenfolge/Zeitpunkt der Redebeiträge.

Weitere Auswertungsfragen

- Was fiel Ihnen sonst noch auf?
- Auf welche beruflichen Situationen lassen sich die Erkenntnisse des Spiels übertragen?
- Inwieweit beeinflusst das Abstimmungsprozedere das Ergebnis, z.B. offene statt geheimer Wahl?
- Was nehmen Sie aus dem Spiel mit?
- Was werden Sie zukünftig in solchen Situationen ändern bzw. beibehalten?

Außerdem ...

Anmerkungen Die Teilnehmenden haben häufig Aha-Erlebnisse, die für ihren beruflichen oder privaten Alltag nützlich sind, weil sich viele nur auf das konzentrieren, was sie sagen und darüber hinaus nicht auf gruppendynamische Einflussfaktoren achten.

Varianten Die Teilnehmenden wählen sich selbst eine Rolle, von der sie glauben, dass man so eine Person auf jeden Fall mitnehmen würde.
Die Rollen können je nach Teilnehmerzahl auch reduziert oder vom Trainer oder der Trainerin geändert werden.

Quellen Das Spiel wurde von mir als Pendant zum Ballonfahrtspiel entwickelt, bei dem die Teilnehmer nach und nach alle bis auf zwei Teilnehmer ins Meer hinauswerfen, weil der Ballon sukzessive sinkt. Dieses Spiel wird bisweilen aus moralischen Gründen von Teilnehmern abgelehnt. Deshalb entwickelte ich eine positive Variante.

Das Firmenjubiläum 8.

von Eva Neumann

Überblick

Kurzbeschreibung

Eine Gruppendiskussion zwischen fünf Personen, die ihren Standpunkt argumentativ vertreten.

Zielgruppe

- Teilnehmer an Kommunikations- und Rhetorikseminaren.
- Teilnehmer, die ihre Vorschläge oder ihre Meinung in Diskussionen zu Gehör bringen wollen.

Lernziele

- Den eigenen Standpunkt behaupten.
- Interessen wahrnehmen, erfragen, berücksichtigen.
- Kompromisse/Win-win-Lösungen finden.
- Argumentieren.
- Umgang mit Angriffen (siehe Varianten", Seite 108 f.).

Einsatz

- Mit diesem Rollenspiel können Sie in der Anfangsphase eines Seminars zum Thema Gesprächsführung, Diskussionsverhalten und Argumentation das Können von Teilnehmenden ermitteln (Ist-Zustand der Fähigkeiten ermitteln).
- Sie können das Rollenspiel den Teilnehmenden als Praxissituation anbieten, um das vermittelte Wissen (z.B. über Argumentationsmuster) anzuwenden und einzuüben (Transfer).

Spielen und auswerten

Situation

Im kommenden Jahr feiert die Brauerei „Hochtal" ihr 50-jähriges Firmenjubiläum. Der Chef der Abteilung Marketing und Öffentlichkeitsarbeit hat ein Planungsteam zusammengestellt: Herrn Amann, Frau Berger, Herrn Celle, Frau Detmers. Mit von der Partie ist auch die Teamassistentin Frau Ehrmann, die das Team organisatorisch unterstützt.

Das Team soll Ideen für die Veranstaltung(en) zum Firmenjubiläum sammeln und die Rahmenbedingungen festlegen. Vorschläge werden erbeten zum Programm, zum Ort, zur Dauer und zur Organisation des Festes, Anzahl und Auswahl der Gäste, zur Gastronomie. Das Grobkonzept für ein Jubiläumsprogramm soll in drei Wochen der Firmenleitung präsentiert werden. Es würde gut ankommen, wenn man das Jubiläum vielleicht mit der Ehrung langjähriger Mitarbeiter verbindet; nächstes Jahr sind es drei Personen, die seit über 20 Jahren in der Firma dabei sind. Sie wissen, dass der ältere der beiden Geschäftsführer selbst dazugehört.

Für die Präsentation der Teamergebnisse nach außen soll das Team auch einen Projektleiter aus seinen eigenen Reihen bestimmen. Der Chef selbst ist außer Haus und erwartet einen Zwischenbericht in zwei Tagen.

Vertreten Sie Ihre Position deutlich, und suchen Sie nach einer guten Lösung, so dass Sie zu einem Ergebnis kommen. Die Gesprächsdauer sollte 20 Minuten nicht überschreiten.

Rollen

▶ **Mitarbeiter Amann**

Sie nehmen Ihrem Chef ungeliebte Detailplanungsaufgaben gerne ab und haben sich in den letzten eineinhalb Jahren so zu seinem inoffiziellen Stellvertreter hochgearbeitet. Sie sind alleinstehend, einsatzbereit und durchaus auf Ihre Karrieremöglichkeiten bedacht.

Das Firmenjubiläum ist für Sie *die* Gelegenheit, sich zu profilieren. Selbstverständlich wollen Sie das Projektmanagement dafür übernehmen. Dazu gehört eine sorgfältige Auswahl der Programmpunkte (welche Musik, welche Band, welche Redner ...), der Lieferanten (für Buffet, Getränke, Dekoration) und anderes.

Ihnen ist wichtig, die Planung Schritt für Schritt zu organisieren – Sie würden am liebsten nichts aus den Händen geben. Das Engagement einer Event-Agentur kommt für Sie nicht in Frage. Die sind zu teuer, und Sie haben schon Reinfälle erlebt.

▶ Mitarbeiterin Berger

Aus Ihrer Sicht ist es das Beste, wenn Sie eine Event-Agentur engagieren, um das Firmenjubiläum zu planen und durchzuführen. Dadurch werden Sie als Mitglied des Marketing-Teams entlastet. Gerade läuft eine neue Werbekampagne an, eine groß angelegte Kundenbefragung soll dieses Jahr konzipiert werden und Sie haben erfahren, dass eine Kollegin aus Ihrem Team gekündigt hat. Sie haben also sowieso schon genug Arbeit.

Früher haben Sie selbst bei einer Event-Agentur gearbeitet und Sie haben über Ihren Bekanntenkreis immer noch Kontakt in die Branche. Sie kennen auch einige Musiker, Bands und Künstler. Geschäftspartnern und -freunden der Firma soll unbedingt etwas Außergewöhnliches geboten werden.

Sie haben einen großen Freundeskreis, darunter eine Freundin, die Fotografin ist. Sie würden ihr gerne beim Firmenjubiläum einen Job verschaffen.

▶ Mitarbeiter Celle

Das Geld ist knapp. Alle Abteilungen müssen sparen, das Budget für PR und Marketing ist dieses Jahr drastisch gekürzt worden, und Sie wissen, dass nur ein Vorschlag durchkommen wird, der die finanziellen Grenzen nicht überschreitet.

Ihr Anliegen dazu ist: Ein Jubiläum für treue Kunden und Mitarbeiter. Das bedeutet, es werden wichtige Geschäftspartner eingeladen, und natürlich alle Mitarbeiter. Doch zu viele Gäste dürfen es nicht werden. Sie sind dafür, dass Mitarbeiter höchsten ihre Lebenspartner mitbringen dürfen, nicht aber die Kinder. Was das kosten würde! Außerdem wäre es ungerecht, wenn das eine Paar kein Kind, das andere aber vier mitbringen darf.

▶ Mitarbeiterin Detmers

Sie sind nicht nur in der PR-Abteilung angestellt, sondern auch in den Betriebsrat gewählt. Sie haben sechsjährige Zwillinge. Sie erfahren viel Unterstützung von Ihrem Mann und Ihrer Familie, doch Sie haben das Gefühl, durch Ihre Vollzeitstelle kommt Ihre Familie zu kurz.

Deshalb sehen Sie das Fest zum Firmenjubiläum als Gelegenheit, Ihre Familie auch mal in positiver Weise von der Firma profitieren zu lassen.

Sie sind auch dafür, ein kleines Programm für die Kinder der Angehörigen auf die Beine zu stellen. Sie wissen, dass das bei den Müttern im Betrieb sehr gut ankommen wird.

▶ Teamassistentin Ehrmann

Sie arbeiten mit dem Chef der Marketingabteilung seit drei Jahren zusammen und sollen das Team bei der organisatorischen Abwicklung unterstützen. Auch werden Sie die Unterlagen für die Konzeptpräsentation in drei Wochen erstellen.

Sie haben manchmal das Gefühl, in einem Chaoshaufen zu sitzen, wenn Sie mit dem Team zusammenarbeiten. Ihnen ist Struktur wichtig, vor allem zu Ihrer eigenen Entlastung. Besonderen Wert legen Sie auf die Ergebnissicherung. Bestimmt wird der Chef heute Nachmittag fragen, wie die Teambesprechung verlaufen ist und welche Ergebnisse bisher erzielt wurden.

Da gerade eine Mitarbeiterin gekündigt hat, kommt nun eine Menge Extra-Arbeit auf Sie und das Team zu. Ihnen liegt auch daran, nicht allzu viel Zusatzarbeit zu bekommen. Sie unterstützen deshalb prinzipiell die Idee, eine Event-Agentur mit der Organisation des Firmenjubiläums zu beauftragen.

Durchführung

1. Kündigen Sie das Rollenspiel motivierend und gemäß dem nächsten Lernschritt an, z.B.: *„Das folgende Spiel gibt Ihnen Gelegenheit, das Argumentieren in einer konkreten Teamsituation auszuprobieren."*
2. Beschreiben Sie die Rollenspielsituation mit den Infos für die Allgemeinheit.
3. Besetzen Sie die Rollen (*„jemand unter Ihnen, der es kennt, zu viel Arbeit zu haben", „jemand, dem konkrete Vereinbarungen wichtig sind"* etc.).
4. Verteilen Sie die Rollenbeschreibung und geben Sie den Mitspielenden 5 Minuten Zeit, sich einzeln (!) auf ihre Rolle und das Gesprächsziel vorzubereiten. Die Mitspielenden verlassen den Raum für die 5 Minuten. Sie sollten sich untereinander nicht austauschen.
5. Besprechen Sie mit den übrigen Teilnehmenden die Beobachtungskriterien. Verteilen Sie die Beobachtungsbögen und verteilen Sie die Beobachtungsaufgaben.

Beobachtungsbogen für die Zuschauer

Jeder der fünf Mitspieler ist mit folgenden Fragestellungen zu beobachten:

1. Wie aktiv nimmt die Person an der Diskussion teil? Welchen Einfluss hat sie auf den Verlauf der Diskussion?
2. Wie deutlich vertritt die Person ihren Standpunkt? Was beobachten Sie zur Wortwahl, Stimme und Sprechweise, Körpersprache?
3. Wer setzt sich nicht durch? Warum?
4. Gab es Angriffe? Wie reagierten die Angegriffenen?

6. Stehen Tische und Sitzgelegenheiten bereit? Dann können die Mitspielenden hereinkommen und es geht los – ca. 15 Minuten Rollenspielzeit. Lassen Sie ggf. das Video mitlaufen.

Beobachtung

Zusätzlich zu den Fragen auf dem Beobachtungsbogen kann auf folgende Aspekte geachtet werden:

- Körpersprache
- Wortwahl
- Stimme
- Gesprächsanteile
- Fragetechnik
- Argumentationsformen
- Zuhören und Verstehen
- Moderierendes Verhalten
- Umgang mit Angriffen

Moderation der Auswertung

1. Blitzlicht der Mitspieler/innen, und der Beobachtenden allgemein zum Gesprächsergebnis

- „Wie haben Sie sich selbst erlebt? Wie geht es Ihnen jetzt?"
- „Was ist das sachliche Ergebnis der Diskussion?"
- „Wie schätzen das die Beobachtenden ein?"

2. Feedbackrunde vorbereiten

- Geben Sie den Reflexionsbogen (siehe Folgeseite) an die Mitspielenden aus und erläutern Sie ihn: *„Folgende Fragen verhelfen uns zu einer strukturierten Auswertung der Übung und sichern Ihnen ein konkretes Feedback. – Nehmen Sie sich bitte zehn Minuten Zeit für das Beantworten der Fragen."*

Reflexionsbogen für die Teammitglieder nach der Diskussion

- Durch welches Verhalten haben Sie versucht, Einfluss auf den Diskussionsverlauf und das Ergebnis zu nehmen?
- Waren Sie Ihrer Meinung nach erfolgreich? Was hat zu dem Erfolg geführt?
- Wenn Sie das Gefühl haben, Sie waren nicht erfolgreich – woran lag das Ihrer Meinung nach?
- Wurden Sie angegriffen? Wie haben Sie darauf reagiert?

- Bitten Sie die Beobachter, in den kommenden zehn Minuten ihr Feedback vorzubereiten. *„Wie haben Sie die einzelnen Spielenden erlebt? Welche Beobachtungen zur Rolle der Spielenden wollen Sie mitteilen? Trennen Sie zwischen der Rolle und der Person, z.B.: ‚In dieser Rolle habe ich dich so erlebt ...'"*

3. Feedback geben

- Kündigen Sie die Feedbackrunde an, z.B. *„Nun können Sie erfahren, wie Sie von den Beobachtern wahrgenommen wurden."*
- Zwiebel-Methode: Jedem Mitspieler (Innenkreis) sitzt ein Beobachter (Außenkreis) gegenüber. Die Paare tauschen sich jeweils drei Minuten gemäß der Feedback-Bögen aus. Der Trainer gibt nach drei Minuten ein akustisches Zeichen zum Wechseln. Der Außenkreis (Feedback-Geber) rutscht im Uhrzeigersinn zum nächsten Mitspieler (siehe Abb. nächste Seite). Falls es mehr Feedback-Geber als -Empfänger gibt, stellen Sie entsprechende „Wartestühle" dazu, auf denen überzählige Beobachter kurz zwischen zwei Feedback-Gesprächen pausieren.

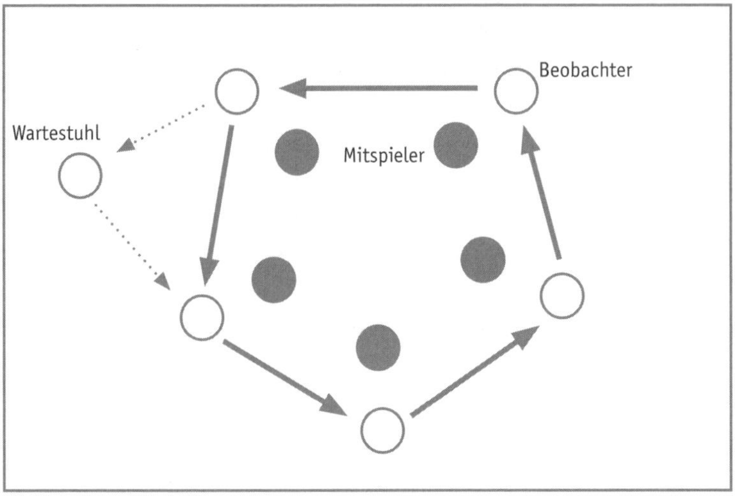

Die Zwiebel-Methode

- Weisen Sie auf die Feedback-Regeln hin! Die Spieler können sich zu ihren Rückmeldungen Notizen machen.

4. Plenum – Aussprache

- Fragen Sie: *„Welches Verhalten führt Ihrer Meinung nach in einer Diskussion zum Erfolg?"*

5. Video ansehen und besprechen

Außerdem ...

Anmerkungen

Passen Sie das Rollenspiel an Ihre Zielgruppen an, indem Sie an Stelle der Brauerei ein Unternehmen oder eine Organisation aus der Praxis der Teilnehmenden benennen.

Varianten

Falls Sie das Rollenspiel mit dem Lernziel „Umgang mit Angriffen" einsetzen, dann erweitern Sie die Rollenbeschreibung (mindestens) eines Mitspielers: Dieser Mitspieler (z.B. Herr Celle oder Frau

Detmers) bekommt die Aufgabe, andere Diskussionsteilnehmende anzugreifen, mit der Absicht, ihnen die Gelegenheit zu geben, sich und ihre Reaktion auf Angriffe zu erfahren. Die (wichtige) Aufgabe dieses Mitspielers besteht dann lediglich darin, andere zu provozieren. Da es sich um eine „gestellte" Rolle handelt, bekommt er/sie keine Rückmeldung für sein/ihr Verhalten im Rollenspiel.

Quelle

Das Rollenspiel wurde von mir in Hinblick auf „Diskussionsverhalten in Gruppen" entwickelt.

9.  Die verschollene Berechnung

von Eva Neumann

Überblick

Kurzbeschreibung

Ein Mitarbeiter und sein Chef klären die Ursache für den Umgang mit Fehlern.

Zielgruppe

- Führungskräfte, die Mitarbeiter angemessen auf mögliche Fehler ansprechen wollen.
- Teilnehmende, die lernen wollen, Problemen sachlich auf den Grund zu gehen.

Lernziele

- Lösungsorientierte Gesprächsführung.
- Sichtweisen abklären.
- (Kritisches) Feedback geben.
  Mit unerwartetem kritischen Feedback umgehen.

Einsatz

- Als Einstieg ins Thema Gesprächsführung zu Seminarbeginn gut geeignet.
- Für Management-Trainings zum Thema Motivation (erhalten) und Mitarbeiterführung.

Spielen und auswerten

Situation

Ein Mitarbeiter hat vor seinem Urlaub eine Kostenberechnung fertig gestellt, die als Vorbereitung für eine Entscheidung innerhalb eines aktuellen Projekts wichtig war. Er war jetzt zwei Wochen im Urlaub und ist seit gestern wieder da. Heute steht das erste Gespräch mit seinem Chef an.

Rollen

▶ **Vorgesetzte/r Herr/Frau Opper**

Sie sind die Abteilungsleitung in einem bedeutenden Maschinenbauunternehmen.

Sie hatten Ihrem Mitarbeiter, Herrn Ahrendt, vor seinem 14-tägigen Urlaub aufgetragen, eine Kostenberechnung fertig zu stellen und als Präsentation aufzubereiten. Diese Präsentation sollte Ihnen als Grundlage für eine wichtige Entscheidung in der eine Woche später stattfindenden Sitzungen mit dem Vorstand dienen. Das Problem war, dass Sie weder die Berechnung noch die Präsentation in dem unübersichtlichen Ablagesystem von Herrn Ahrendts Computer auffinden konnten. Sie mussten beides also neu erstellen. Im Gespräch thematisieren Sie das Problem. Finden Sie zu einer Klärung/Lösung.

▶ **Mitarbeiter Herr Ahrendt**

Sie sind Mitarbeiter in einem bedeutenden Maschinenbauunternehmen.

Ihr(e) Vorgesetzte(r), Herr/Frau Opper, hat Ihnen vor Ihrem 14-tägigen Urlaub aufgetragen, eine dringende Kostenberechnung fertig zu stellen und als Präsentation aufzubereiten. Diese Präsentation sollte dem Chef als Grundlage für eine wichtige Entscheidung in einer der kommenden Sitzungen mit dem Vorstand dienen. Sie sind stolz, dass Sie alles vor dem Urlaub erledigen konnten und haben sich dieses Mal wunderbar erholt. Nun möchten Sie gerne wissen, wie sich die vorbereitete Präsentation auf das Ergebnis ausgewirkt hat. Sie freuen sich schon auf die Anerkennung für Ihre gelungene Visualisierung der anspruchvollen Berechnung. An Ihrem ersten

Arbeitstag werden Sie von Ihrer Vorgesetzten zu einem Gespräch gebeten.

Durchführung

1. Skizzieren Sie die allgemeine Situation für alle Teilnehmenden.
2. Finden Sie Mitspieler, händigen Sie ihnen ihre Rollenbeschreibung aus und geben Sie ihnen die Möglichkeit, sich einzeln auf das Gespräch vorzubereiten (z.B. Gesprächsziele überlegen). Keiner der Mitspieler sollte die Rollenbeschreibung des anderen kennen.
3. Verteilen Sie jeweils beide Rollenbeschreibungen an die Beobachtenden. Sammeln bzw. besprechen Sie mit der Gruppe die Beobachtungskriterien. Verteilen Sie die Beobachtungskriterien, auf Kärtchen geschrieben, an einzelne Beobachter („Spezialisten"). Bereiten Sie die „Bühne" für das Rollenspiel vor.

Beobachtung

- Körpersprache des Vorgesetzten, des Mitarbeiters
- Redeanteil
- Lösungsorientierte Gesprächsführung oder Suche nach Schuldigen?
- Gesprächsatmosphäre (Beziehungsebene)
- Gesprächsergebnis? Konkrete Vereinbarungen?

Moderation der Auswertung

1. Zuerst die Mitspielenden befragen: *„Welches Ziel hatten Sie sich vorgenommen? Wie ging es Ihnen im Gespräch? Wie haben Sie Ihren Gesprächspartner erlebt?"*
2. Dann die Zuschauer befragen: *„Was haben Sie beobachtet? Welche konstruktiven Verhaltensweisen haben Sie beobachtet? Welche Verhaltensweisen wirkten sich eher negativ auf das Gespräch aus? Was würden Sie stattdessen vorschlagen?"*
3. Visualisieren Sie die positiven Rückmeldungen sowie die Verbesserungsvorschläge unter dem Stichwort „konstruktives Gesprächsverhalten".
4. Weiterführende Fragen könnten sein: *„Was macht ein Gespräch ‚schwierig'? Wie sollte man ein Klärungsgespräch aufbauen? Wie kann man angemessen kritisieren?"*

Außerdem ...

Anmerkungen

Das Rollenspiel gewinnt an Dichte, sobald die Mitspieler diese Situation auf die Verhältnisse in ihrem Arbeitsbereich anpassen. In einem großen Konzern gibt es zum Beispiel meistens Regeln für die Ablage von bestimmten Dokumenten auf einem zentralen Datenspeicher. Wird der/die Vorgesetzte den Mitarbeiter auf sein vermeintliches Versäumnis kritisch hinweisen? Oder ihm einen kleinen Projektauftrag geben, das System zu optimieren, und ihm dadurch die Möglichkeit geben, sich intensiver damit zu beschäftigen und die entgangenen Lorbeeren nachträglich zu ernten, indem er das Ablagesystem optimiert? Wie steht es mit Absprachen zur Erreichbarkeit von Mitarbeitern in dringenden Fällen während des Urlaubes? All das kann in dem Rollenspiel zum Thema werden.

Quelle

Nach einer realen Gesprächssituation eines Seminarteilnehmers.

10. Sieben Mal kritisieren

von Eva Neumann

Überblick

Kurzbeschreibung

Es handelt sich um Kurzrollenspiele, in denen Teilnehmende das angemessene Kritisieren üben können.

Zielgruppe

- Teilnehmende an einem Grundlagenseminar Kommunikation.
- Teilnehmende an einem Konflikttraining.

Lernziele

- Die Teilnehmenden werden sensibilisiert für die Merkmale konstruktiver Kritik.
- Sie überwinden ihre evtl. vorhandene Scheu, Konflikte anzusprechen.
- Die Teilnehmenden lernen, Kritik vorzubereiten, zu formulieren und mit der Reaktion darauf umzugehen.

Einsatz

- Geeignet sind diese kurzen situativen Beispiele als „Warming-up" zu Beginn einer Trainingseinheit zu „Kritik" im Kontext des Themas „Feedback". Die Teilnehmenden bekommen ein Gespür dafür, wie man bei einer Kritik „einsteigen" kann.
- Sie können auch nach einem theoretischen Teil zum Thema „wie baue ich Kritik auf" als Praxisfeld zum Ausprobieren eingesetzt werden.

Spielen und auswerten

Situationen

1. Präsentationsfolien noch nicht fertig

Sie brauchen von Ihrer Teamsekretärin dringend zwei Präsentationsfolien für die Besprechung mit der Vorgesetzten in einer Stunde. Sie hatten ausgemacht, dass die Folien morgens auf Ihrem Schreibtisch liegen. Nun ist es 11 Uhr. Die Sekretärin unterhält sich im Moment mit einer anderen Kollegin. Gehen Sie zu ihr und sagen Sie ihr, was Sie brauchen.

2. Pressemitteilung zu früh raus

Ein neuer Mitarbeiter hat eine Pressemitteilung verfasst, die noch nicht freigegebene Informationen über ein neu entwickeltes Produkt enthält (neue Wirkungsweise eines Medikaments; technische Besonderheit eines Heimwerkergerätes o.Ä.). Sie haben erst zu spät bemerkt, dass die Mitteilung herausgegangen ist. Es steht ein Feedback-Gespräch mit diesem Mitarbeiter an.

3. Vier Wochen dieselbe Arbeitskleidung

Ein Mitarbeiter Ihrer Gruppe fiel Ihnen schon in der Vergangenheit auf, da er täglich den gleichen Arbeitsanzug trug. Er war jetzt zwei Wochen im Urlaub. Heute ist er zurück und hat wieder denselben Anzug an offensichtlich ungewaschen. Es wird Zeit für eine Rückmeldung.

4. Übermütiger Star

Sie sind Manager/in eines populären Jugendstars. Wie Sie erfahren haben, hat der sich entgegen seiner vertraglichen Verpflichtung zu einem kurzen Skiurlaub überreden lassen und sich damit gesundheitlich gefährdet. Sollte er sich verletzen, kann er nicht eingesetzt werden, was hohe Vertragsstrafen nach sich ziehen würde. Klären Sie das mit ihm im Gespräch.

5. Unzufriedene Ehefrau

Sie waren abends mit Ihrem Ehemann auf einer Firmenparty. Er hat sich prima amüsiert, stand bei seinen Kollegen, hatte Spaß. Sie fühlten sich reichlich verloren, als „fünftes Rad am Wagen“ und es war Ihnen langweilig. Die Gesprächsthemen waren nicht die Ihren und keiner stellte eine Frage an Sie. Was Sie besonders ärgert: Er hat Sie zweimal alleine stehen lassen (*„oh, da ist Herr Schneider, einen kleinen Moment Liebling“*) und kam eine halbe Stunde nicht mehr zu Ihnen zurück. Sie haben sich unterdessen am Buffet aufgehalten. Am nächsten Morgen möchten Sie die Situation mit Ihrem Ehemann klären.

6. Die versäumte Kehrwoche

Sie wohnen in einem Mehrfamilienhaus mit vier Parteien. In der Hausordnung steht, dass die Bewohner turnusgemäß alle zwei Wochen den Hausflur und die gemeinsamen Kellerräume säubern (meist fegen und wischen) sollten. Sie und die meisten anderen Hausbewohner halten sich daran; allerdings ist Ihnen aufgefallen, dass die vierte Partei, der alleinstehende Herr Jung, schon mehrfach die „Kehrwoche“ nicht durchgeführt hat. Sie finden es nicht gerecht, dass die anderen seine Arbeit mittun und wollen das mit Herrn Jung besprechen.

7. Private Telefonate

Sie arbeiten zu viert in einem Büro und eine Kollegin telefoniert viel, darunter sind auch ca. zwei private Telefonate pro Nachmittag. Sie sind gerade am Vorbereiten eines Projekts und brauchen dazu viel Konzentration. Es ist nicht nur der akustische Hintergrund, der Sie dabei beeinträchtigt – in der Zeit der privaten Telefonate müssen Sie und die anderen Kolleginnen auch noch sämtliche Anrufe von Kunden entgegennehmen. Sprechen Sie Ihr Anliegen gegenüber der Kollegin an.

Durchführung

- Die Trainerin gibt jeweils eine Situation an einen Teilnehmer aus.
- Die Teilnehmenden bereiten ein kurzes Rollenspiel vor, in dem sie zeigen, wie sie diese Kritik – aus ihrer Sicht angemessen – ansprechen würden.
- Einer der beiden Teilnehmenden wählt sich aus dem Plenum einen Gesprächspartner und skizziert kurz die Situation. Dann

wird die Situation angespielt. Der Gesprächspartner reagiert spontan und „echt“, wie er normalerweise auch auf eine solche Kritik reagieren würde. Zwei bis drei Wortwechsel genügen.

Moderation der Auswertung

- Rückmeldung des Kritik äußernden Mitspielers: Was fiel leicht, was schwer? Wie zufrieden bin ich mit meiner eigenen Äußerung?
- Rückmeldung des Gesprächspartners: Konnte ich die Kritik annehmen oder ging ich in den Widerstand? War die Kritik nachvollziehbar, verständlich?
- Gegebenenfalls Rückmeldung aus dem Plenum: Was war gut und angemessen? Was sollte anders gesagt werden?
- Verallgemeinerung und Sammlung am Flipchart: Welche Merkmale hat konstruktive Kritik?

Außerdem ...

Anmerkungen

- Die willkürlich gewählten Situationen haben den Vorteil, dass die wesentlichen Merkmale für konstruktive Kritik deutlich zu Tage treten. Die Teilnehmenden fühlen sich mit den Vorgaben, die nicht unbedingt aus ihrem Lebensbereich stammen, meiner Erfahrung nach freier, etwas „auszuprobieren“, als wenn es gleich ans „Eingemachte“ geht.
- Je näher die Rollenspielsituation an der Realität der Teilnehmenden ist, umso höher ist das Engagement im Spiel, und umso mehr Zeit muss für die Durchführung und Auswertung eingeplant werden.
- Die Vergabe einer Situation an zwei Teilnehmende lässt zu Beginn des Seminars einen gewissen Entscheidungsspielraum, wer sich schon öffentlich einbringen will, und wer sich noch zurückhalten will.

Varianten

- Sie geben die Rollenspielsituationen an Paare aus, die daraufhin ein kurzes Gespräch vorbereiten.
- Sie lassen die Rollenspiele gleichzeitig durchführen. Die Hälfte der Gruppe hat die Karten mit den Aufgaben, die andere Hälfte steht als Gesprächspartner zur Verfügung. Eine erste „Runde" an Kritikgesprächen wird geführt. Nach den Gesprächen erhalten die Kritisierenden Rückmeldungen von den Kritisierten. Dann wechseln die Paare und die Kritisierenden probieren ihre (veränderte) Strategie bei einem neuen Gesprächspartner aus. Nach 2-3 Runden erhalten die bisherigen Gesprächspartner die Karten, die Rollen werden gewechselt. So kann jeder Teilnehmende sich im „Kritisieren" üben.
- Eine schöne Variante ist es, in aktiven und mitteilsamen Gruppen die Teilnehmenden zu bitten, selbst eine (fiktive oder reale) Situation zu wählen und sie in dieser Übung anzuspielen. Mit dem Nebeneffekt, dass Sie als Trainer/in weitere Situationen für kommende Rollenspiele sammeln.

Quelle Die Situationen entstammen dem täglichen Leben, z.T. aus Erfahrungen von Teilnehmenden, die von ihren schwierigen Fällen berichtet haben, in denen sie Kritik äußern mussten oder wollten.

Das misslungene Praktikum

11.

von Eva Neumann

Überblick

Kurzbeschreibung

Ein Mitarbeiter hat sein Verhalten verändert – die Führungskraft oder ein Kollege spricht dies an.

Zielgruppe

- Führungskräfte und Mitarbeiter (ggf. in leitender Funktion).
- Alle, die anderen eine persönliche Rückmeldung geben wollen.

Lernziele

- Aktiv Zuhören und Verstehen.
- Offene Fragen stellen.
- Rückmeldung geben, Kritik üben.
- Ein Mitarbeiterentwicklungsgespräch führen.
- Zielorientiert Gespräche führen.

Einsatz

- Für eine Grundlagenausbildung geeignetes Rollenspiel, das verschiedene Beobachtungsfragen zulässt.
- Nach einem Informationsteil zum „Rückmeldegespräch“ oder zum „Mitarbeiter(entwicklungs)gespräch“, um die zuvor vermittelte Theorie in der Praxis auszuprobieren.

Spielen und auswerten

Situation und Rollen

▶ **Klaus**

Sie sind Student der Betriebswirtschaft und befinden sich in einer Praktikumsphase, die Sie in der Abteilung Personal- und Organisationsentwicklung in einem renommierten Unternehmen der Bekleidungsindustrie verbringen. Sie arbeiten mit Ihrem Kollegen Peter, ebenfalls Student, an einem Projekt, das den Zugriff auf Informationen über die Kompetenzen der Mitarbeiter/-innen per Intranet ermöglichen soll. Privat beschäftigen Sie sich mit der Gestaltung von Websites und haben sich darin bereits ein professionelles Know-how erworben. Deshalb haben Sie die gestalterische Seite des Projektes übernommen, Peter die inhaltliche Recherche, bei der Sie ihm gegebenenfalls assistieren.

In letzter Zeit macht Ihnen die Arbeit keinen Spaß, Sie haben das Gefühl, unwichtige Dinge zu tun, und an die wirklich wichtigen Dinge (wie z.B. Informationen über Unternehmensstrategien, Produktentwicklung und -vermarktung, das Zusammenspiel der unterschiedlichen Abteilungen und vieles mehr) als Praktikant vom Abteilungsleiter nicht herangelassen zu werden. Ihnen fehlt der Überblick. Außerdem steht die Prüfungsvorbereitung wie ein Berg vor Ihnen, und Sie wissen, dass Sie wegen einer einmonatigen Krankheit während des Semesters noch ziemlich viel nachzuholen haben.

Sie kommen sich im Praktikum vor wie ein „Mädchen für alles", die Teammitglieder sind zwar freundlich, aber einen richtigen Draht haben Sie noch nicht zu ihnen aufbauen können. Ganz im Geheimen überlegen Sie, ob Sie überhaupt den richtigen Weg eingeschlagen haben. Sie fühlen sich plötzlich in der Industrie völlig fehl am Platz, und sind, was Ihre Berufswahl angeht, ohne Orientierung. Sie spielen mit dem Gedanken auszusteigen, aber das möchten Sie lieber keinem anvertrauen, weil Sie sich Ihre Chancen nicht verbauen wollen.

Peter, Ihr Mitstudent und Projektpartner ist engagiert und voller Spaß dabei. Von ihm erhoffen Sie sich kein Verständnis. Sie ziehen sich, soweit es geht, unauffällig zurück. Peter war sehr sauer, als er die Präsentation zum Zwischenstand Ihres Projektes noch einmal überarbeiten musste. Er warf Ihnen vor, Sie hätten eine wichtige Info über die Änderung des Layouts nicht rechtzeitig an ihn weitergegeben. Dabei hatte der Chef doch etwas davon gesagt, er werde auch noch mal mit Peter reden.

Was Sie ärgerlich macht (aber das haben Sie Peter noch nicht gesagt), ist, dass er bei den anderen Teammitgliedern steht und über Sie redet. Zwar scherzhaft, indem er sich über Ihre schlechte Stimmung auslässt, aber Sie fühlen sich dadurch umso mehr ausgegrenzt.

Heute sitzen Sie nach der Mittagspause noch beim Kaffee, und denken nach, als sich plötzlich ein Gesprächspartner zu Ihnen setzt.

▶ Peter

Sie sind Student der Betriebswirtschaft und verbringen Ihre Praktikumsphase in der Abteilung Personal- und Organisationsentwicklung eines renommierten Unternehmens der Bekleidungsindustrie. Sie arbeiten zusammen mit einem anderen Studenten, Klaus, an einem gemeinsamen Projekt. Es geht darum, die Kompetenzen der Mitarbeiter im Unternehmen zu dokumentieren und besser zu vernetzen. Der Zugriff auf diese Informationen soll per Intranet für Mitarbeiter/-innen möglich sein. Sie haben die Sammlung und Zusammenstellung der Informationen übernommen, während Klaus als „Computerfachmann" die Programmierung vornimmt, und Sie bei der Recherche gelegentlich unterstützt.

Seit einiger Zeit beobachten Sie bei Ihrem Projektpartner eine Verhaltensänderung Ihnen gegenüber, kennen aber die Ursache dafür nicht. Er hat einige Male morgens nicht gegrüßt, und lief ohne ein Wort an seinen Schreibtisch.

An einem Tag war er nicht da, ohne dass er Sie oder jemand anderen darüber informiert hatte. Sie wollten an diesem Tag wegen der Vorbereitung einer Präsentation mit ihm sprechen, denn der Abteilungsleiter fragte nach dem aktuellen Entwicklungsstand und dem voraussichtlichen weiteren Verlauf Ihres Projektes. Durch Klaus' Fehlen haben Sie auf eigene Verantwortung mit der Präsentationsvorbereitung begonnen. Als Sie Klaus die bisherigen Ergebnisse darstellten, ernteten Sie vor allem Verbesserungsvorschläge und Kritik, aber keine Anerkennung. Außerdem erwähnte Klaus beiläufig, dass der AL eine Änderung im Layout vorgegeben hatte. Klaus hatte vergessen, Sie darüber zu informieren. Die Präsentation musste deshalb abends völlig umgestaltet werden. Das war sehr ärgerlich, Sie verpassten dadurch eine wichtige Verabredung. Sie haben Klaus auch schon gesagt, dass Sie sauer waren. Klaus kommt seitdem ab und zu morgens zu spät, und Sie wurden bereits angesprochen, was denn zwischen Ihnen und Klaus nicht stimme.

Eines Tages sehen Sie ihn nach der Mittagspause noch beim Kaffee sitzen – jetzt wäre der richtige Zeitpunkt die Situation anzusprechen, die anderen sind schon gegangen ...

▶ **Abteilungsleiter/in Personal- und Organisationsentwicklung**

Ihr Praktikant Klaus hat bei seinem Bewerbungsgespräch vor einem halben Jahr einen guten Eindruck gemacht. Er wirkte aufgeweckt und engagiert, überzeugte durch sein Allgemeinwissen und das neben dem Studium erworbene Know-how über Web-Design. Mit seinem Kollegen Peter, ebenfalls ein Student der BWL, sollte er ein Projekt bearbeiten: Im Intranet sollen die Kompetenzen der Mitarbeiter des Unternehmens dargestellt und diese Informationen für alle internen Stellen zugänglich gemacht werden, damit das Unternehmen sich besser vernetzt.

Es ist schon vorgekommen, dass sich aus den Praktika Arbeitsverhältnisse entwickelt haben, und so mancher BWL-Student bekam in Ihrem Unternehmen bereits eine Stelle, weil er sich einen guten Ruf erworben hatte. Sie empfinden es als sehr bequem, Klaus fragen zu können, wenn etwas mit dem Computer nicht stimmt. Das geht oft schneller als über die EDV-Abteilung!

Nun ist Klaus seit anderthalb Monaten in Ihrer Abteilung und Sie beobachten, dass sein Einsatz nachlässt, er kommt häufiger zu spät, legt weniger oft von sich aus Ergebnisse vor und wirkt immer wieder schlecht gelaunt.

Sie haben Sorge, dass das Projekt an der mangelnden Teamarbeit und fehlenden Motivation von Klaus scheitert, denn das haben Sie schon einmal in einem anderen Zusammenhang mit anderen Mitarbeitern erlebt. Sie nehmen sich vor, ein Gespräch mit ihm zu führen. Als Sie ihn eines Mittags alleine in der Kantine antreffen, nutzen Sie die Gelegenheit und setzen sich zu ihm.

Durchführung

Das Gespräch hat zwei Varianten, denn es kann

- zwischen Klaus und seinem Kollegen Peter
- zwischen Klaus und der Abteilungsleitung stattfinden.

1. Entscheiden Sie sich für eine Variante.
2. Geben Sie die Rollenbeschreibungen aus und lassen Sie den Spielern Zeit zur Vorbereitung. Keiner kennt den Inhalt der Rollenbeschreibung des anderen.
3. Bestimmen Sie mit den Beobachtern die Beobachtungskriterien.
4. Lassen Sie die Spieler das Rollenspiel durchführen (ggf. mit Video).
5. Nach Abschluss des Rollenspiels moderieren Sie die Feedback-Runde; halten Sie die Rückmeldungen fest.

Beobachtung

Die Beobachtung des Rollenspiels hängt von den gewählten Lernzielen ab. Mögliche Beobachtungsfragen sind:

In Bezug auf „Klaus“:

- Wie geht Klaus mit Kritik um?
- Wie offen kommuniziert er? Wie teilt es seine Interessen und Belange mit (Vorwürfe oder Ich-Botschaften)?

In Bezug auf „Peter“:

- Wie eröffnet er das Gespräch? Welche „Weichen“ stellt er dadurch für den Gesprächsverlauf?
- Welches Ziel will Peter mit dem Gespräch erreichen? Hat er Erfolg?
- Welche Äußerungen von Peter führen das Gespräch in die gewünschte Richtung? (Gründe für Klaus' Verhalten erkunden, ihn verstehen; ihm die Auswirkungen seines Verhaltens verdeutlichen; ihn zur Weiterarbeit motivieren; ...)
- Bekommt das Gespräch eine Wendung? Wodurch? Welche Änderungen im Gesprächsverhalten der beiden sind zu bemerken?
- Werden Vereinbarungen getroffen?

In Bezug auf den/die „Abteilungsleiter/in“:

- Was war sein/ihr Gesprächsziel? Wie hat er/sie es verfolgt? Wurde es erreicht?
- Was waren Nebenziele? Wie wurden sie verfolgt und erreicht?
- Welche Gesprächsatmosphäre entstand?
- Durch welche Äußerungen/Verhaltensweisen des Abteilungsleiters öffnet sich Klaus? Wodurch verschließt er sich?

Moderation der Auswertung

Weiterführende Fragen zur Diskussion:

- Hatten die Gesprächspartner überhaupt ein klares Gesprächsziel? Wie wirken sich (evtl. unterschiedliche) klare Gesprächsziele auf den Gesprächsverlauf aus?
- Wie sollte man darauf reagieren, wenn man merkt, der Partner verfolgt ein anderes (oder kein klares) Gesprächsziel? Wie könnte man „zusammenkommen“?
- Inwiefern ist „Vertrauen“ für ein Mitarbeitergespräch wichtig? Wie kann es aufgebaut werden?
- Was ist der Unterschied zwischen „Kritik“ und „Rückmeldung“?
- Inwiefern war das Gespräch ein Mitarbeiterentwicklungsgespräch?

Außerdem ...

Quelle

Das Rollenspiel entstand aus einer realen Situation.

12. Luxuriöser als die Chefin

von Eva Neumann

Überblick

Kurzübersicht Ein Mitarbeiter wird von seiner Chefin zur Rede gestellt, weil er auf einer Dienstreise unberechtigterweise erste Klasse geflogen ist, während sie im gleichen Flug zweiter Klasse saß.

Zielgruppe Führungskräfte und Personen, die Kritikgespräche zwischen Führungskraft und Mitarbeitern üben wollen.

Lernziele

- Kritische Dinge ansprechen, Rückmeldung geben.
- Fragen stellen, Sichtweisen vergleichen.
- Mit Kritik umgehen.
- Konflikte klären.

Einsatz Nach grundlegender Klärung des Ziels von Rückmeldung und Kritik im beruflichen Kontext.

Spielen und auswerten

Situation

Die Leiterin der Abteilung Personalqualifizierung einer internationalen Wirtschaftprüfungsgesellschaft, Frau van Doorten, flog vergangene Woche mit einem ihrer Mitarbeiter, einem Medienpsychologen (Herr Claus), zu einem Meeting nach Amsterdam. Dort sollte ein neues E-Learning-Konzept vorgestellt und diskutiert werden.

In der Abflughalle am Flughafen München, wo sich beide trafen, stellte sich heraus, dass der Mitarbeiter Business-Class gebucht hatte, während die Vorgesetzte „Economy" flog.

Das Angebot des Mitarbeiters, die Plätze zu tauschen, wurde von der Vorgesetzten ärgerlich abgelehnt. Die Chefin blieb noch zwei weitere Tage geschäftlich in Amsterdam, der Mitarbeiter flog wie geplant am selben Abend mit der gleichen Fluggesellschaft zurück. Sie treffen sich jetzt, eine Woche später, zu einem Austausch über das Meeting und zu einem Rückmeldegespräch, das Frau van Doorten initiiert hat.

Rollen

► **Frau van Doorten**, Leiterin der Abteilung Personalqualifizierung. In den Reiserichtlinien Ihrer Firma steht, dass nur Senior-Partner und die „Chefetage" Business-Class fliegen dürfen. Mitarbeiter, die wie Herr Claus erst zwei Jahre dabei sind, fliegen keinesfalls „Business". Da Sie als Vorgesetzte/r hier Vorbild sein und Sparsamkeit demonstrieren wollen, buchen Sie selbst nie Business-Class. Sie wissen aus Erfahrung: Der Unterschied zwischen einem Flug in der Economy-Class und der Business-Class beträgt ca. 400 EUR.

Sie finden es unmöglich, dass er als Mitarbeiter so teuer geflogen ist. Sie haben sich deswegen am Flughafen sehr über Herrn Claus geärgert, und das Angebot, die Plätze zu tauschen, ebenso sein Anerbieten Ihren Koffer zu tragen, fanden Sie eher anbiedernd, deshalb haben sie es abgelehnt.

Da die Reiserichtlinien allgemein bekannt sind, buchten die Mitarbeiter bisher ihre Flüge selbst. Aber das bisherige Verfahren führt offenbar zu Missbrauch. Eine Abhilfe wäre, dass Ihre Mitarbeiter Flüge in Zukunft bei Ihrer Sekretärin beantragen, die Sie dann persönlich genehmigen. Sie treffen sich nun zu einem Rückmeldegespräch mit Ihrem Mitarbeiter Herrn Claus.

▶ **Herr Claus**, Mitarbeiter in der Abteilung Personalqualifizierung. Sie sind Medienpsychologe und sind seit zwei Jahren bei der Wirtschaftsprüfungsgesellschaft in der Abteilung Personalqualifizierung tätig.

Beim Abflug nach Amsterdam fragte Ihre Vorgesetzte: *„Wo sitzen Sie denn?"* Sie antworteten: *„4c."* – also Business-Class. Es stellte sich heraus, dass die Chefin selbst Economy gebucht hatte, was Ihnen sehr peinlich war. Leider wurde Ihr Vorschlag abgelehnt, zu tauschen. Die Vorgesetzte verhielt sich sehr abweisend, und alle versöhnlichen Zeichen (Sie haben ihr sogar angeboten, die Koffer zu tragen) wurden auch nach der Ankunft abgeblockt.

Frau van Doorten hat Sie nun zu einem Gespräch gebeten. Sie vermuten, es geht um das Meeting, und sicher auch um die Flugplatzbuchung.

Sie wissen, in den Reiserichtlinien Ihrer Firma steht, dass nur Senior-Partner und die „Chefetage" in der teuren Business-Class fliegen dürfen. Dass Sie bei dem Flug nach Amsterdam Business-Class gebucht haben, hatte folgenden Grund: Sie blieben nicht in Amsterdam (im Unterschied zur Chefin), sondern flogen noch am selben Abend zurück. Dadurch sank der Flugpreis, und der preisliche Unterschied zwischen einem Business-Class-Flug und einer Buchung in der Economy-Class betrug nach Auskunft der Fluggesellschaft nur noch 50 EUR, statt wie sonst 400 EUR. Da Sie auf die Übernachtung verzichteten und einen langen Tag vor sich hatten, fanden Sie den Preis angemessen für die dadurch gewonnenen Annehmlichkeiten.

Durchführung

Geben Sie die Rollenbeschreibungen separat an zwei Teilnehmende aus, die Situationsbeschreibung erhalten beide. Nach angemessener Vorbereitungszeit spielen die Rollenspieler das Gespräch vor dem Plenum und erhalten anschließend Feedback aus der Runde. Bieten Sie an, das Rollenspiel zu wiederholen, um Verhaltensalternativen auszuprobieren.

Beobachtung

- Wie spricht Frau van Doorten die Situation an?
- Was löst Widerstand aus? Was lässt den Mitarbeiter das Feedback annehmen?
- Was wird auf der Beziehungsebene, was auf der Sachebene kommuniziert?
- Kann der Mitarbeiter Claus seine Entscheidung nachvollziehbar machen?
- Werden konkrete Vereinbarungen getroffen?
- Wie steht es um die Beziehungsebene nach dem Gespräch (belastet – geklärt)?

Moderation der Auswertung

- Rollenspieler: Wie ging es mir? Was ist mir von dem gelungen, was ich mir vorgenommen habe, und was ist anders gelaufen? Welche Fragen habe ich an die Beobachter?
- Beobachter: Geben Rückmeldung zu den oben genannten oder anderen vorher vereinbarten Gesichtspunkten.
- Trainerin: Ergänzt und gibt an den Lernzielen der Teilnehmenden orientierte Hinweise.

Außerdem ...

Variante und Anmerkung

Eine Vorbereitungsvariante, die mehr Teilnehmenden einen Lerneffekt ermöglicht, ist folgende: Eine Teilgruppe von ca. vier Personen bekommt die Situation gestellt. Eine Person bekommt die Rollenkärtchen „Mitarbeiter“ und „Situationsbeschreibung“, die anderen drei Teilnehmer erhalten die Rollenkärtchen „Chefin“ und „Situationsbeschreibung“. Der „Mitarbeiter“ bereitet sich in Einzelarbeit vor. Die übrigen Gruppenmitglieder bereiten das Rückmeldegespräch gemeinsam vor. Nur einer von ihnen spielt dann die Chefin – die anderen beiden erleben das Gespräch aber aus dessen Perspektive mit.

Die beiden nichtaktiven Teilnehmer erleben den „Überraschungseffekt“, dass der Mitarbeiter nachvollziehbare Gründe für sein Verhalten hatte, dann ähnlich stark wie die „Chefin“. Alle drei Teilnehmer haben sich im Vorfeld intensiv mit der Perspektive der „Chefin“ auseinander gesetzt und auch ihre Fantasien dazu entwickelt. Dadurch erfahren sie deutlicher als außenstehende Beobachter, dass es für den Gesprächsverlauf und den Erfolg der Rückmeldung entscheidend sein kann, Fragen zu stellen, um die Sichtweise des Gesprächspartners zu erfahren.

Quelle Nach einem realen Fall.

Die Urlaubsreise

13.

von Melanie Grimm

Überblick

Kurzbeschreibung

Die Teilnehmenden sensibilisieren sich für die Fragetechnik als Lenkungsinstrument im Verkaufsgespräch.

Zielgruppe

- Mitarbeiter/innen im Verkauf, sowohl im direkten als auch telefonischen Kundenkontakt.
- Die Rollenvorgaben sind alle auf Verkäufer/innen und Berater/innen in der Reisebranche ausgelegt. Da es jedoch hauptsächlich um das Erlernen von Fragetechnik im Verkaufsgespräch geht, ist das Rollenspiel jederzeit auf andere Branchen adaptierbar.

Lernziele

- Fragen als Lenkungstechnik: „Wer fragt, der führt".
- Bedürfnisse des Gesprächspartners besser ermitteln.
- Wahrnehmung sensibilisieren.
- Feedback geben.

Einsatz

- Mit diesem Rollenspiel können Sie die Fragetechnik nach einem Theorie-Input gezielt üben. Es dient als Praxisfeld zum Ausprobieren bestimmter Gesprächslenkungstechniken, damit der Transfer in die alltägliche Praxis besser klappt.
- Darüber hinaus hilft das Spiel den Teilnehmenden, ihr eigenes Können im Bereich „Bedarfsermittlung im Verkaufsgespräch" zu erkennen. Hierbei geht es nicht in erster Linie darum, dass das Rollenspiel mit einem Verkaufsabschluss endet, sondern es

stellt sich vielmehr die Frage, ob der/die Teilnehmende in der Verkäuferrolle auch das verkauft hat, was der Kunde tatsächlich braucht und haben will.

- Des Weiteren lassen sich klassische Instrumente aus Kommunikations- und Kundenorientierungstrainings einbinden. Das Rollenspiel simuliert das gesamte Gespräch vom Erstkontakt (z.B. der Kunde ruft an oder betritt das Ladengeschäft) bis hin zur Verabschiedung. Themen wie „Kontaktaufnahme und Begrüßung", „Einstieg ins Gespräch" und „Beenden eines Gesprächs" lassen sich somit bestens mit unter die Lupe nehmen.

Spielen und auswerten

Situation

Das Reiseunternehmen „Sonnenschein" hat sich zum Ziel gesetzt, die Umsatzzahlen zu steigern. Die Branche erlebt seit einiger Zeit Einbrüche, denn das Reiseverhalten der Deutschen ändert sich. In wirtschaftlich instabilen Zeiten wollen viele sparen, andere haben Angst, ein Flugzeug zu besteigen oder haben Bedenken, in bestimmte Zielgebiete zu reisen. Der Urlaub zu Hause wird also immer beliebter. Damit das Unternehmen „Sonnenschein" auch weiterhin profitabel wirtschaften und Arbeitsplätze erhalten kann, müssen sich die Verkaufszahlen deutlich verbessern. In den Rollenspielen werden Verkaufssituationen simuliert, bei denen sowohl die Verkäufer- als auch die Kundenrolle jeweils neu besetzt wird.

Der/die Teilnehmende in der Verkäuferrolle (Frau Seeberg) weiß dabei nicht, welchen Reisewunsch der Kunde (Herr Ratmann) hat. Der/die Teilnehmende in der Kundenrolle erhält vorab Vorgaben zu folgenden Punkten:

- Reiseart
- Destination
- Zeitraum
- Preislimit

- Grund für die Reise
- Beruf
- Käufertyp

Auch das Publikum ist in diese Details nicht eingeweiht. Der/die Teilnehmende in der Käuferrolle soll beim Einstieg ins Gespräch nur wenige dieser Informationen preisgeben. Ziel für die Verkäuferin ist es, die Bedürfnisse des Kunden im Gespräch zu ermitteln, ihn bestmöglich zu beraten und zum Abschluss zu führen. Falls Letzteres schwierig wird, sollte zumindest eine Option (= unverbindliche Reservierung) erzielt werden.

Rollen

- **Reisebüromitarbeiterin/Verkäuferin Frau Seeberg**

Sie sind eine junge Fachkraft im Reisebüro. Ihre Ausbildung haben Sie vor etwa zwei Jahren abgeschlossen. Seither verreisen Sie gerne rund um den Globus, denn Reisen ist schließlich Ihr Hobby. Da Sie noch nicht über eine jahrelange Berufserfahrung verfügen, haben Sie viele touristische Zielgebiete der Welt noch nicht selbst besuchen können. Wenn Sie Kunden haben, die in ein Gebiet fahren möchten, das Sie aus eigener Erfahrung gut kennen, fällt Ihnen die Beratung relativ leicht. Sie wirken selbstsicher, überzeugend und glaubwürdig und erzielen dann eher einen Verkaufsabschluss. Interessieren sich Ihre Kunden jedoch für ein Zielgebiet, das Sie nie zuvor selbst bereist haben, dann fühlen Sie sich unsicher und neigen dazu, dem Kunden das Feld zu sehr zu überlassen. Es ist daher Ihr Ziel, die Fragetechnik bewusst so einzusetzen, dass Sie das Gespräch führen und lenken und somit einen positiven Abschluss (Verkauf) im Sinne des Kunden erreichen.

- **Kunde Herr Ratmann**

Anmerkung: Bei jedem Rollenspiel variiert die Kundenrolle samt den dazugehörigen Reisewünschen. Auch kann es sich bei einem Rollenspiel um mehrere Kunden handeln. Es könnte beispielsweise eine Familie mit Kind verreisen oder ein Ehepaar auf Silberhochzeitsreise oder zwei Freundinnen. Bestenfalls bereiten Sie als Trainer/in vorab bereits mehrere Fallbeispiele vor, so dass jedes Rollenspiel eine andere Ausgangssituation bekommt.

Beispiel: Vorgabe für die Kundenrolle

Reiseart	Individualreise; Mietwagen-Rundreise Kalifornien mit Flug für eine Person ab München; immer zwei Einzelzimmer, da Tochter während der Reise dazustößt.
Destination	San Francisco
Zeitraum	Ende September, für 3 Wochen
Preislimit	Keine genaue Vorstellung; Flug allerdings Business-Class
Grund für die Reise	Will seine Tochter besuchen, die zur Zeit dort studiert. Diese kommt erst in San Francisco dazu.
Beruf	Gut verdienender Rechtsanwalt
Käufertyp	Ist bereit mehr zu zahlen, will hohe Qualität; Sicherheitsaspekt ist sehr wichtig; will sicher sein, dass alles gut organisiert ist und reibungslos klappt.

Von derartigen Beispielen sollten Sie als Trainer/in je nach Gruppengröße und Anzahl der Rollenspiele bis zu 15 verschiedene vorbereitet haben. Unterscheiden Sie vor allem bei den Käufertypen, den Reisearten und den Destinationen.

Durchführung

1. Schritt:

Um das Rollenspiel vorzubereiten und den Fokus auf die Fragetechnik zu lenken, fügen Sie vor dem praktischen Seminarpart mit den Fallbeispielen einen Theoriepart zum Thema Fragetechnik durch. Idealerweise ergänzen Sie diesen durch eine Gruppenarbeit. Dabei überlegen sich die Teilnehmenden etwa 10-15 Minuten lang in Kleingruppen:

- etwa drei unterschiedliche geschlossene Fragen für den Gesprächseinstieg,
- mehrere offene Fragen und Gabelfragen bzw. Alternativfragen für den Gesprächsverlauf.

2. Schritt:

- Leiten Sie nun zum Rollenspiel über. Motivieren Sie Ihre Teilnehmer damit, dass ihnen dieses Fallbeispiel Gelegenheit gibt, Fragetechniken in Verkaufssituationen anhand eines konkreten Beispiels auszuprobieren.
- Beschreiben Sie die Rollenspielsituation mit den Infos für die Allgemeinheit.
- Besetzen Sie die Rollen für das nächste Rollenspiel.
- Verteilen Sie die Rollenbeschreibung an den, bzw. die Kunden und geben Sie den Mitspielenden 3-5 Minuten Zeit, sich einzeln (!) auf ihre Rolle und das Gesprächsziel vorzubereiten. Nach Wunsch verlassen die Mitspielenden den Raum für diese 3-5 Minuten. Sie sollten sich untereinander nicht austauschen.
- Besprechen Sie mit den übrigen Teilnehmenden die Beobachtungskriterien. Verteilen Sie die Beobachtungsbogen und die Beobachtungsaufgaben (siehe Anmerkungen).
- Stehen Tische und Sitzgelegenheiten bereit? Dann können die Mitspielenden hereinkommen und es geht los. Die Rollenspielzeit beträgt etwa 10 Minuten. Zeichnen Sie das Spiel mit der Videokamera (beim Fallbeispiel Reisebüro) oder mit einer Telefonanlage (Fallbeispiel Callcenter) auf. Idealerweise führen Sie so viele Rollenspiele durch, dass jeder Teilnehmende mindestens einmal in der Verkäuferrolle ist.

Beobachtung

Alle Beobachtenden erhalten einen Fragebogen mit mehreren Punkten, auf die sie achten sollen.

Beispiel-Fragebogen: Hinweise für Beobachtende

Sie sitzen als Beobachter/in so nahe dabei, dass Sie alles Wichtige sehen und hören, jedoch auch weit genug entfernt, dass Sie die Spielenden nicht stören. Sie sagen nichts und greifen auch sonst in keiner Weise in das Geschehen ein. Machen Sie sich detaillierte Notizen zu folgenden Fragen:

- Wie war das Verhalten der Verkäuferin bei der Kontaktaufnahme? Körpersprache (Mimik, Gestik, Haltung), Lächeln, Blickkontakt?
- Wie verliefen Begrüßung und Vorstellung?
- Ist es gelungen, eine gute Gesprächsatmosphäre zu gestalten? Wie war die Gesamtstimmung im Gespräch?
- An welcher Stelle hat die Verkäuferin die Gesprächsführung übernommen? War der Zeitpunkt passend? Wie ist die Übernahme der Gesprächslenkung gelungen?
- Wie gut wurden die wirklichen Wünsche und Bedürfnisse des Kunden ermittelt? Wann/wo wurden geschlossene Fragen gestellt? Wann offene? Wann Gabel-, bzw. Alternativfragen?
- Wie wurde auf Einwände und Fragen eingegangen?
- Wie wurde auf den Verkaufsabschluss hingearbeitet?

Gerne ergänzen Sie als Trainer/in diese Fragen individuell. Die Beobachtenden achten zudem auf Körpersprache, Klang der Stimme, Sprechweise und Wortwahl.

Wahlweise achten entweder alle auf alles oder man teilt die Fragen unter den Beobachtern auf. Wichtig dabei ist, dass sich alle Notizen machen, um hinterher so detailliert wie möglich Rückmeldungen geben zu können.

Besprechen Sie zu einem früheren Zeitpunkt im Seminar Feedback-Regeln mit den Teilnehmenden. Es gilt zu loben und Kritik positiv in Form von Verbesserungsvorschlägen zu äußern. Begonnen wird immer mit den positiven Anregungen; Feedback wird stets direkt an die Person geäußert, die die Rückmeldung erhält.

Moderation der Auswertung

- Das Rollenspiel wird wahlweise mit Video oder mit einer Telefonanlage aufgenommen. Nachdem das Spiel beendet ist, wird die Aufnahme abgespielt. So haben die Beobachtenden die Möglichkeit, das Rollenspiel zweimal zu sehen und schärfen ihre Wahrnehmung. Die Spielenden erleben sich beim Anschauen in der Rolle des Beobachters.

- Nun hat die Verkäuferin, Frau Seeberg, zuerst das Wort. Was hatte sie sich vorgenommen? Hat sie ihr Ziel erreicht? Was ist ihr aus ihrer Sicht gut gelungen? Was würde sie im Nachhinein anders machen?
- Dann wird der Käufer, Herr Ratmann, befragt. Wie gut ist die Verkäuferin auf ihn eingegangen? Hat er sich wohl und gut beraten gefühlt? Was hat ihm gut gefallen, wo hätte er sich ein anderes Verhalten gewünscht? Falls ja, welches?
- Erst jetzt wird die Feedback-Runde der Beobachtenden eröffnet. Die Spielenden haben nun die Aufgabe, sich das Feedback ruhig anzuhören und es anzunehmen, ohne dabei in eine Rechtfertigung zu verfallen.
- Es gelten die oben erwähnten Feedback-Regeln. Wichtig ist, dass für die Verkäuferin am Ende der Feedback-Runde ein Fazit erstellt wird mit den ein bis zwei wichtigsten positiven Rückmeldungen und den ein bis zwei wichtigsten Verbesserungsvorschlägen, die die Runde ihr mitgeben will.

Tipp: Lassen Sie die Beobachtenden das Fazit schriftlich auf einem Flipchart-Bogen erfassen. Durch die schriftliche Form und dadurch, dass es für alle sichtbar ist, erhält es eine höhere Wichtigkeit und Verbindlichkeit.

Außerdem ...

Anmerkungen

In einem Reisebüro tritt der Kunde von sich aus an den Verkäufer heran, also beginnt er meist das Gespräch und äußert (wenn auch manchmal zaghaft und verschwommen) sein Anliegen. Für das Gespräch bedeutet dies, dass der Kunde anfangs einen hohen Anteil an der Gesprächsführung hat, der Verkäufer einen geringen. Ziel ist jedoch, genau dieses umzudrehen, so dass der Verkäufer die Lenkung des Gesprächs übernimmt!

Im Gesprächsverlauf kann das allerdings nur schrittweise und nicht ad hoc passieren. Daher kann es ratsam sein, dass der Verkäufer anfangs mehr geschlossene Fragen stellt und erst dann in die offenen übergeht. Das hat folgende Vorteile:

- Der Kunde fühlt sich nicht ausgefragt.
- Dem Verkäufer hilft es, Hemmungen abzubauen, Fragen zu stellen, denn man wirkt nicht zu neugierig oder gar aufdringlich. Man kann beispielsweise eine geschlossene Frage stellen, indem man fragt, ob man Fragen stellen darf (Beispiel: *„Damit ich Ihnen ein wirklich gutes Angebot für Ihre Ferien erstellen kann, darf ich Ihnen vorab ein paar Fragen stellen?“*).
- Der Kunde wird dadurch auf die „Ja-Straße“ geführt, denn die Fragen werden so gestellt, dass er bestenfalls mit „Ja“ oder einem Kopfnicken antwortet. Je häufiger der Kunde ein „Ja“ statt ein „Nein“ entgegnet, desto eher öffnet er sich dem Verkäufer und erhöht seine Kaufbereitschaft.

Bei Verkaufsseminaren haben Sie als Trainer/in höchstwahrscheinlich ein Hauptkapitel zum Thema „emotionales Verkaufen“ und die Wichtigkeit der Beziehungsebene im Verkauf. Bestenfalls lernen die Teilnehmenden also gezielt, diese Beziehungsebene zum Kunden positiv zu gestalten. Die Erfahrung zeigt, dass die meisten Verkäufer/innen im Reisebüro mit den Fragen „wohin“, „wann“, „wie viele Personen“ und „welcher Abflughafen“ ins Gespräch einsteigen. Dies sind jedoch alles Fragen, die sich auf der Sachebene abspielen. Eine gute Stimmung, geschweige denn ein erstes Urlaubsgefühl beim Kunden lässt sich hiermit nur äußerst schwer erreichen. Bauen Sie daher vor den Rollenspielen eine Gruppenübung ein. Unterteilen Sie die Teilnehmenden in zwei Gruppen und geben Sie ihnen 15-20 Minuten Zeit, sich neue Fragen zu überlegen, die sie an dieser Stelle an ihre Kunden richten können, mit denen sie sich auf die Beziehungsebene begeben. Erst danach sollen sie zu den sachlichen Fragen überleiten.

Tipp: Unterstützen Sie als Moderator/in die Gruppenarbeiten so, dass die Ergebnisse in die Richtung gehen, die Kunden zu fragen, was sie im Zielgebiet erleben möchten oder ob sie in dieser Destination zuvor schon einmal waren oder was sie bewegt hat, diese Destination auszuwählen.

Ein weiterer Tipp für die noch unerfahrenen Reiseverkäufer/innen, wenn Kunden an einen Ort reisen wollen, den Sie selbst nicht aus Erfahrung kennen und Sie somit kaum fachmännisch beraten können, geschweige denn, Insidertipps haben:

Wenn man die Kunden anfangs fragt, ob sie diese Region schon kennen und ob sie schon einmal dort waren, dann entscheidet deren Antwort den weiteren Beratungsverlauf enorm. Entweder sie sagen *„Nein, das ist unsere erste Reise dorthin"*, dann kann man als Verkäufer/in aufatmen. Man braucht hier kein außergewöhnliches Wissen. Diesen Kunden genügen die allgemeinen Standardempfehlungen und „musts" für diese Region und die kennt man meist im Groben. Lautet die Antwort *„Ja, wir reisen schon das vierte Mal dorthin"*, dann lässt man die Kunden einfach ein bisschen erzählen, was sie die letzten Male dort alles erlebt haben und was sie sich schon angesehen haben. Achtung! Jetzt erhält man wichtige Informationen und Anregungen aus erster Hand, die man bei weiteren Beratungen zu dieser Region bestens gebrauchen kann! Menschen, die zum x-ten Mal an ihren Lieblingsort reisen, haben sich meist schon intensiv vorbereitet und daher kaum noch Fragen und außerdem „prahlen" sie gerne mit ihrem Wissen. Sie sind einem daher in aller Regel nicht böse, wenn man mal nicht so bewandert ist. Also Mut zur Lücke!

Tipp: Ein guter Verkäufer hört Möglichkeiten für Zusatzverkäufe (sog. „cross selling") zwischen den Zeilen heraus. Bei dem hier angeführten Beispiel will der Kunde einen Flug in der Business-Class. Dies ist in jedem Fall ein Zeichen dafür, dass er sich diesen leisten kann und darum höchstwahrscheinlich auch bei anderen Leistungen (Unterkunft, Mietwagen, Versicherungsleistungen) lieber eine höherwertige Kategorie bucht. Bestenfalls geht man also nicht immer von den eigenen Ansprüchen aus – z.B., wenn einem selbst in San Francisco ein Mittelklasse-Hotel völlig genügen würde – sondern schlägt dem Kunden gleich ein 4- oder 5-Sterne-Haus vor. Auch der Mietwagen darf in der Luxusklasse angeboten werden.

Signalisiert der Kunde ein hohes Sicherheitsbedürfnis, dann bietet man ihm eine Auswahl an Reiseversicherungen an und bucht beim Flug lieber eine renommierte, wenn auch teurere Airline. Der Kunde wird sich entsprechend äußern, falls er das nicht will! Mietwagen kann man jedem Kunden grundsätzlich in einer höheren Kategorie anbieten, denn einen gewissen Komfort (4-türig, Klimaanlage, größerer Kofferraum) weiß man vor Ort zu schätzen. Hier ein Beispielsatz: *„Bedenken Sie, dass Sie zu dritt sind, da wird bei einem 2-Türer das Ein- und Aussteigen schnell zur Qual. Noch dazu haben Sie drei Koffer dabei, die bekommen Sie in der kleineren Kategorie nicht im Kofferraum unter. Sie müssten dann einen Koffer auf dem Rücksitz unterbringen."* oder: *„Stimmt, ein Cabrio auf Hawaii klingt sehr verlockend. Doch bedenken Sie, dass es in diesem tropisch-feuchten Klima passieren kann, dass es mehrmals am Tag kurze Schauer gibt. Sie würden also pausenlos Ihr Autodach auf- und zumachen. Buchen Sie lieber ein geschlossenes Fahrzeug der höheren Kategorie und genießen Sie die Klimaanlage!"*

Methodischer Hinweis
Bitten Sie die Teilnehmenden in der Kundenrolle, diese so echt und realitätsnah wie möglich zu mimen. Erfahrungsgemäß spielen viele diese Rolle zu brav und kaufen der Kollegin sofort alles ab, weil sie diese gut dastehen lassen möchten und ihr ihre Rolle nicht erschweren wollen. Leider reduziert dieses Verhalten den Lerneffekt jedoch immens, denn ein solcher „Traumkunde" ist nicht realistisch. Vielmehr hat man es im Alltag mit zögerlichen und skeptischen, nicht selten kritischen Kunden zu tun. Idealerweise gibt es in einigen Rollenspielen auch den „Ja-Aber-Typen", der alles in Frage stellt, was ihm angeboten wird oder den „ewigen Nörgler", der fast überall ein Haar in der Suppe vermutet.

Varianten

Ein zusätzliches Ziel der Rollenspiele könnte sein zu lernen, wie man Grenzen setzt und Selbstbehauptungstechniken glaubwürdig anwendet.

Die Erfahrung zeigt, dass sich viele Teilnehmende mit der bewusst positiven Gestaltung der Beziehungsebene schwer tun. Dies liegt teilweise daran, dass sie in früheren Seminaren gelernt haben, immer auf der Sachebene zu agieren. Ein weiterer Grund ist der, dass die Verkäufer/innen zu viele Hemmungen haben, mit Kunden eine lockere Smalltalk-Ebene herzustellen und ihnen Fragen zu stellen. Letzteres findet man insbesondere in Branchen – die Touristik gehört dazu – in der sehr junge Menschen und häufig Frauen arbeiten. Nun zeigt sich auch, dass es diesen jungen Frauen – wenn sie gelernt haben, eine positive Beziehungsebene aufzubauen – oftmals schwer fällt, dem Gesprächspartner Grenzen aufzuzeigen, wenn dieser seine gute Erziehung vergisst und z.B. nach dem Familienstand fragt oder die junge Verkäuferin für den Abend in gewisse Etablissements einlädt und ihr Kosenamen gibt. Es gibt immer wieder freche Kunden, die eine ehrlich gemeinte Warmherzigkeit falsch verstehen und dann sehr persönliche Dinge erfragen, die sie schlicht nichts angehen. Oder aber Kunden versuchen, die gezeigte Herzlichkeit auszunutzen, um gezielt Preisverhandlungen zu führen, nach dem Motto: *„Schätzchen, mir zuliebe können Sie doch da sicher noch ein paar Prozente herausholen?!“*

Erläutern Sie Ihren Teilnehmern, wie sie ein „Nein“ richtig formulieren und wie man jemanden diszipliniert, der sich in der Wahl der Worte und des Tonfalls vergreift.

Quelle

Der Impuls für dieses Rollenspiel kam aus diversen Verkaufstrainings für unterschiedliche Anbieter in der Touristikbranche. Es handelt sich um Beispiele, die nah an die alltägliche Realität im Reisebüro oder im Callcenter angelehnt sind.

14. 

Übrigens …

von Eva Neumann

Überblick

Kurzbeschreiung Ein Gesprächspartner zögert das Ende des Gesprächs hinaus, ein anderer will es herbeiführen.

Zielgruppe Personen, die Gespräche unter Zeitdruck führen.

Lernziel Ein Gespräch sachlich und mit Rücksicht auf die Gesprächsbeziehung zum Abschluss führen.

Einsatz

- Sammlung von Verhaltensstrategien zum Beenden von Gesprächen.
- Üben von zuvor besprochenen Handlungsschritten, die zum Gesprächsende führen.

Spielen und auswerten

Situation

Sie befinden sich am Ende einer Besprechung mit einem Kollegen/einer Kollegin. Die TOPs sind allesamt abgearbeitet, Maßnahmenpläne wurden vereinbart. Da die Besprechung sehr zügig verlief, sind bis zum offiziellen Ende der Besprechung noch zehn Minuten Zeit übrig. Der eine Gesprächspartner ist schon am Aufbrechen, der andere möchte die Zeit noch nutzen, um weitere dringliche Themen anzusprechen.

Rollen

▶ **Der Gesprächs-Verlängerer**

Sie freuen sich sehr, dass noch zehn Minuten Zeit verblieben sind, denn es liegen Ihnen noch mindestens drei wichtige Punkte auf dem Herzen, die Sie gerne mit dem Kollegen/der Kollegin besprechen möchten. Sie würden gerne wissen, wo der Kollege seinen Urlaub verbracht hat, denn Sie suchen selbst gerade nach einem Reiseziel. Viel dringlicher ist aber, dass das Gerücht umgeht, die Geschäftsführung wolle Stellen abbauen, denn Ihrer beider Arbeitsplatz wäre evtl. davon betroffen. Außerdem brauchen Sie den Rat Ihres Kollegen/Ihrer Kollegin in einer fachlichen Angelegenheit, in der er/sie besonders gut Bescheid weiß. Fühlen Sie sich frei, weitere dringliche und für Sie interessante Themen ins Spiel zu bringen. Immerhin waren ursprünglich 10 Minuten mehr Zeit vorgesehen, und die wird Ihr/e Gesprächspartner/in ja wohl zur Verfügung haben.

▶ **Der Gesprächs-Beender**

Sie freuen sich, dass Sie zehn Minuten früher fertig sind, als geplant, denn Sie haben es eilig: Genau in zehn Minuten beginnt ein anderes Meeting und Sie müssen noch mal kurz in Ihrem Büro vorbei. Gerne würden Sie sich auch noch gedanklich sammeln und sich so auf die kommende Besprechung einstellen. Für einen Kaffee wird es sowieso kaum noch reichen ... Schließen Sie die Besprechung nun ab.

Durchführung

Die Trainerin oder eine andere Person, die sich zutraut, ein Gespräch in die Länge ziehen zu können, spielt den Gesprächs-Verlängerer. Andere Teilnehmende, die eine Idee haben, wie sie das Gespräch beenden würden, schlüpfen nacheinander in die Rolle des Gesprächs-Beenders, so dass sie ihre Strategien nacheinander im Gespräch mit der Trainerin (als „Gesprächs-Verlängerer") ausprobieren können. Die Strategien werden gesammelt und visualisiert.
Alternativ bilden die Teilnehmenden Kleingruppen und bereiten die Situation als Szene vor. Darin soll gezeigt werden, wie das Gespräch in angemessener Weise beendet wird. Die Szene wird vorgespielt und die erfolgreichen Verhaltensweisen im Plenum diskutiert.
Geht es um das Üben von zuvor besprochenen Verhaltensweisen, lassen Sie die Teilnehmenden in Dreiergruppen parallel üben (jeweils zwei Gesprächspartner und ein „Beobachter").

Beobachtung

Ein vorbereitetes Rollenspiel soll erfolgreiches und angemessenes Verhalten zeigen, deshalb achtet die Gruppe auf:

- Körpersprachliche Signale zwischen Gesprächs-Verlängerer und Gesprächs-Beender.
- Formulierungen, die dazu dienen sollen, das Gespräch klar und deutlich sowie verbindlich zu beenden.
- Die Strategien und die Reihenfolge der Versuche, das Gespräch zu beenden, sowie deren Wirkung auf die Gesprächspartner.
- Was führte letztendlich das Ende des Gesprächs herbei?

Moderation der Auswertung

Diese Fragen sind auch Impulse für die Diskussion der Übungsrollenspiele in den Kleingruppen:

- Inwiefern war die Situation realitätsnah?
- Welche Strategien waren aus der Sicht des Gesprächs-Beenders erfolgreich? Welche aus der Sicht des Gesprächs-Verlängerers?
- Was tun, wenn der andere das Gespräch unbedingt weiterführen will? Wie löse ich mich aus dem Gespräch?

Außerdem ...

Varianten

Sie können weitere Rollen erfinden, um damit andere Gesprächskonstellationen zu üben:

- Ein Mitarbeiter beendet das Gespräch mit einer Führungskraft.
- Eine Führungskraft beendet ein Teamgespräch (hierarchische Beziehung).
- Ein Mitarbeiter beendet ein Teamgespräch (kollegiale Beziehung).

Die vier unterschiedlichen Konstellationen können von vier Kleingruppen vorbereitet und präsentiert werden, um die Frage zu klären: Was verändert sich im Handlungsspielraum der Gesprächs-Beender auf Grund ihrer Position?

Quelle

Aus einer Teilnehmer-Frage entwickeltes Rollenspiel.

15.

Stilechtes Grüßen, Begrüßen und Selbstvorstellen

von Renate Weiß

Überblick

Kurzbeschreibung

Die Teilnehmerinnen und Teilnehmer üben das Grüßen, Begrüßen mit Handschlag und Selbstvorstellen in der richtigen Reihenfolge.

Zielgruppe

- Teilnehmende die sich auf dem „gesellschaftlichen Parkett" sicherer bewegen wollen.
- Personen mit Interesse an modernen Umgangsformen.

Lernziel

Einen guten ersten Eindruck hinterlassen durch souveränes und gelassenes Anwenden der Regeln für stilvolle Umgangsformen.

Einsatz

Sie können das Rollenspiel als Praxisfeld im Rahmen von Seminaren zu den Themen „Stilvolle Umgangsformen", „Rhetorik", „Selbst-PR", „Das optimale Vorstellungsgespräch", „Smalltalk" etc. anbieten, um das im Theorieteil vermittelte Wissen um die korrekte Reihenfolge des Grüßens, Begrüßens und Selbstvorstellens anzuwenden und einzuüben.

Spielen und auswerten

Situation

Idealerweise muss man sich nicht selbst vorstellen, sondern es findet sich ein Dritter, der das Bekanntmachen übernimmt. Da das in der Praxis selten der Fall ist, wird diese Situation im Rollenspiel eingeübt: Zwei Personen treffen aufeinander und sollen ihren Rollen gemäß die richtige Reihenfolge des Grüßens, Begrüßens und Selbstvorstellens einüben.

Rollen

Es gibt die verschiedensten Rollen, die die Teilnehmenden später einnehmen sollen. Nennen Sie hier einige Rollen-Beispiele mit dem Anreiz, weitere Möglichkeiten selbst zu finden:

- **Ein Bewerber** kommt zu einem Vorstellungsgespräch beim **Firmenchef.**
- **Eine jüngere und eine ältere Dame** treffen in privatem Rahmen aufeinander.
- **Ein 60-jähriger Großvater** lernt die **Schulfreundin seiner Enkelin** kennen.
- **Ein 35-jähriger Mitarbeiter** empfängt, stellvertretend für seinen **Chef**, einen externen Kunden in seinem Büro.

Durchführung

- Kündigen Sie das Rollenspiel als Umsetzung des Theorieteils in die Praxis an.
- Die visualisierten Regeln aus dem vorhergehenden Theorieteil sehen die Teilnehmenden in ihrem Blickfeld per Flipchart, Overhead-Projektor oder Beamer.
- Kündigen Sie die Positionierung und die freie Wahl der Rolle an.
- Bei beispielsweise zwölf Personen bilden sechs einen inneren Kreis mit Blick nach außen und sechs einen äußeren mit Blick nach innen, so dass sich immer zwei Personen gegenüberstehen.
- Bei einer ungeraden Anzahl bauen Sie mehrere Beobachter ein, die später ausgetauscht werden.

- Das Paar, das sich gegenübersteht, spricht die jeweiligen selbst gewählten Rollen kurz miteinander ab (z.B. einer ist der Chef, der andere der Bewerber, der zum Vorstellungsgespräch kommt).
- Dann grüßt die richtige Person zuerst, die richtige Person stellt sich zuerst vor, die richtige reicht zuerst die Hand (z.B. der Vorstellungskandidat grüßt und stellt sich vor, der Chef reicht zuerst die Hand).
- Der innere Kreis bleibt stehen und der äußere wechselt im Uhrzeigersinn zur nächsten Person wieder mit Absprache der Rolle, bis alle miteinander geübt haben und die Ausgangsposition wieder erreicht ist.

Beobachtung

- Reihenfolge des Grüßens, Begrüßens und Selbstvorstellens.
- Gestik und Haltung.
- Einsatz der Stimme.
- Art der Gesprächsatmosphäre.

Moderation der Auswertung

- Fragen Sie die Teilnehmenden: *„Welche Rollen haben Sie ausprobiert? Ist es Ihnen gelungen, die richtige Reihenfolge einzuhalten? Was haben Sie beobachtet?"*
- Ergänzen Sie die Beobachtungen der Teilnehmenden durch Ihre eigenen.
- Klären Sie Fragen, die sich eventuell ergeben haben.
- Weiterführende Fragen könnten sein: *„Inwieweit kann man mit angemessener Körpersprache und Stimme die Gesprächsatmosphäre positiv beeinflussen? Was genau macht einen guten ersten Eindruck aus?"*

Außerdem ...

Anmerkungen

Die korrekte Reihenfolge richtet sich danach, ob es sich um ein privates oder berufliches Umfeld handelt: Im Privaten ist laut den traditionellen Regeln die Frau und der/die Ältere die ranghöhere Person, im Beruflichen der/die Ranghöhere, unabhängig von Alter und Geschlecht. Die ranghöhere Person hat also das Recht, zuerst gegrüßt zu werden, zuerst zu erfahren, wie ihr Gegenüber heißt und zuerst die Hand zu reichen und dabei natürlich ihrerseits den Namen zu nennen.

Folgende Regeln des „Business-Knigge" gelten für das Grüßen, Begrüßen und Selbstvorstellen:

Wer stellt sich wem zuerst vor? (Grüßen, Selbstvorstellen)

- Der Herr der Dame laut den traditionellen Regeln.
- Die jüngere Person der älteren.
- Der/die MitarbeiterIn dem/der Vorgesetzten.
- Der/die Hinzukommende den Anwesenden.

Sonderfall: Die sehr junge Dame stellt sich dem alten Herrn vor.

Wer reicht wem zuerst die Hand? (Begrüßen)

- Die Dame dem Herrn laut den traditionellen Regeln.
- Die ältere Person der jüngeren.
- Der/die Vorgesetzte dem/der MitarbeiterIn.
- Der alte Herr der jungen Dame.
- Als Gastgeberin oder Gastgeber (zu Hause oder als alleiniger Vertreter Ihrer Firma, in der z.B. ein Gespräch mit einem auswärtigen Kunden stattfindet) genießen Sie Hausrecht und reichen zuerst die Hand.

Achtung!

- Eine zur Begrüßung angebotene Hand darf nicht übersehen werden, auch wenn dadurch die korrekte Rangfolge übergangen wird.
- Frauen stehen bei der beruflichen Begrüßung immer auf.

16. 

Der „Schwierige“

von Eva Neumann

Überblick

Kurzbeschreibung „Schwierige“ Gesprächspartner werden im Kurzrollenspiel erlebt. Es werden Verhaltensmöglichkeiten im Umgang mit diesen „schwierigen Zeitgenossen“ ausprobiert.

Zielgruppe Teilnehmende in Kommunikationsseminaren.

Lernziele

- Erfahren, wie das eigene Verhalten auf den Gesprächspartner wirkt.
- Erweiterung des Verhaltensrepertoires gegenüber Gesprächspartnern, die man als „schwierig“ bezeichnet.

Einsatz In der Mitte oder zu Ende des Seminars zur Beantwortung von praxisbezogenen Fragen.

Spielen und auswerten

Situation

Sie erleben immer wieder Gesprächspartner, die ein spezielles „schwieriges" Verhalten (körpersprachlich, verbal, oder in der Interaktion) an sich haben. Wie reagieren Sie normalerweise auf solch einen Gesprächspartner? Welche Wirkung erzielen Sie damit? Welche anderen Möglichkeiten gibt es noch für Sie?

Stellen Sie sich vor, Sie sprechen hier und heute in einer Pause mit jemandem über ein beliebiges Thema, z.B.: Ist Videoeinsatz in Seminaren sinnvoll oder nicht? Und der oder diejenige zeigt genau das Verhalten, das Ihnen so missfällt ...!

Rollen

A. Sie spielen **Gesprächspartner A.** Starten Sie eine ernsthafte Diskussion z.B. über die Frage, ob Sie und der andere sich im Seminar bei Übungen auf Video aufnehmen lassen sollen oder nicht.

B. Sie spielen den **Gesprächspartner B**, und ...:

a) Sie sprechen ununterbrochen und lassen den anderen kaum zu Wort kommen (Ihnen ist einfach wichtig, Ihre Gedanken loszuwerden, und die Diskussion kann nicht weitergehen, bevor Sie Ihre Meinung nicht gesagt haben ...).
b) Sie schweigen, und lassen sich kaum zum Reden bewegen (Sie wissen nichts zu sagen, oder haben einfach keine Lust, oder haben Sorge, dass Ihre Meinung nicht akzeptiert wird ...).
c) Sie werten Ihren Gesprächspartner ab (so ein schwachsinniges Thema kann nur jemand diskutieren wollen, der total verblödet ist ...).
d) Sie weichen dem Gesprächspartner aus und schweifen auf andere Themen ab (es gibt viel spannendere Themen, um Smalltalk zu betreiben. Und die wirklich interessanten Themen sind noch gar nicht zur Sprache gekommen ...).
e) Sie unterbrechen Ihren Gesprächpartner immer wieder mitten im Satz (Sie denken schnell und reagieren deshalb auch schnell.

Es macht keinen Sinn abzuwarten, was der andere sagen will, wenn Sie es schon verstanden haben, worauf der andere hinaus will).

f) Sie wiederholen lediglich mit eigenen Worten, was A gesagt hat, ohne selbst Stellung zu beziehen (Ihnen ist es wichtig, zu verstehen, was der andere meint. Sie finden das höchst interessant. Außerdem ist es bequem, einfach sinngemäß zu wiederholen, was der andere sagt, denn das Gespräch plätschert dann schön vor sich hin).
g) Sie lassen keine Äußerung des anderen gelten. Sie argumentieren gegen alles, was der andere sagt, unabhängig von der sachlichen Position. Sie beginnen Ihre Sätze gerne mit „ja, aber" (Ihnen ist es wichtig, wirklich alle Pros und Contras zu diskutieren!).
h) ... (weitere Rollen nach Bedarf)

Bitte versetzen Sie sich so weit wie möglich in Ihre Rolle, so dass das beschriebene Verhalten für Sie Sinn macht. Während Sie Ihre Rolle spielen, achten Sie darauf, wie Sie innerlich auf Gesprächspartner A reagieren. Wann fällt es Ihnen schwer, das vorgegebene Verhalten weiter beizubehalten?

Durchführung

1. Sammeln Sie mit den Teilnehmenden am Flipchart Verhaltensweisen von Gesprächspartnern, die für Sie „schwierig" sind.
2. Geben Sie den Gruppen nun die Situationsbeschreibung (Als-ob-Rahmen) für das Rollenspiel.
3. Visualisieren Sie den Ablauf der Übung mit ihrem Wechsel zwischen Spiel und Reflexion sowie die Rollen „Gesprächspartner" und „Beobachter". Moderieren Sie die Übung an: *„Bitte bilden Sie Dreiergruppen. Wählen Sie in der Kleingruppe ein für Sie ‚schwieriges' Verhalten aus, für das Sie angemessene (Re-) Aktionsweisen suchen. Eine/r von Ihnen übernimmt dabei die Rolle des ‚Herausgeforderten' (A), ein/e andere/r die Rolle des „Schwierigen" (B). Der Beobachter notiert sich während des Rollenspiels, wie Gesprächspartner A mit dem ‚schwierigen' Verhalten des anderen umgeht.*

Besprechen Sie nach dem Kurzrollenspiel, welche Wirkung Person A auf Gesprächspartner B hatte, und überlegen Sie Alternativen. Dann wechseln die Rollen durch. Spielen Sie die gleiche Situation noch einmal und experimentieren Sie ruhig auch mit ungewöhnlichen Möglichkeiten, mit dem ‚schwierigen' Verhalten von B zurechtzukommen. Stellen Sie Ihre Ergebnisse dann im Plenum anhand eines Flipcharts vor."

4. Wenn sich die Gruppe auf ein „Schwieriges Verhalten" geeinigt hat, dann geben Sie dem Gesprächspartner B noch eine „Geschichte" für sein Verhalten mit auf den Weg, damit er eine Orientierung hat, warum es für ihn Sinn macht, sich so und nicht anders zu verhalten (Beispiele in den Rollenbeschreibungen oben).
5. Die Kleingruppen sollten die Ergebnisse ihrer Gruppenarbeit auf Flipchart visualisieren: Welches „schwierige" Verhalten zeigte B? Welche Verhaltensmöglichkeiten hat Gesprächspartner A ausprobiert? Welche Wirkung erzielte A damit bei B?

Beobachtung

Die dritte Person in der Kleingruppe beobachtet das Gespräch und notiert sich:

- Wie reagiert Gesprächspartner A auf das „schwierige" Verhalten von B?
- Mit welchem Verhalten versucht A, den Gesprächspartner B zu beeinflussen?
- Wie reagiert Person B darauf?

Moderation der Auswertung

Präsentation der Ergebnisse der Kleingruppen: „Welche Verhaltensmöglichkeiten haben wir ausprobiert? Mit welcher Wirkung?"
Frage der Trainerin: „Welche Wirkung wollten Sie erzielen?"

Diskussion im Plenum: Was ist eine „richtige" oder „angemessene" Reaktion gegenüber einem „schwierigen Gesprächspartner"? (Kriterien für angemessenes Verhalten)

Außerdem ...

Anmerkungen

Diese Übung eignet sich für experimentierfreudige Gruppen ebenso wie für rollenspielscheue Teilnehmende. Die Hemmschwelle ist geringer, da die Kleingruppe einen geschützten Rahmen bietet. Diese Übung kann in Kommunikationsseminaren für unterschiedliche Berufsgruppen angeboten werden, denn „schwierige Gesprächspartner“ gibt es in jedem professionellen Kontext. Berater in Ausbildung haben es mit „schwierigen Klienten“ zu tun, Verkäufer mit „schwierigen Kunden“, Lehrer mit „schwierigen Schülern“ u.s.w.

Nein oder Ja? – Angemessen Grenzen setzen

17.

von Eva Neumann

Überblick

Kurzbeschreibung

Sechs Situationen, in denen es darum geht, angemessen auf Forderungen zu reagieren.

Zielgruppe

- Teilnehmende eines Selbstsicherheitstrainings.
- Teilnehmende, die einen Entscheidungskonflikt schneller bewältigen wollen.
- Menschen, denen Nein zu sagen schwer fällt.
- Menschen, die schwer um etwas bitten können.

Lernziel

Einen inneren Konflikt zwischen „Ja" und „Nein" bewältigen und die Entscheidung eindeutig kommunizieren.

Einsatz

- Als „Warming-up" geeignet, um verschiedene Strategien des „Nein-Sagens" zu sammeln.
- Als Übungsfeld für situativ angemessenes Nein- oder Ja-Sagen.

Spielen und auswerten

Situation und Rollen

▶ **A1:** Sie sind ein 22-jähriger Student und kommen regelmäßig alle zwei Wochen am Wochenende nach Hause zu den Eltern, um Freunde zu treffen. Bei der Gelegenheit bringen Sie Ihre Wäsche mit, die Ihre Mutter immer für Sie wäscht und bügelt. Sie selbst haben keine Waschmaschine. Es ist super bequem, und Sie sind sehr froh, dass Ihre Mutter Ihnen diese Arbeit abnimmt. Sie sitzen mit Ihrer Mutter beim Abendessen.

▶ **A2:** Sie haben einen 22-jährigen Sohn, der studiert und alle zwei Wochen nach Hause kommt. Er bringt seine Wäsche mit, lässt sie im Bad liegen und sagt: *„Ich kümmere mich drum"*, ist dann aber Samstag und Sonntagvormittag „auf Achse". Sie haben bisher die Wäsche gerichtet, gewaschen und wenn nötig gebügelt, möchten das aber in Zukunft nicht mehr tun. Ihre Sorge ist, dass er es als „Rausschmiss" versteht, und Ihre Beziehung zueinander leidet. Sie beginnen das Gespräch.

▶ **B1:** Sie wollen in ein Möbelgeschäft fahren, um einige Einrichtungsgegenstände für Ihre neue Wohnung zu kaufen. An diesem Wochenende hat sich ein Freund (ohne Auto) bereit erklärt, Ihnen beim Tragen zu helfen, und Ihre Freundin hatte beim Umzug gesagt, dass Sie gerne das Auto noch mal haben können, wenn Sie es brauchen. Sie ist Ihnen sowieso noch einen Gefallen schuldig. Sie rufen die Freundin an, um ihr Bescheid zu geben, dass es diesen Samstag so weit ist, und Sie das Auto gerne hätten.

▶ **B2:** Sie haben einen PKW und haben ihrer/m Freund/in neulich beim Umzug geholfen. Sie hatten ihr/ihm damals gesagt, dass sie/er das Auto gerne noch mal haben kann. Ihr/e Freund/in ruft Sie nun an mit der Bitte, ihr/ihm das Auto am Samstag auszuleihen, damit sie/er Möbel kaufen gehen kann. Aber gerade an diesem Wochenende (Freitagabend bis Samstag) ist ein guter Freund aus Frankreich zu Besuch, mit dem Sie die Gegend erkunden wollen, und Sie brauchen das Auto selbst. Gleichzeitig sind Sie ihrer/m Freund/in aber einen Gefallen schuldig.

▶ **C1:** Sie haben einen Computer gekauft und wünschen sich, dass Ihr/e Bekannte/r ihn einrichtet, da Sie von Computern wenig verstehen. Diese/r Bekannte hat viel Ahnung und war immer sehr hilfsbereit, wenn es um technische Fragen ging. Sie fragen ihn/sie, wann er/sie zu Ihnen kommen kann.

▶ **C2:** Sie sind Systeminformatiker/in und helfen Kunden bei Computerproblemen. Auch Freunde kommen gerne auf Sie zu, wenn sie mit dem Computer nicht weiterwissen, und oft fahren Sie abends zu ihnen hin, um zu helfen. So langsam wird es Ihnen zu viel und Sie nehmen sich vor, nicht mehr auf jede Bitte einzugehen. Ein/e Freund/in hat sich gerade einen „Aldi-Computer" gekauft (nicht bei Ihnen!) und spricht Sie an, wann Sie ihr/ihm beim Einrichten des Computers behilflich sein können.

▶ **D1:** Sie sind Vorgesetzte/r eines Teams von Betreuern, Psychologen und Pädagogen in einer Einrichtung für Behinderte (Wohngruppe). Durch eine Umstrukturierung fällt nun eine halbe Stelle weg, und Sie möchten, dass eine/r Ihrer Mitarbeiter/innen seine 75%-Stelle aufstockt und 100% arbeitet. Damit könnte ein Teil der frei werdenden Zuständigkeiten umverteilt werden.

▶ **D2:** Sie sind Betreuer/in einer Wohngruppe von behinderten Erwachsenen und haben einen Teilzeitvertrag (75%). Sie haben ein kleines Kind und können durch geschickte Verteilung Ihrer Stunden einen Tag zu Hause sein. Ihr/e Partner/in kann dadurch ebenfalls arbeiten gehen; die Verteilung der Arbeit ist ideal. Sie werden vom Chef/von der Chefin gefragt, ob Sie Ihren Vertrag aufstocken werden. Sie fragen sich, ob es Ihnen weiterhin gestattet sein wird, fünf Teilzeittage auf vier zu verteilen, wenn Sie ablehnen.

▶ **E1:** Sie möchten eine/n langjährige/n Freund/in bitten, Taufpate/in für Ihre Tochter zu werden. Sie wollen ihn/sie damit mehr in die Familie einbeziehen, da Sie sich nur selten sehen, aber durch die lange Freundschaft sehr schätzen.

▶ **E2:** Sie werden gebeten, Taufpate/in für die Tochter eines/r Freundes/in zu werden, die/den Sie seit langen Jahren kennen, aber eher selten sehen. Sie möchten es nicht tun, da Ihnen die Verantwortung zu hoch ist und die dadurch entstehende Nähe zu der befreundeten Familie für Sie nicht stimmen würde.

▶ **F1:** Sie sind ein reisende/r Händler/in und vermitteln und verkaufen Musikinstrumente. Einer/m Kundin/en haben Sie ein Cello zum Probespielen überlassen. Die/der Kundin/e hat schon telefonisch signalisiert, es nicht kaufen zu wollen. Sie brauchen das Instrument heute zurück, um es einem anderen Kunden anzubieten. Nun ist ihr Zeitplan durcheinander geraten, und es wäre Ihnen eine große Hilfe, wenn die/der Kundin/e Ihnen eine halbe Stunde Wegstrecke mit den Cello entgegenkommen würde. Sie rufen an und bitten dringlich darum.

▶ **F2:** Sie haben von einer/m fahrenden Instrumentenhändler/in ein Cello zur Probe ausgeliehen. Sie werden es aber nicht kaufen. Der/die Händler/in wollte es heute abholen, ruft aber nun an, dass er/sie Schwierigkeiten hat zu kommen. Er/sie bittet Sie, ihm/ihr entgegenzukommen und das Cello zu bringen. Das bedeutet zweimal eine halbe Stunde Fahrt mit dem Auto. Und dazu haben Sie keine Lust.

Durchführung

Es handelt sich um kurze Gesprächsausschnitte zwischen jeweils zwei Personen. Alle Teilnehmenden erhalten eine Rolle. Jeweils zwei Teilnehmende bekommen die einander ergänzende Rollenbeschreibungen auf einem Textstreifen ausgeteilt. Es empfiehlt sich, dass jeder die Rolle einnimmt, die ihm/ihr in der Realität eher Schwierigkeiten bereitet – zu bitten oder „Nein" zu sagen. Nachdem sie sich kurz in die Rolle hineinversetzt haben, spielen sie die Situation aus dem Stegreif.

Die Rollenspieler „1“ haben jeweils die „fordernde“ Rolle: Er oder sie sollte das eigene Anliegen deutlich und bestimmt vortragen, mit der inneren Haltung: Mein Anliegen ist mir sehr wichtig. Rollenspieler/-in 2 hat die reagierende Rolle (und hat eine Grenze zu ziehen, bzw. „Ja“ oder „Nein“ zu sagen).

Die Rollenspiele werden nacheinander durchgeführt. Lassen Sie das Videoaufnahmegerät mitlaufen.

Mögliche Trainer-Impulse an Rollenspieler 2

a) Verhalten Sie sich so, wie Sie es für richtig halten.
b) Ihre Entscheidung lautet „Nein“. – Wie kommunizieren Sie das?
c) Sie sind noch unentschlossen. – Wie könnten Sie sich dann angemessen verhalten?

Moderation der Auswertung

▶ Lassen Sie die Mitspieler getrennt voneinander einen kurzen Fragebogen ausfüllen:
z.B. Skalenfragen (1 für sehr gering bis 10 = sehr stark):
- Wie sicher war ich mir beim Vertreten meiner Interessen?
- Wie sicher hat mein Gegenüber auf mich in seiner Antwort gewirkt?

Stellen Sie darin auch frei zu beantwortende Fragen:
- Welche „Botschaften“ kamen bei mir an? Was signalisierte mir mein Gegenüber?
- Wie ging es mir (als Person 1) mit der Antwort meines Gesprächspartners?
- Wie ging es mir (als Person 2), nach dem Ende des Gesprächs?

▶ Sie können die Teilnehmenden sich dann paarweise über die zuvor schriftlich beantworteten Fragen austauschen lassen. Geben Sie im Anschluss die Möglichkeit zum Erfahrungsaustausch und zur Klärung weiterer Fragen im Plenum.

- Weiterführende Fragen können sein:
  - Wie kann ich angemessen „Nein“ sagen?
  - Wie kann ich damit umgehen wenn ich noch unentschlossen bin – ich einerseits „Ja“ sagen will, aber nicht 100% nachgeben möchte?
  - Sollten Vorwände, „Notlügen“ gebraucht werden? Wann?
  - Wer ist für was „zuständig“ oder „verantwortlich“? Inwiefern beeinflusst das die Entscheidung, ob ich zu- oder absage?
  - Welchen Einfluss hat eine hierarchische Beziehung, eine berufliche Abhängigkeit, auf die Möglichkeit „Nein“ zu sagen?

- Schauen Sie mit den Teilnehmenden gemeinsam das Video an. Sammeln Sie die Beobachtungen zu den einzelnen Sequenzen, z.B. hinsichtlich der Beobachtungsfragen oder einer anderen für das Trainingsziel sinnvollen Fragestellung:
  - Merkmale „selbstbewussten“ Auftretens
  - Verschiedene Vorgehensweisen beim Nein-Sagen
  - ...

Beobachtung

Live und beim Abspielen der Videoaufnahme achten Sie auf folgende Aspekte:

- Mit welcher „Energie“ und Stärke wird das Anliegen vorgetragen? (Lautstärke & Tonfall der Stimme? Frage, Bitte oder Forderung? Körpersprache?)
- Wie reagiert die angesprochene Person darauf? (Lautstärke & Tonfall der Stimme? Klare Aussage (Ja oder Nein) oder „etwas dazwischen“? Körpersprache?)
- Wurde durch die Körpersprache bzw. Stimme die Aussage unterstützt oder gab es widersprüchliche Signale?
- Welches Resultat (welche weitere Reaktion von Person 1) erzielt Person 2 mit ihrer Antwort?

Außerdem ...

Anmerkungen

Je nach Trainingsziel können die Teilnehmenden üben, ganz klar und deutlich und ohne Kompromisse „Nein“ zu sagen. Oder sie üben sich darin, eine aus ihrer Sicht passende „Zwischenform“ zu finden: Ein „Nein“, in dem trotz der Ablehnung ein alternatives Hilfsangebot steckt, oder ein „Ja“, an das Bedingungen geknüpft sind. In jedem Fall ist die Kongruenz zwischen Aussage und Körpersprache bzw. Stimme wichtig. Hierfür spielt das Video-Feedback eine entscheidende Rolle, denn oft bekommen Teilnehmende erst hiermit einen objektiven Eindruck ihrer Wirkung nach außen.

Quelle

Die Situationen sind Erfahrungsbeispiele von Teilnehmenden oder von mir.

18.  Der Umzug

von Johanna Schott

Überblick

Kurzbeschreibung In einer Besprechung zur Raumverteilung gilt es, die eigenen Interessen durchzusetzen.

Zielgruppe

- Teilnehmer/innen, bei denen die Verteilung begrenzter Ressourcen Thema ist.
- Teams, in denen es um die Balance zwischen Durchsetzungs- und Anpassungsfähigkeit geht.
- Mitarbeiterinnen und Mitarbeiter (beispielsweise aus Großkonzernen), die erfahrungsgemäß häufiger innerhalb der Gebäude umziehen.

Lernziele

- Durchsetzungsstrategien erfahren und anwenden.
- Moderation üben.

Einsatz In der Mitte des Trainings, wenn man sicherstellen will, dass auch alle Teilnehmer an einer Übung teilgenommen haben.

Spielen und auswerten

Situation

Die Stabsabteilung Strategieplanung des Großkonzerns XY (Name Ihres Kunden) hat beschlossen, im Gebäude umzuziehen und zwar von einem Flügel des Gebäudes in den anderen Flügel. Die bisher genutzten Räume werden von einer anderen Abteilung beansprucht. In der aktuellen Sitzung ist die neue Raumverteilung zu klären.

Rollen

- **Zwei Raucher**
  (Herr oder Frau Smoke sowie Herr oder Frau Rauch)
  Bisher sitzen die zwei Raucher in zwei verschiedenen Räumen (Hier kann Konfliktpotenzial eingebaut werden, indem sich eine Person das Rauchen abgewöhnen möchte und daher nicht mit dem anderen Raucher ein Zimmer teilen will).

- **Mitarbeiter eines Dreier-Büros**
  (Herr oder Frau Dreisam, Herr oder Frau Fried sowie Herr oder Frau Bleib)
  Den Dreier-Raum, den die Abteilung behalten kann, möchten diese drei Personen gern haben.

- **Schulz** und
- **Mayer** sitzen schon lange zusammen und denken, es ist Zeit, mal mit jemand anderem zusammenzusitzen.

- **Die Teamleitung** beansprucht das Einzelzimmer.

- **Zwei Personen**, die wissen, dass sie nicht mit einer rauchenden Person das Zimmer teilen wollen (legen Sie fest, ob diese aus dem bisherigen Nichtraucherbüro oder aus einem Büro mit einem der Raucher stammen).

- **Zwei weitere**, die noch unentschieden sind.

(Details – siehe Lageplan auf der Folgeseite)

Lageplan

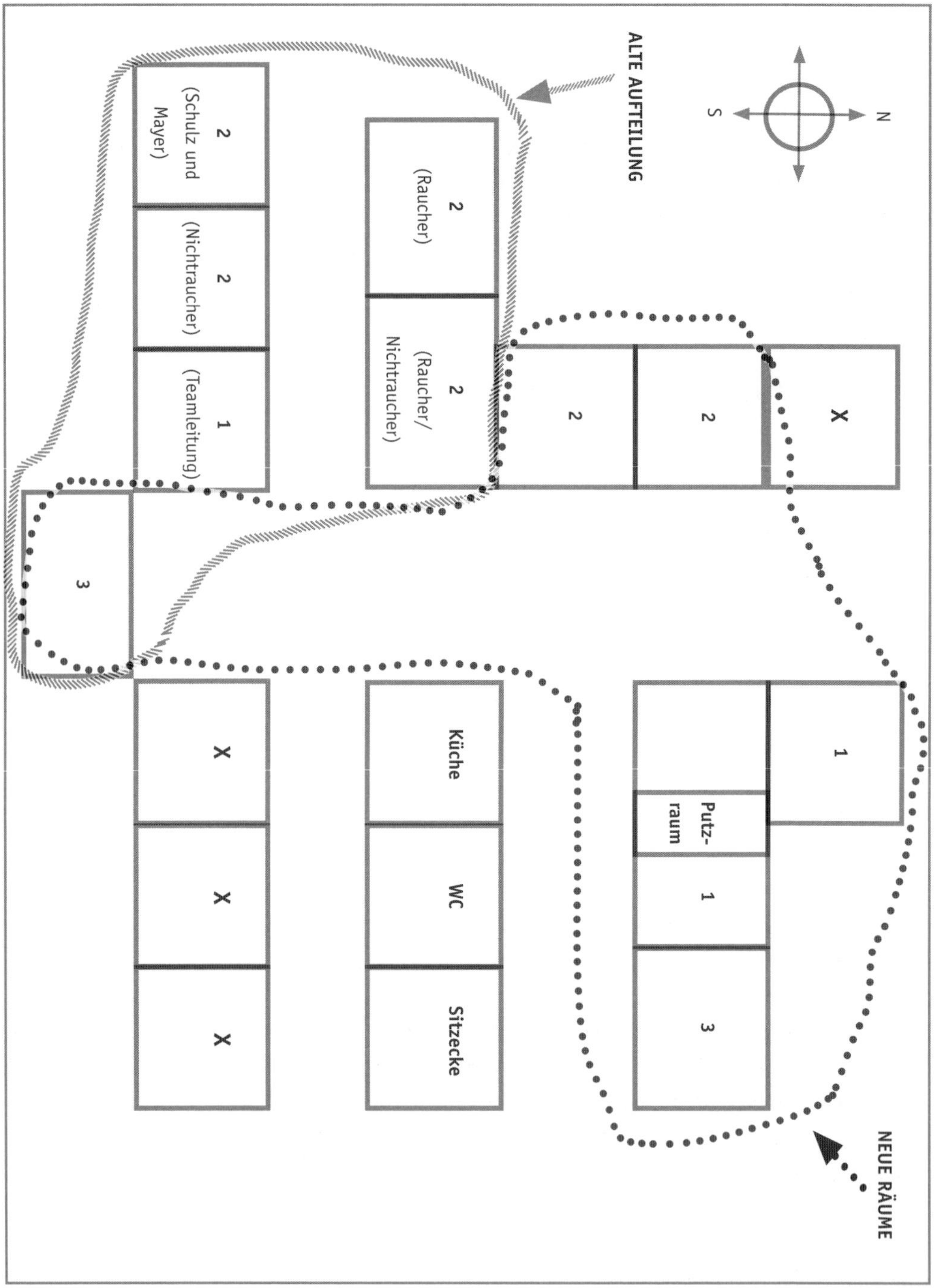
ALTE AUFTEILUNG
N
S
2 (Schulz und Mayer)
2 (Nichtraucher)
1 (Teamleitung)
3
2 (Raucher)
2 (Raucher/ Nichtraucher)
2
2
X
X
X
X
Küche
WC
Sitzecke
1
Putz-raum
1
3
NEUE RÄUME

Entsprechend der Seminarteilnehmer kann man das Spiel erweitern oder reduzieren, so dass es für alle eine Rolle gibt. Der Lageplan ist entsprechend abzuändern.

Durchführung

- Situation anhand des Lageplans schildern
- Die Teilnehmer bitten, sich eine Rolle auszusuchen.
- Besprechungszimmer einrichten.
- Zeit auf maximal 20 Min. begrenzen, danach dreht sich die Diskussion meist im Kreis.

Beobachtung

Durch den Trainer, unterstützt durch die Videokamera.

Moderation der Auswertung

Abhängig vom Verlauf des Rollenspiels. Meist ist der Lernschritt für alle die Erkenntnis, dass es besser ist, mit der Gruppe zu vereinbaren, wie man zu einer Lösung kommt und welche Entscheidungskriterien breite Akzeptanz finden, bevor man an die konkrete Raumverteilung geht.

Außerdem ...

Anmerkungen

Eine gute Vorgehensweise, wenn man alle Teilnehmer zum Spielen bekommen will.

Konfliktpotenzial steckt in der Frage: Nord- oder Südseite; oder in den Interessen eines Rauchers, der sich es abgewöhnen will.
Noch stärker emotional beteiligt sind diejenigen, die einen solchen Prozess bereits erlebt haben, weil sie schon mal in ihrem Betrieb umgezogen sind.

Quelle

Nach einer Teilnehmer-Anregung.

19. 

Die bittere Pille

von Astrid Katrin Göschel

Überblick

Kurzbeschreibung Mitarbeiter und Vorgesetzter unterhalten sich über eine Gehaltserhöhung. Der Vorgesetzte ist zwar der richtige Ansprechpartner, nicht aber der Entscheider. Sein Konflikt: Er muss ablehnen, obwohl er selbst eine andere Entscheidung getroffen hätte. Der Vorgesetzte hat die Aufgabe, „die bittere Pille" verdaubar weiterzugeben.

Zielgruppe Führungskräfte und Personen mit leitender Funktion.

Lernziel

- Unangenehmes angemessen mitteilen.
- Rollenkonflikte kennen und bestmöglich damit umgehen.
- Lösungsorientierte Gesprächsführung trainieren: „Die bittere Pille" klar und annehmbar senden; Interessenausgleich anstreben bzw. Win-win-Lösung suchen; Konkrete Zielvereinbarungen treffen, Zwischenlösungen finden.
- Motivation und Wertschätzung im Gespräch äußern: Lob und Anerkennung vermitteln; Feedback geben/nehmen.

Einsatz

- Als Fortführung eines Einführungsseminars „Gesprächsführung". Das Rollenspiel erfordert die notwendigen Grundlagen von Kommunikations- und Gesprächsführungstechniken. Auch das Prinzip von Interessenausgleich (Win-win) sollte bekannt sein.
- Im Bereich Coaching: Ausgangspunkt, um eine ausführliche Rückmeldung über die eigene Wirkung zu erhalten.

Spielen und auswerten

Situation

Ein Mitarbeiter möchte eine Gehaltserhöhung. Er wendet sich an seinen Vorgesetzten. Dieser ist in Sachen Gehaltserhöhung als nächste Führungskraft der richtige Ansprechpartner. Der Vorgesetzte kennt die Leistungen der Einzelnen, ist jedoch nicht befugt, die letztendliche Entscheidung bzgl. einer Lohnerhöhung zu treffen.

Rollen

▶ **Vorgesetzte/r Herr/Frau Bogner**

Sie sind Abteilungsleiter/in in einem bedeutenden Maschinenbauunternehmen. Im Vergleich mit den Vorgängern zeichnet sich der Mitarbeiter Herr Frick durch schnelles, effizientes und zuverlässiges Arbeiten aus. Sie favorisieren seinen Wunsch nach einer Gehaltserhöhung. In der Funktion als Mittler können Sie dies allerdings nicht entscheiden. Sie unterliegen den Vorgaben der Arbeitgeberseite und sind an das Tarifsystem gebunden. Die Arbeitgeberseite hat beschlossen, in diesem Jahr keine Gehaltserhöhungen mehr zuzulassen. Ihr Problem ist, dass Sie selbst diese Entscheidung nicht mittragen und vermuten, dass eine solche Begründung für Ihr Gegenüber wie eine Ausrede klingt.

Auch wollen Sie einerseits die Motivation des bisher engagierten Mitarbeiters erhalten. Andererseits sind Ihnen durch die Arbeitgeberentscheidung die Hände gebunden, was Sie selbst stört und oft verärgert, weil Sie mehr auf der Seite Ihrer Mitarbeiter stehen als auf der bürokratischen Seite. Ihr Ziel: Ihr Mitarbeiter soll das Gefühl bekommen, dass seine Arbeit anerkannt wird und er Gutes leistet. Ihnen ist daran gelegen, dass er auch zukünftig die Qualität hält und keinen Motivationsverlust erleidet.

▶ **Mitarbeiter Herr Frick**

Als Meister (oder Techniker) sind Sie stets fleißig und zuverlässig. Sie erledigen Ihre Arbeit zügig, qualitativ hochwertig und ohne Beanstandung. Sie sind motiviert bei der Sache, wollen aber auch

Ihre Arbeit angemessen honoriert haben. Sie wissen, dass Sie sich hinsichtlich Qualität und Quantität gegenüber Ihren Arbeitskollegen hervorheben. Sie sind nun lang genug in der Firma. Es ist an der Zeit für Sie, nach einer Gehaltserhöhung zu fragen. Sie schätzen Ihren Vorgesetzten auf menschlicher Ebene und hoffen darauf, dass dieser Ihre Leistungen angemessen honoriert.

Durchführung

1. Skizzieren Sie die allgemeine Situation für alle Teilnehmenden. Klären Sie alle noch offenen Fragen zur Rollenbeschreibung, zum Rollenspielverlauf, zur Methodik.
2. Finden Sie Mitspieler und verteilen Sie – je nach Rollenwunsch – Karteikarten (z.B.: rote). (Auf der Vorderseite steht der Name/die Funktion; auf der Rückseite befinden sich die notwendigen Infos zu der jeweiligen Rolle. Beide Rollenspieler kennen die Beschreibung des jeweils anderen *nicht*. Lassen Sie auf den Karten einen Bereich leer, damit die Teilnehmer Zusatzinformationen (vgl. Punkt 1) ergänzen können.
3. Eine zweite Karteikarte (gelb) ist als „Eigenwahrnehmungskarte“ und „Zielsetzungskarte“ unmittelbar nach der Durchführung von Relevanz. Stichpunktartig wird die eigene Einschätzung darauf notiert.
4. Die Videokamera und/oder Diktiergerät laufen mit.
5. Bei hoher Teilnehmerzahl werden Beobachtungs-Kriterien verteilt.

Beobachtung

Wahrnehmung: Sehen

- Wie ist die Körpersprache der Einzelnen?
- Gibt es sichtbare Barrieren im Gespräch?
- Was *sehen* Sie? (sehen ≠ beschreiben ≠ Wirkung erläutern)

Wahrnehmung: Hören und Sprechen

- Wie wird formuliert? (Ich-Botschaften oder Du-Formulierungen?)
- Wie wird gesprochen? (Lautstärke, Redebeiträge, Unterbrechungen, Zusammenfassungen etc.)

- Auf welchen Ohren hören die Einzelnen? (Sache, Beziehung, Appell, Selbstoffenbarung)
- Gibt es „Killerphrasen“ oder „Vorwürfe“? Wie wird damit umgegangen?

Gesprächsleitfaden

- Wurde die Vorgehensweise im Gespräch geklärt?
- Wird das Gespräch strukturiert? Sind die Gesprächsphasen erkennbar?
- Was wird gesagt? (Wie und wann wird die „bittere Pille“ mitgeteilt? Motivierende und demotivierende Elemente im Gespräch?)
- Wird aktiv zugehört? Wird die Wiederholtechnik angewandt?
- Werden beide Sichtweisen deutlich?
- Welche Zusatzthemen werden angesprochen?
- Wird die Zeit eingehalten?
- Wie ist das Gesprächsergebnis? Gibt es konkrete Vereinbarungen?
- Welche Gesprächstypen treffen aufeinander?
- Wie beurteilen Sie die Gesprächsatmosphäre insgesamt? Wird Anerkennung deutlich? Wird explizit gelobt? Gibt es Blockaden? Wie wird damit umgegangen?

Interessenausgleich

- Wird Person und Sache getrennt?
- Werden Interessen erfragt?
- Findet ein Interessenausgleich statt?
- Welche Verhandlungstypen sind erkennbar?
- Wie geht der Vorgesetzte mit der bestehenden Hierarchie um?

Moderation der Auswertung

1. Eigenwahrnehmung notieren

Beide Mitspieler bekommen ca. 5 Minuten Zeit, um sich auf der gelben Karteikarte ihre Eigenwahrnehmung zu notieren (Wie war meine Motivation? Wie habe ich mich im Gespräch gefühlt? Habe ich meine Forderung/mein Anliegen deutlich gemacht? War es angemessen? Wo waren Schwierigkeiten? etc. Auch wird die Zielerreichung kontrolliert. Die Zielerreichung kann differenziert werden in das (Lern-)Ziel im Rollenspiel (z.B.: Was wollte ich an Theorie umsetzen?) und dem Gesprächsziel (z.B.: Was war meine Forderung? Was wollte ich inhaltlich erreichen?)

2. Rückmeldung an das Plenum

Fragen des Moderators an die Mitspielenden: *„Welches Ziel hatten Sie sich vorgenommen? Wie ging es Ihnen im Gespräch? Wie haben Sie Ihren Gesprächspartner erlebt? Wann gab es Irritationen? Wann waren Sie motiviert? Wann waren Sie demotiviert? Welche Reaktionen Ihres Gegenübers haben Ihnen nicht gefallen und was würden Sie stattdessen vorschlagen?"* Dies wird notiert und visualisiert.

3. Feedback vom Plenum (wird notiert von dem Mitspieler)

a) Fragen des Moderators an die Beobachter: *„Was haben Sie beobachtet? Welche motivierenden Elemente (non-verbal und verbal) haben Sie erlebt? Was erweist sich als destruktiv im Gespräch und was könnte man stattdessen tun? Welchen Stellenwert hatte das Zuhören für die Einzelnen?"*

b) Motivierende Elemente werden gesammelt und im Hinblick auf Angemessenheit überprüft. Jeder (also Mitspielende und Beobachter) notiert sich eine Priorität (Beispiel: *„Für mich relevant ist das Üben des ‚Lobens'. Die positive Wirkung ist mir nun bewusst. Ich werde im nächsten Rollenspiel mindestens ein Lob einbauen und mir die Rückmeldung holen, wie es bei meinem Gesprächspartner angekommen ist."*)

c) Kurzes Blitzlicht: Jeder liest seine Priorität von der Karteikarte ab; erklärt diese, falls notwendig und heftet sie an eine Pinwand. Der Trainer wird im Laufe des Seminars diesbezüglich kleine Spiele/Übungen machen, damit jeder der Teilnehmenden eine Methode mit nach Hause nimmt, wie er seinem selbst gesteckten Ziel näher kommt. Am Ende des Seminars werden die Karten von den Teilnehmern abgenommen und in die Feedback-Runde eingebracht. Die Karte sollte einige Tage auf dem Schreibtisch verweilen und wird erst in den Papierkorb geworfen, wenn die gelungene Umsetzung der Priorität erfolgt ist.

Außerdem ...

Wichtig ist, vor Beginn des Rollenspiels alle offenen Fragen zu klären. Nach dem Klärungsprozess sind keine Fragen, die die Anleitung betreffen, mehr zugelassen. Für die Auswertung und für zukünftige Feedbackgespräche ist wichtig: Kriterien nennen und stets begründen. Geschmacksfragen helfen uns nicht weiter! (Beispiel: *„Der freundliche Gesichtsausdruck von Herrn Bogner scheint bei dem Mitarbeiter Unsicherheit auszulösen, w e i l er daraufhin die Arme verschränkt, den Stuhl nach hinten rückt und keine Worte findet."*)

Anmerkungen

Es gibt die Möglichkeit, dass zwei Teilnehmer in der Mitte des Teilnehmer-Kreises das Rollenspiel durchführen und die Zuschauer sind Beobachter. Die Beobachter bekommen Aufgaben zugeteilt (Beobachtungskriterien/Zeitkontrolle etc.). Noch eine Variante: 3 x 4er-Gruppen. Zwei Teilnehmer schlüpfen in die Rollen und die anderen notieren die Beobachtungen. Der jeweilige Beobachter informiert sich vorab über die Ziele, die sein „Schützling" verfolgt und die „Barrieren", die möglicherweise vorab bereits wahrgenommen werden; in der Beobachtung muss hierüber am Ende Rückmeldung gegeben werden.

Varianten

Das Rollenspiel erweist sich auch als sehr gut beim Coaching. Eine Führungskraft sollte das Rollenspiel auch in der Rolle des Mitarbeiters durchspielen, um dessen Sorgen und Ängste kennen zu lernen und diese besser verstehen zu können. Erhöhter Schwierigkeitsgrad: Der Mitarbeiter vermutet bereits, dass der Vorgesetzte mit Verweis auf den höher gestellten Vorgesetzten eine Gehaltserhöhung ablehnen wird. Ergänzung zur Rolle: Diese Aussicht macht Sie unzufrieden und es würde Sie sehr demotivieren, wenn Ihre Leistung nicht auch entsprechend anerkannt würde.

Das Rollenspiel ist ein Fallbeispiel aus einem Coaching speziell für Führungskräfte.

Quelle

20. Guter Bote, schlechte Nachricht

von Katharina K. Schaal

Überblick

Kurzbeschreibung

Bei diesem Rollenspiel geht es darum, unangenehme, häufig auch schmerzhafte Informationen an eine andere Person weiterzugeben.

Zielgruppe

Die Übung ist für Mitarbeiter/innen und Führungskräfte geeignet, die in ihrem Beruf immer wieder unangenehme Nachrichten überbringen müssen.

Lernziele

- Eigener Umgang mit unangenehmen Situationen.
- Kommunikationswege finden, die für den Gesprächspartner akzeptabel sind.
- Klare Strukturierung von unklaren/schwierigen Situationen.

Einsatz

- Das Rollenspiel eignet sich gut, um außergewöhnliche Gesprächssituationen im Berufs- und Privatleben zu üben, in denen wir anderen etwas Unangenehmes mitteilen müssen.
- Die Teilnehmer/innen haben hierbei die Möglichkeit festzustellen, inwieweit sie in der Lage sind, selbst mit schwierigen Situationen umzugehen und diese sprachlich klar zu strukturieren. Ein weiterer wichtiger Faktor dieser Übung ist die Reflexion über die Art und Weise, wie unangenehme Informationen weiter geben werden. Dabei sollten die Teilnehmer Sach- und Beziehungsebene bereits in ihrer eigenen Kommunikation differenzieren können.

Spielen und auswerten

Situation

In diesem Rollenspiel treffen zwei Freunde bei einem Mitarbeitergespräch aufeinander. Einer der beiden ist der/die Vorgesetzte des anderen und muss diesem nun mitteilen, dass er/sie bis zum Ende des Monats gekündigt ist. Diese Vorgehensweise ist laut Arbeitsvertrag rechtlich abgesichert. Schwierigkeitsgrad in dieser Situation ist die private Freundschaft zwischen den Kollegen und das gegenseitige Wissen, wie wichtig dieser Job für den Gekündigten ist.

Rollen

▶ **Der/die Vorgesetzte**

Sie kennen Ihre/n Mitarbeiter/in, da Sie beide in der gleichen Abteilung arbeiten, schon seit zehn Jahren und sind seit dem ersten Tag „dicke Freunde". Sie treffen sich häufig privat und unternehmen viel gemeinsam. Auch geschäftlich sind sie ein eingespieltes Team, das sehr partnerschaftlich und kooperativ zusammenarbeitet. Dass Sie der/die Vorgesetzte Ihres/r Freundes/in sind, war bis dato immer nebensächlich. Nun ändert sich das. Sie haben von der Geschäftsleitung die Information erhalten, dass 20% der Stellen abgebaut werden. Die Geschäftsleitung hat bereits festgelegt, welche Stellen den Kürzungen zum Opfer fallen. Unter den genannten Stellen ist auch eine in Ihrer Abteilung – die Ihres/ihrer Freundes/in. Sie haben bereits Rücksprache mit der Geschäftsleitung gehalten, um einen Weg zu finden, die Stelle Ihres/r Freundes/in zu erhalten. Dies erwies sich als aussichtslos. Sie haben nun die Aufgabe als Vorgesetzte/r Ihrem/r Freund/in die Kündigung zu unterbreiten. Bereits seit zwei Tagen schieben Sie das Gespräch vor sich her, da Sie wissen, dass Ihr/e Freund/in erst kürzlich ein Haus gebaut hat und finanziell auf das Gehalt angewiesen ist. Um die Mittagszeit haben Sie einen Gesprächstermin vereinbart.

▶ **Der/die Gekündigte**

Sie kennen Ihre/n Vorgesetzte/n, da Sie beide in der gleichen Abteilung arbeiten, schon seit zehn Jahren und sind seit dem ersten

Tag „dicke Freunde". Sie treffen sich häufig privat und unternehmen viel gemeinsam. Auch geschäftlich sind sie ein eingespieltes Team, das sehr partnerschaftlich und kooperativ zusammenarbeitet. Dass Sie der/die Angestellte Ihres/r Freundes/in sind, war bis dato immer nebensächlich. Seit zwei Tagen allerdings haben Sie das Gefühl, dass irgendetwas zwischen Ihnen nicht mehr stimmt. Sie sind deshalb verunsichert und wollen die Situation klären, bevor Sie sich am Wochenende beim Richtfest Ihres neuen Hauses privat treffen. Da Ihr/e Vorgesetzte/r und Freund/in Sie um die Mittagszeit zu einer Geschäftsbesprechung treffen möchte, wollen Sie die Gunst der Stunde nutzen und ihn/sie darauf ansprechen.

Durchführung

Entweder kann dieses Rollenspiel exemplarisch durchgeführt werden, d.h., es gibt einen Vorgesetzten und einen Angestellten, und alle anderen Teilnehmer übernehmen dann die Rolle der Beobachter. Oder Sie bitten die Teilnehmer, sich in Dreiergruppen einzuteilen, innerhalb derer es jeweils einen Vorgesetzten, einen Angestellten und Beobachter gibt. Geben Sie den Teilnehmer/innen die passenden Rollenbeschreibungen (die Beobachter erhalten alle drei Beschreibungen: die Situationsbeschreibung und beide Rollen). Geben Sie den Spielteilnehmern circa 5-10 Minuten, um sich in die jeweilige Rolle hineinzuversetzen. Die Beobachter lesen ihre Beobachtungskriterien durch. Sie überlegen, welche Schwierigkeiten bei diesem Gespräch auftauchen können, und ergänzen eigene Fragen, die hierbei aufgeworfen werden. Das Gespräch soll bis zu fünfzehn Minuten dauern.

Beobachtung

Der Vorgesetzte hat die schwere Aufgabe, seinem Mitarbeiter und Freund die Kündigung zu überbringen. Diese Information trägt er bereits zwei Tage mit sich herum. Beobachten Sie, wie das Gespräch verläuft:

- Versucht der Vorgesetzte sofort, die Information herauszugeben oder unterhält er sich über private bzw. fachliche Themen zuerst?
- Wie stark begibt sich der Vorgesetzte in Rechtfertigungen?
- Erzählt der Vorgesetzte von sich und wie es ihm damit geht?

- Wie sachlich verläuft das Gespräch? Werden Sach- und Beziehungsebene voneinander getrennt?
- Kann der Vorgesetzte das Gespräch klar strukturieren, so dass nachvollziehbar wird, wie es zu dieser Entscheidung und diesem Gesprächstermin kam?
- Wie werden die Formulierungen gewählt, kann der Angestellte akzeptieren, wie ihm diese Information übermittelt wird?
- Lässt der Angestellte seinen Freund zu Wort kommen oder befragt er ihn gleich intensiv nach seinem Verhalten in den letzten zwei Tagen? Erzählt er von Privatem, z.B. Hausbau, Richtfest?
- Was hilft dem Angestellten, die Information der Kündigung zu verdauen?
- Ändert sich die Beziehung zwischen den beiden Gesprächspartnern?

Moderation der Auswertung

Nachdem alle Teilnehmer beide Rollenbeschreibungen ausgeteilt bekommen haben, eignen sich folgende Fragen zur Auswertung:

- Wo liegt der Unterschied zwischen sachlicher Weitergabe von Informationen und beziehungsorientierten Aussagen?
- Welche Auswirkungen hat die Art und Weise des Gespräches auf den Gesprächspartner (Situation)?
- Haben Sie sich verstanden gefühlt?
- Wurde Druck bzw. Gegendruck aufgebaut?
- Inwieweit waren für Sie die Inhalte klar strukturiert und nachvollziehbar formuliert?
- Welche Möglichkeiten sehen Sie, um die Informationsweitergabe noch besser zu gestalten?
- Welche Möglichkeiten sehen Sie, sich klar als Vorgesetzter versus Freund abzugrenzen?
- Fiel es Ihnen schwer, die Kündigung auszusprechen? Wenn ja, aus welchen Gründen?
- Welche Parallelen sehen Sie zu Ihrem Berufsalltag?

Je nach Schwerpunkt macht es Sinn, gezielt Fragen zur Diskussion auszusuchen. Berücksichtigen Sie auf jeden Fall die Frage: *„Warum macht es Sinn, Sach- und Beziehungsebene deutlich zu trennen?“*

Außerdem ...

Anmerkungen

Dieses Rollenspiel bietet optimale Übungsmöglichkeiten, zum einen im Berufsleben, zum anderen im Privatleben Sach- und Beziehungsebene voneinander zu trennen. Die Besonderheit dabei ist, dass die Reflexion für zukünftige (auch unbedeutend erscheinende) Alltagssituationen unterstützt wird.

Varianten

Das Rollenspiel kann in verschiedensten Varianten durchgeführt werden. Hierzu zwei weitere Beispiele:

- Variante 1: Ein Freund möchte sich von Ihnen Geld leihen, Sie brauchen allerdings im Moment selbst jeden Cent, da Sie sich privat eine zweijährige Weiterbildung gönnen.
- Variante 2: Ihr Kind lebt in der Einliegerwohnung Ihres Hauses und verdient seit circa anderthalb Jahren eigenes Geld. Sie sind der Meinung, dass Ihr Kind Miete zahlen soll, da das Haus noch nicht abbezahlt ist und die Miete der Einliegerwohnung ursprünglich mit in die Tilgungsraten einbezogen war.

Quelle

Die Idee zum Rollenspiel „Guter Bote, schlechte Nachricht“ kam durch viele verschiedene Situationen, die in Beratungen an mich herangetragen wurden und ähnliche Grunddynamiken aufzeigten, die Schwierigkeit Sach- und Beziehungsebene zu trennen.

Der erste Arbeitstag

21.

von Eva Neumann

Überblick

Kurzbeschreibung

Jemand beschreibt seinen ersten Arbeitstag in der Firma. Verschiedene Persönlichkeiten geben diese Erzählung mit eigenen Worten und eigener perspektivischer Einfärbung wieder.

Zielgruppe

Teilnehmende an einem Kommunikationsseminar.

Lernziele

- Filter der Wahrnehmung erfahren.
- Erleben, wie ein und dieselbe Situation unterschiedlich dargestellt werden kann.

Einsatz

- Ist als „Warming-up" und Einstieg in den Themenbereich Kommunikation geeignet.
- Kann ein „Schlüsselerlebnis" ermöglichen, auf dem das weitere Seminar (z.B. zum Thema Rückmeldeverhalten, Konflikttraining) aufbaut.

Spielen und auswerten

Situation

Heute Morgen bin ich schon um fünf Uhr aufgewacht, die Sonne ging gerade auf und da bin ich rausgegangen und habe einen Spaziergang gemacht. Mein Mann hat noch geschlafen, also habe ich mir ein leckeres Frühstück gemacht. Um halb acht saß ich gut angezogen und fröhlich gelaunt in meinem Roadster und fuhr zur Firma. An der Pforte saß ein Mann, ein arabischer Typ, ca. 50 Jahre alt, und las Zeitung. Ich fragte ihn, wo ich meine Abteilung fände. Er wusste offenbar schon, dass ich heute komme, schob mir einen Lageplan zu und erklärte es mir ausführlich. Dann wurde die Tür geöffnet, auch durch eine zweite Sicherheitstür musste ich noch hindurch. Ich fuhr in den ersten Stock und traf gleich auf den Teamleiter, der mich in mein Büro führte. Auf dem Weg dorthin fiel mir auf, dass alle Türen offen standen, und viele Leute freundlich schauten. Ich wurde auch meiner neuen Kollegin vorgestellt, Frau Banerjee aus Bangladesh, die seit zwei Jahren in der Firma arbeitet. Wir tranken einen Kaffee und es gab Croissants. Sie fragte mich auch nach meiner Familie und was ich früher gearbeitet hätte. Dann zeigte sie mir das Büro und ich bekam ein Passwort für den Computer. Den Rest des Tages hatte ich genug damit zu tun, die Ablage kennen zu lernen. Ich habe Frau Banerjee viel gefragt. Bis auf einen kurzen Ausflug mittags in die Kantine, war ich an dem Tag nur in meinem Büro. Aber am Schluss des Tages hatte ich einen ungefähren Überblick. Um halb sechs kam ich ziemlich müde nach Hause.

Rollen

- **Sachliche Berichterstatter/in**
  Sie berichten, was sachlich geschehen ist. Ihnen liegt an einer objektiven Wiedergabe der Ereignisse, ohne etwas hinzuzufügen oder wegzulassen. Geben Sie möglichst originalgetreu wieder, was Sie gehört haben.

- **Sektenbeauftragte/r**
  Sie beobachten die Geschehnisse mit Blick auf verdächtige Machenschaften von illegalen Sekten. Sie wittern Manipulation und Gehirnwäsche hinter jeglichem Verhalten. Erzählen Sie die Geschichte voller Skepsis und als jemand, der genau weiß, wie schnell gutgläubige Menschen unbemerkt in die Schlingen einer solchen Scheinfirma gezogen werden ...

- **Spion/in von der Konkurrenz**
  Ihr Interesse gilt den technischen Besonderheiten des Unternehmens. Sie versuchen herauszufinden, was das gehütete Geheimnis dieser Firma ist. Die ganzen Sicherheitsmaßnahmen haben doch etwas zu bedeuten ... Erzählen Sie die Geschichte mit Scharfblick auf das, was für die Konkurrenz interessant sein könnte.

- **Vorgesetzte/r**
  Sie haben ein Auge darauf, wie sich Ihre Mitarbeiter verhalten, schließlich präsentiert jede und jeder von ihnen auch die Firma nach außen. Besonders interessiert Sie die Einsatzbereitschaft der neuen Mitarbeiterin. Erzählen Sie die Geschichte so, dass Ihr Urteil deutlich wird, inwiefern sich die Dame an ihrem ersten Tag bewährt hat.

- **Neugierige/r Kollege/in**
  Sie sind die Kollegin vom Zimmer gegenüber und schon seit Tagen neugierig auf die „Neue“. Da Ihre Arbeit eher langweilig ist, lebt Ihr Alltag von Klatsch und Tratsch. Sie nutzen jeden Hinweis, um skandalträchtige Schlüsse auf das Privatleben der Leute zu ziehen. Erzählen Sie die Geschichte angereichert durch Ihre wilden Fantasien.

- **Antirassist/in**
  Sie fechten für die Gleichbehandlung anderer Kulturen und gegen jegliche Diskriminierung von Ausländern. Empfindlich reagieren Sie, wenn Sie Fremdenfeindlichkeit spüren. Aus jeder Äußerung hören Sie eine ausländerfeindliche Äußerung heraus und halten aggressiv dagegen.

- **Feministin**
  Sie sind überzeugte Kämpferin für die Rechte der Frauen. Gerade die Arbeitsbedingungen sind frauenfeindlich, und in der Geschlechterbeziehung liegt noch viel im Argen. Männer unterdrücken die Frauen, und das zeigt sich überall, wenn man genau hinschaut ...

- **Der/die Hungrige**
  Sie freuen sich nach einem langen arbeitsreichen Vormittag nun auf die bevorstehende Mittagspause. Sie malen sich in Gedanken schon aus, was es zu essen geben wird. Kulinarisches interessiert Sie gerade besonders – schildern Sie die Geschichte aus der Wahrnehmung eines Hungrigen.

- **Der/die Feind/in**
  Sie erzählen die Geschichte voll Hass auf die Erzählerin, denn sie hat Ihnen mal etwas wirklich Schlimmes angetan. Für Sie ist sie das Letzte, was auf der Welt herumläuft, und alles, was sie tut, bestätigt Ihre schlechte Meinung von ihr.

- **Der/die bewundernde Freund/in**
  Sie sind eine gute Freundin und bewundern die Erzählerin insgeheim. Sie finden alles toll, was sie macht und geraten ins Schwärmen, wenn Sie über sie reden.

- **Der Eilbote**
  Sie überbringen wichtige Nachrichten und haben wenig Zeit. Sie sind schon im Zeitverzug, müssen aber schnell noch die Geschichte erzählen.

Durchführung

Alle Teilnehmenden (je nach Gruppengröße einzeln oder zu zweit) bekommen eine „Rollenbeschreibung“ mit folgender Aufgabe: *„Versetzen Sie sich in Ihre Rolle. Gleich erzähle ich Ihnen eine kurze Begebenheit. Sie erzählen das Gehörte danach noch mal. Ihre Rollenbeschreibung gibt Ihnen Hinweise, wie sie dies tun werden.“*

Die Trainerin schildert aus der Ich-Perspektive ihre Erlebnisse am ersten Arbeitstag in einer neuen Firma. Diese Schilderung ist sachlich gehalten.

Nun geht es darum, das Gehörte wiederzugeben, bzw. zusammenzufassen.

Die Teilnehmenden haben 10 Minuten Zeit, „ihre Sicht" der Ereignisse zu finden und vorzubereiten. Keiner kennt eine andere Rollenbeschreibung als die eigene.

Bitten Sie zuerst die „Sachliche Berichterstatter/in", die Geschichte (so originalgetreu wie möglich) wiederzugeben. Die anderen Versionen werden dann nacheinander vorgespielt bzw. vorgetragen, wobei die übrigen Teilnehmenden raten (und gegebenenfalls begründen) „wer" da erzählt bzw. um welche „Rolle" (Stereotyp) es sich handeln könnte.

Beobachtung

- Welche Informationen werden weggelassen oder ausgebaut?
- Welche inhaltlichen Schwerpunkte werden gesetzt?
- Welche Formulierungen lassen Rückschlüsse auf die Interessen oder Einstellung der Sprecherin zu?

Moderation der Auswertung

Nach jeder Version fragen Sie:
- Wer erzählt da Ihrer Meinung nach?
- Woran machen Sie das fest?

Zum Schluss der Übung können Sie gemeinsam sprechen über:
- Wodurch wird das Zuhören und damit das Wiedererzählen von Ereignissen beeinflusst?
- Wann passiert das im Alltag?
- Wie leicht oder schwer fiel es Ihnen, die Informationen zu „verzerren"? Wie haben Sie das gemacht?
- Ist es überhaupt möglich, Informationen wertfrei wiederzugeben?

Außerdem ...

Anmerkungen

Sie können eine beliebige Erzählung aus dem Alltag verwenden, in der Begegnungen mit anderen Menschen stattfinden, und in der bestimmte Ereignisse geschildert werden, die unterschiedlich interpretiert werden können. Genauso können Sie beliebig viele Rollenperspektiven hinzuerfinden. Ein Mix aus stereotypen Rollen und realitätsnahen Rollen ist besonders fruchtbar.

Zudem halte ich es für interessant, die Ursprungserzählung aufzuzeichnen – und die „neutrale Person" einmal zu Beginn und ggf. am Ende erneut wiedergeben zu lassen, wie die eigentliche Geschichte lautete. Sehr wahrscheinlich wird sie Einfärbungen übernehmen – was die Wirkung unterstreicht, die solcherart wiedergegebene Geschichten auf uns Menschen haben. Überprüfen lässt sich dies mit dem Abspielen des aufgezeichneten Teils.

Die Übung macht sehr viel Spaß, und ist dann von hohem Erkenntniswert, wenn die Beteiligten erkennen, wodurch sie die Erzählung verfremdet haben.

Variante

Eine unterhaltsame Variante ist es, wenn die Teilnehmenden paarweise die gleiche Rolle einnehmen und als „Gleichgesinnte" sich über das Gehörte austauschen, und sozusagen dazu einen kleinen Dialog entwickeln.

Quelle

Die methodische Idee zu diesem Rollenspiel stammt aus „Konflikte selber lösen" von Kurt Faller, Wilfried Kerntke, Maria Wackmann, Verlag An der Ruhr 1996.

„Völkeraustausch" – Gleiche Sprache andere Vorstellungen

22.

von Katharina K. Schaal

Überblick

Kurzbeschreibung

Erfahren von individueller Wahrnehmung und Interpretationsspielräumen.

Zielgruppe

Der „Völkeraustausch" ist mit Anfängern und mit Fortgeschrittenen durchführbar, der „Spaßfaktor" ist meistens mit Anfängern höher, da die Kommunikation noch nicht zielorientiert ist und dadurch ein größeres Interpretationsspektrum entsteht.

- Er ist sowohl mit Führungskräften als auch mit Mitarbeitern sinnvoll.
- Er eignet sich sehr gut für Teilnehmer, die viel am Telefon kommunizieren, da er Kommunikation rein auf die verbale Ebene beschränkt.

Lernziele

Durch diese Übung sollen Teilnehmende ihre eigene Wahrnehmung reflektieren.

- Sie verstehen, warum Kommunikation „schief laufen" kann.
- Sie beugen Betriebsblindheit vor und übernehmen mehr Verantwortung für die eigene Kommunikation.
- Sie wissen um die Folge eingeschränkter Kommunikationskanäle.

Einsatz

- Die Übung „Völkeraustausch" ist wunderbar geeignet, um zu Beginn oder im Seminar in den Themenbereich „Wahrnehmung" einzusteigen, da eine Vermischung aus konzentriertem

Arbeiten und spielerischem Lernen entsteht. Gerade durch die spielerische Komponente ist die Übung eingängig, so dass die Teilnehmer schnell den Hintergrund des „Völkeraustauschs" verinnerlichen.

- Für etliche Teilnehmer/innen (besonders Anfänger) ist es eine Art Schlüsselerlebnis, bei der Erklärung alltäglicher Handhabungen auf vielfältige Interpretationen des Kommunikationspartners zu stoßen.

Spielen und auswerten

Situation Eine Volksgruppe namens Baramesi (Seminarleiter und 2-3 freiwillige Teilnehmer) bittet eine andere Volksgruppe, genannt Dolanen (andere Teilnehmer/innen), von ihnen lernen zu dürfen.

Rollen Der Seminarleiter und 2-3 freiwillige Seminarteilnehmer/innen übernehmen die Rolle der wissbegierigen Volksgruppe der **Baramesi**, deren Ziel es ist, von der Volksgruppe der **Dolanen** Dinge aus deren Alltag zu lernen, z.B. wie eine Zigarette angezündet wird. An die Gesamtgruppe des Seminars werden zu Beginn der Übung folgende Informationen weitergegeben: *„Wir* (Seminarleiter und 2-3 Baramesis) *kommen aus einem fernen Land namens Baramesi, wir verstehen die hiesige Sprache sehr gut und sind an der Kultur der Dolanen interessiert. Daher ist unser Wunsch an Euch: Lehrt uns wie man eine Zigarette anzündet* (wahlweise andere Tätigkeiten). *Für euch Dolanen ist wichtig zu wissen, dass wir Baramesi ausschließlich über verbale Beschreibungen verstehen können, d.h., jegliches Vormachen, Zeigen oder Für-uns-Machen bringt uns keine Lernergebnisse."*

Anleitung für die Baramesi: Der Seminarleiter gibt seinen 2-3 Volksangehörigen, die mit ihm vor der Gruppe stehen, folgende geheime Anweisungen: *„Versuchen Sie so viel wie möglich von den Anwei-*

sungen, die sie erhalten, misszuverstehen und/oder eigenwillig zu interpretieren. Sprechen Sie selbst so wenig wie möglich."

Durchführung

Beteiligt sind die Seminarleiter und alle Teilnehmer. Dauer: circa 10 Minuten + 15-30 Minuten Auswertung (je nach Intention der Fragen in der Auswertung). Die Übung findet im Hier und Jetzt statt.

Nachdem die Rollenbeschreibung für alle Teilnehmer geklärt ist, werden eine Schachtel Zigaretten und ein Päckchen Streichhölzer (beide geschlossen) gut sichtbar auf einen Tisch oder Stuhl gelegt (bei Fortgeschrittenen macht es Sinn, allen Baramesi jeweils eine Zigarettenschachtel und eine Streichholzschachtel hinzulegen, dann wird die Aufgabe mehrfach parallel durchgeführt).

Nun darf ein/e Freiwillige/r oder die Gruppe der Dolanen gemeinsam den Baramesi verbal beschreiben, was sie machen sollen, um eine Zigarette anzuzünden. Falls Sie mit einer Zigaretten- und einer Streichholzschachtel arbeiten, macht es Sinn, wenn der/die Seminarleiter/in damit beginnt, die Erklärungen der Dolanen auszuführen, ansonsten fangen alle Baramesi gleichzeitig an. Hierbei ist die eigene Fantasie und Interpretationsfähigkeit gefragt.

Beispiele

Anweisung der Dolanen:	**Interpretation der Baramesi:**
„Drehen Sie die Schachtel einmal um sich selbst."	Die Schachtel wird einmal um den eigenen Körper gedreht.
„Stellen Sie die Schachtel auf den Kopf."	Die Schachtel wird auf einen der Baramesi-Köpfe gestellt.
„Nehmen Sie die Zigarette in den Mund."	Die Zigarette verschwindet zu 2/3 im Mund eines Baramesi usw.

Hinweis: Im Laufe des „Völkeraustauschs" werden die Seminarteilnehmer/innen deutlich besser in ihren Beschreibungen und haben somit ein direktes Erfolgserlebnis!

Beobachtung

Wird der „Völkeraustausch" zu Beginn des Seminars als Einstiegsspiel durchgeführt, wird zunächst nur der/die Trainer/in beobachten, wie sich die einzelnen Teilnehmer/innen verhalten, und wer gezielt kommuniziert. Das Spiel erleichtert eine erste Einschätzung der Gruppe. Für die Teilnehmenden ist das Spiel dann ein Impuls zu folgenden Themen:

- Überleitung zu den Themen „Wahrnehmung", „Sender-Empfänger-Modell", „Missverständnisse vermeiden"

Wird das Rollenspiel im Verlauf des Seminars (zu bestimmten thematischen Schwerpunkten wie z.B. Führung, Fragetechnik usw.) eingesetzt, sind hier einige Beobachtungskriterien für Beobachter aufgeführt:

- Wird ein und dieselbe Handlung auf unterschiedliche Weise erklärt?
- Versuchen die Teilnehmenden, Rückfragen an den Fremden zu stellen?
- Wie stark ist der Handlungsbedarf im Hinblick auf: Helfen, aus der Hand nehmen, visuelles Zeigen?
- Was für ein Sprachniveau wird verwendet?
- Wer in der Gruppe traut sich vor, wer führt?
- Welche Schwierigkeiten treten durch die Beschränkung auf einen Kommunikationskanal (Sprache) auf? usw.

Moderation der Auswertung

Für den „Völkeraustausch" eignet sich keine Videoaufnahme, da (vor allem zu Beginn des Seminars) die spielerische Komponente gestört würde.

Zur Auswertung eignen sich folgende Fragen an die Teilnehmer:

- Was ist Ihnen bei den Beschreibungen leicht gefallen?
- Wo gab es bei den Beschreibungen Schwierigkeiten?
- Erlebten Sie sich selbst eher als geduldig oder ungeduldig?
- Welche Parallelen sehen Sie zu Ihrem Berufsalltag?
- Wie lassen sich derartige Missverständnisse vermeiden?

Außerdem ...

Anmerkungen

Durch die eingenommene Rolle der Dolanen sind die Teilnehmer recht gut geschützt, da ihre Vorgehensweise auf ihre Rolle zurückgeführt werden kann. Dennoch kommt es ab und zu vor, dass Teilnehmer/innen sich bei der Auswertungsrunde für ihre Äußerungen rechtfertigen, dies ist für mich ein Zeichen von Unwohlsein. Dann sollten die Teilnehmer darauf hingewiesen werden, dass sie ihre Rolle sehr gut gespielt und dadurch eine Arbeitsgrundlage geschaffen haben, die für alle wichtig ist. Den Teilnehmern kann auch Dank für das Engagement ausgesprochen werden und Lob für die „Mutigen“, die sich ausprobiert haben.

Bisher waren alle von mir durchgeführten „Völkeraustausch“-Übungen erfolgreich und wurden sehr gut bis gut von den Teilnehmern angenommen. Zu beachten ist, dass die Teilnehmer zu Beginn des Seminars manchmal zögerlich beim „Völkeraustausch“ sind (je nachdem, wie spielgewohnt die Gruppen sind), daher macht es Sinn, zum einen die spielerische Komponente hervorzuheben, zum anderen, dass alle Teilnehmer/innen in eine Rolle schlüpfen. Des Weiteren sollte – falls die Übung mit Zigaretten und Streichhölzern durchgeführt wird – vorab angesprochen werden, dass Rauchen ungesund ist und durch die Übung nicht gefördert werden soll – damit erübrigen sich weitere Diskussionen. Und zu guter Letzt noch ein Hinweis: Die verwendeten Schachteln/Päckchen und deren Inhalt sehen teilweise nach der Übung wüst aus, dafür ist der Spaßfaktor umso höher.

Varianten

Natürlich kann diese Übung mit unterschiedlichen Variationen von Gegenständen durchgeführt werden, z.B. Kerzen in einer Verpackung und Streichhölzer; Büroklammern in der Schachtel und ein Stapel abgepacktes Papier, wovon 10 Blätter zusammengeheftet werden sollen usw. Wichtig dabei ist, dass zwei Gegenstände verwendet werden, die beide verpackt sind und zueinander geführt werden sollen.

Quelle Der Impuls zur Übung „Völkeraustausch" entstand durch eine kuriose Beschreibung einer befreundeten Raucherin, die einer Nichtraucherin am Tisch zu erklären versuchte, wie Rauchen funktioniert.

Zeit für ein gezieltes Gespräch

23. 

von Eva Neumann

Überblick

Kurzbeschreibung

Was passiert, wenn zwei Gesprächteilnehmende mit unterschiedlichen Zielvorstellungen in ein Gespräch gehen?

Zielgruppe

- Leitende Mitarbeiter/innen.
- Alle Personen, die mehr Einfluss auf den Gesprächsverlauf gewinnen wollen.

Lernziele

- Gespräche zielorientiert beginnen.
- Metakommunikation üben.
- Einen „Roten Faden" für das Gespräch benennen.

Einsatz

- Das Rollenspiel eignet sich speziell dafür, die Problematik unterschiedlicher Zielvorstellungen aufzuzeigen. Es kann als Einstieg oder als Transferübung zum Thema „Ziele im Gespräch benennen und verfolgen" eingesetzt werden.
- Es kann auch als „Warming-up" und Einstieg verwendet werden, um für die Problematik von Gesprächen im Allgemeinen zu sensibilisieren. Durch den Überraschungseffekt kann ein „Schlüsselerlebnis" ermöglicht werden, auf dem das weitere Training aufbaut.

Spielen und auswerten

Situation

Alltag im Unternehmen: Die Führungskräfte verschiedener Ebenen haben jeweils eigene Projekte zu bearbeiten und versuchen, sich auch um Anfragen ihrer Mitarbeiter zu kümmern. Die Gespräche zwischen den Hierarchien werden auf Termin vereinbart. Zeitdruck und Arbeitsüberlastung ist allgegenwärtig, Kooperation wird selbstverständlich angestrebt, ist aber nicht immer realisierbar.

Das Gespräch ist eines von vielen im Unternehmensalltag. Es findet statt zwischen Abteilungsleiter/in und Teamleiter/in in der Abteilung Karosseriebau eines Automobilunternehmens . Die Teamleitung hat nicht nur die Aufgabe, die Zusammenarbeit der Ingenieure zu koordinieren, sondern sie betreut auch Auszubildende und Doktoranden im Zusammenhang mit Entwicklungsprojekten.

Rollen

▶ **Teamleiter/-in**

Sie arbeiten bei einem Automobilunternehmen und sind Teamleiter/in einer Gruppe von Karosserie-Ingenieuren. Außerdem begleiten Sie einen Praktikanten und einen Doktoranden in Ihrer Abteilung, die Ihnen bei der Arbeit zur Seite stehen sollen.
Der Doktorand, Kurt Österle, gliedert sich nur schwer ein. Sie kommen kaum ins Gespräch mit ihm. Er erfüllt nur die nötigsten Aufgaben und wirkt sehr unmotiviert. Vor allem geht er regelmäßig nachmittags um vier Uhr. Sie zweifeln daran, ob er seine Doktorarbeit rechtzeitig fertig bekommt. Sie haben sich vorgenommen, mit ihm zu sprechen, möchten aber gerne vorher einen Rat von Ihrer Führungskraft, dem/der Abteilungsleiter/in. Sie bemühen sich schon seit vier Wochen, einen Gesprächstermin mit Ihrer/m Abteilungsleiter/in zu bekommen. Sie verstehen, dass diese/r viel beschäftigt ist. Spontan hatte er/sie keine Zeit. Doch auch die vereinbarten Termine platzten nun schon zweimal. Von ruhigen Gesprächen ganz zu schweigen. Ihr/e Abteilungsleiter/in nimmt nicht nur jeden Anruf während eines Gesprächs entgegen, sondern er/sie wirkt zudem während des Gesprächs fahrig und ist häufig

mit anderen Dingen beschäftigt, was Sie ablenkt. Nun haben Sie einen neuen Gesprächstermin bekommen.

[Das Telefon wird während des Gesprächs zweimal klingeln.]

Abteilungsleiter/in

Sie sind Leitung der Abteilung Karosserie in einem Automobilunternehmen und führen acht Teamleiter. Immer wieder kommen einzelne Teamleiter auf Sie zu und liegen Ihnen in den Ohren wegen der Arbeitsüberlastung. Häufig geht es um Fragen wie Überstundenregelung für die Mitarbeiter oder um die Priorisierung der Projekte – die sind jedoch alle in feste Zeitpläne eingebunden und nicht veränderbar. Sie wünschen sich, dass die Teamleiter die Lage selbst in den Griff bekommen und die Arbeitsvorgänge so organisieren, dass die Projekte einfach laufen. Sie stellen Ihren Mitarbeitern gerne die Mittel zur Verfügung, die sie brauchen. Trotzdem haben Sie das Gefühl, die Mitarbeiter machen Sie für die Arbeitsüberlastung verantwortlich.

Nun haben Sie einen Gesprächstermin mit einem/einer der Teamleiter/innen. Dem/der Teamleiter/in haben Sie vor drei Monaten einen Doktoranden und einen Praktikanten als Unterstützung zur Seite gestellt. Doch die Teamleitung kam in letzter Zeit mehrmals auf Sie zu und hat Sie um ein Gespräch gebeten. Sie hatten bisher keine Zeit und haben das Gespräch zweimal verschoben, weil kurzfristige Besprechungen mit der Geschäftsleitung angesetzt wurden. Sie haben heute eine halbe Stunde Zeit für das Gespräch eingeplant.

[Rollenvorgabe: Während des Gesprächs kommen zwei dringliche Anrufe herein, die Sie annehmen. Sie geben dem Anrufer kurz Auskunft.]

Durchführung

Als Einstieg in den Themenbereich „Ziele im Gespräch erreichen" könnte die Anmoderation wie folgt lauten: *„Unser Thema heißt Gesprächsführung – schauen wir doch einmal darauf, wie sich eine solche Führung im Gespräch praktizieren lässt."* Sie geben nun die allgemeine Situationsbeschreibung, bestimmen die Rollenspielpartner und geben die Rollenbeschreibung aus. Die Spielteilnehmenden können sich 5-10 Minuten zurückziehen, um sich (getrennt) in die Rolle hineinzuversetzen.

Unterdessen erhalten die Beobachtenden beide Rollenbeschreibungen mit der Bitte, sie beide durchzulesen und zu überlegen, worin die Schwierigkeit dieses Gesprächs wohl liegen mag, und wie sie vorgehen würden. Formulieren Sie mit den Beobachtern die interessanten Fragestellungen.

Vorbereitet wird auch noch die Räumlichkeit: Ein Tisch und zwei Stühle, ein (ausgeschaltetes) Handy oder Telefon auf dem Tisch. Da das Gespräch bei der „Abteilungsleitung" stattfindet, sitzt sie zuerst und empfängt die „Teamleitung", die zum Termin an der Tür klopft.

Während das Gespräch läuft, rufen Sie als Trainer/in zweimal den/die „Abteilungsleiter/in" an. Nutzen sie dazu zwei Mobiltelefone, und inszenieren Sie eine kurze „Rückfrage".

Beobachtung

Die beiden Rollenspielpartner haben unterschiedliche Situationsvorstellungen, und die Abteilungsleitung erwartet wahrscheinlich ein anderes Thema als dasjenige, das die Teamleitung einbringt. Interessante Fragestellungen sind dazu:

- Lässt die Abteilungsleitung die Teamleitung ihr Thema benennen und klärt deren Ziel für das Gespräch ab? Oder fällt die Abteilungsleitung mit ihren Fantasien „mit der Tür ins Haus" und blockiert damit das Anliegen der Teamleitung?
- Wie geht die „Teamleitung" mit der Unterbrechung durch das Klingeln um? Bleibt sie beim benannten Thema oder ändert sie die Gesprächsrichtung?

- Inwiefern werden persönliche Gesprächsziele benannt? Ist das wichtig für den Gesprächsverlauf?

Moderation der Auswertung

Fragen Sie die Spielenden:
- was sie sich für das Gespräch vorgenommen hatten,
- und wie das Gespräch aus ihrer Sicht verlaufen ist.

Achten Sie auf die Zielformulierung der Spieler/innen und wie sich das Ziel im Gespräch hat umsetzen lassen.
- Wann gab es eine Überraschung?

Fragen Sie danach die Beobachtenden, und sammeln Sie die Antworten:
- Wer hat das Gespräch wodurch gesteuert bzw. geführt?

Geben Sie jetzt den Spielenden die jeweils andere Rollenbeschreibung.

Fragen Sie alle Teilnehmenden:
- Welche „Falle" war in diesem Spiel angelegt? Wo kommt das im Alltag vor?
- Wenn Gesprächspartner mit unterschiedlichen Zielvorstellungen und Erwartungen in ein Gespräch gehen – wie kann man diese Falle vermeiden und das Gespräch trotzdem zielorientiert und mit einem Ergebnis für beide Gesprächspartner führen?

Außerdem ...

Anmerkungen

Das Rollenspiel lässt sich auf verschiedene Branchen/Unternehmen zuschneiden, wie Sie es am Beispiel des Klinischen Bereichs (siehe unten) sehen. Je näher Sie an der Wirklichkeit Ihres Kunden sind, desto besser.

Wenn die Führungskraft in diesem Rollenspiel voreilig das Gespräch mit ihrem Thema beginnt, um etwaigen weiteren Klagen zuvorzukommen, tritt der Effekt dieses Rollenspiels besonders stark hervor. Es kann auch sein, dass die Führungskraft den oder die Mitarbeiter/in zuerst sprechen lässt und das Thema erfährt. Dann kommen Sie bei der Auswertung mit der Gruppe auf den Nutzen dieser Vorgehensweise zu sprechen. Fragen Sie, ob die Führungskraft ein eigenes Thema ins Gespräch einbringen wollte oder nicht. Fragen Sie in jedem Fall, welches Gesprächsziel jeder der beiden Spielenden verfolgt hat, und ob und wie sie es erreicht haben.

Wenn die Rollenspieler vor dem Spiel Zeit bekommen, sich über ihre Gesprächsziele klar zu werden, trägt das wesentlich zum Gelingen dieses Rollenspiels bei.

Rollenvariante für den Klinischen Bereich

▶ Mentor/in

Sie sind Mentor/in und begleiten zwei neue Mitarbeiterinnen und einen Schüler. Eine Mitarbeiterin gliedert sich nur schwer ein, sie kommt gelegentlich zu spät, erfüllt nur die nötigsten Aufgaben und wirkt sehr unmotiviert. Sie kommen kaum ins Gespräch mit ihr und möchten einen Rat bei Ihrer Führungskraft einholen, bevor Sie weitere Schritte unternehmen. Sie bemühen sich schon seit vier Wochen, einen Gesprächstermin mit Ihrer Stationsleitung zu bekommen. Sie verstehen, dass diese viel beschäftigt ist. Sie haben sich sogar damit abgefunden, dass Sie selbst für Gespräche einen Termin mit ihr machen müssen. Doch auch diese Termine platzen in etwa neunzig Prozent der Fälle. Von ruhigen Gesprächen ganz zu schweigen. Ihre Stationsleitung nimmt nicht nur jeden Anruf während eines Gesprächs entgegen und beantwortet die Fragen von Pflegern, die hereinschauen. Es kann passieren, dass sie mitten im Gespräch aufspringt, um auf der Station nach dem Rechten zu sehen. Nun haben Sie einen neuen Gesprächstermin bekommen.

[Das Telefon wird während des Gesprächs zweimal klingeln.]

▶ **Stationsleitung**

Sie sind Stationsleitung in einem Städtischen Krankenhaus und führen zwölf Mitarbeiter/innen. Immer wieder kommen die Pflegekräfte auf Sie zu und beklagen sich über die angespannte Lage: zu wenig Pflegende, Überstunden, Krankenstand des Personals und so weiter. Es sind ständige Wiederholungen der Klagen darüber, wie unangenehm es sei, häufig auf anderen Stationen aushelfen zu müssen. Viele Mitarbeiter beklagen sich, dass sie immer mehr tun müssen und dass auch die Patienten schon unzufrieden sind. Ihnen ist die Problemlage bewusst, und Sie bemühen sich nach Kräften, vernünftige Einsatzpläne zu schreiben. Sie helfen selbst auf der Station mit. Sie haben das Gefühl, die Mitarbeiter machen Sie für die Überlastungs-Situation verantwortlich.

Eine Mitarbeiterin, die als Mentorin zwei neue Pflegekräfte und einen Schüler begleitet, ist schon mehrmals auf Sie zugekommen und hat Sie um ein Gespräch gebeten. Sie hatten bisher keine Zeit und haben das Gespräch immer wieder verschieben müssen, weil Notfallpatienten kamen oder eine Mitarbeiterin ausfiel. Nun haben Sie sich eine halbe Stunde genommen und sitzen mit ihr zusammen.

[Rollenvorgabe: Während des Gesprächs kommen zwei Anrufe herein, die Sie annehmen.]

Methodische Variante für Fortgeschrittene

Die Beobachtenden werden in zwei Gruppen aufgeteilt, und jede Gruppe erhält zunächst nur jeweils eine Rollenbeschreibung. Wie die Mitspielenden auch, bekommen sie erst im Anschluss an das Rollenspiel beide Rollenbeschreibungen. Damit überraschen Sie die gesamte Gruppe. Empfehlenswert für fortgeschrittene Teilnehmer/innen, die in der Lage sind, schnell einen Perspektivenwechsel vorzunehmen.

Ihre Anmoderation als Trainerin an die Gruppe lautet dann lediglich: *„Die Beobachtenden können einmal überlegen, wie Sie das*

Gespräch angehen würden." Sie sollen bitte während des Spiels darauf achten, wer von den beiden Rollenspielpartnern „das Gespräch führt". Damit (ver-)führen Sie als Trainer Ihre Teilnehmenden dazu, im Rollenspiel zu zeigen, was sie unter „Gesprächsführung" verstehen. In einer späteren Auswertung können Sie dann in der Gruppe darüber diskutieren, was „*Gesprächs*-Führung" heißt (z.B. durch Fragen und Metakommunikation zu führen, oder durch Gesprächsanteile, Lautstärke bzw. direktive Elemente wie Anweisungen geben, das Thema bestimmen, Unterbrechen etc. ...).

Einsatzvariante

Wird das Rollenspiel als Transferübung nach einer Informationseinheit zum Thema „Ziele im Gespräch erreichen" eingesetzt, geht es lediglich um das Anwenden der „Metakommunikation": Die Teilnehmenden können dabei Folgendes konkret tun: den Gesprächseinstieg bewusst zielorientiert gestalten, etwaige Erwartungsunterschiede benennen und abgleichen, ein Ziel vereinbaren und am Schluss das Gesprächsziel nochmals benennen sowie das Gesprächsergebnis sichern.

Soll das Rollenspiel als Einstieg in ein Gesprächsführungs-Seminar eingesetzt werden, brauchen die meisten Teilnehmenden eine motivierende Anmoderation, die den Zweck des Rollenspiels vermittelt, ohne die Pointe vorwegzunehmen, z.B.: *„Wir wollen nicht mit Theorie, sondern mit Praxis beginnen. Mit dem Gesprächsbeispiel sehen wir einen Ausschnitt aus dem beruflichen Alltag. Die Teilnehmenden können dabei ausprobieren und beobachten, was in einem Gespräch passieren kann – wir werden danach besprechen, was im Alltag gut läuft, und was nicht so gut."*

Sammeln Sie in der Auswertungsphase alle Faktoren dieser Situation, die sich nach Meinung der Teilnehmenden als Gesprächsstörer auswirken (können). Danach lassen Sie die Teilnehmenden ihre Fragen zum Thema Gesprächsführung formulieren.

Quelle

Die Idee zu diesem Rollenspiel hatte ich während der Lektüre von Regina Mahlmanns Buch „Erfolgreich als Führungskraft", Beltz Verlag, Weinheim und Basel, 2000. Sie bietet darin verschiedene Tests an, um die eigene Rolle als Führungskraft zu erkunden und geht von konkreten Situationsbeispielen aus. Zwei davon habe ich zusammengeführt: Ich fragte mich, was passieren würde, wenn zwei Gesprächspartner sich nur scheinbar auf die gleiche Situation bezögen und dadurch auch verschiedene Interessen in ein Gespräch brächten, ohne dies auszusprechen.

Handlungsziele kommunikativ erreichen

Teil II

Schnellfinder

24. Wem sitzt der Affe auf der Schulter? 200
25. Das Einzelbüro 205
26. Verlässlichkeit 211
27. Die Werbeagentur 215
28. Die Versicherungsgesellschaft 221
29. Die pflegebedürftige Mutter 227
30. Spannungen im Pflegeteam 232
31. Gründung eines Qualitätsteams 241
32. Nie wieder eine kalte Pizza 245
33. Auf dem Weg zur Führungskraft 252
34. Wem gehört der Strand? 258
35. Die Orangenplantage 275
36. Die Küchenübernahme 279
37. Im Schuhhaus DIENER DER FRAU 284
38. Kühlschränke für Eskimos 289
39. Sand für Beduinen 295
40. Neue Büromaschinen 301

24. Wem sitzt der Affe auf der Schulter?

von Eva Neumann

Überblick

Kurzbeschreibung

Ein Mitarbeiter beklagt sich über einen anderen und bittet die Führungskraft um Hilfe.

Zielgruppe

- Führungskräfte, die ihre Mitarbeiter dazu anhalten wollen, Konflikte und Streitigkeiten zunächst selbst zu klären.
- Führungskräfte, die sich in der Rolle des Coachs üben.

Lernziele

- Rückdelegieren der Verantwortung für Konfliktlösung an die Betroffenen.
- Den Mitarbeiter im Gespräch unterstützen, selbst eine Lösung für das Problem zu finden.
- Anwendung eines Gesprächsleitfadens, Gesprächsführung durch Fragetechnik und Aktives Zuhören.

Einsatz

- Im Rahmen eines Seminars „Vermittlung in Konflikten" für Führungskräfte.
- Nach Klärung der Frage, wann und inwiefern eine Führungskraft für die Lösung von Konflikten auf Teamebene zuständig ist oder nicht.
- Nachdem der Gesprächsleitfaden für das Coaching-Gespräch vorgestellt wurde.

Spielen und auswerten

Situation und Rollen

▶ **Frau Dr. Demel**
Sie sind Direktorin eines Forschungszentrums. Bei einem aktuellen Projekt waren Sie lange selbst Projektleiterin. Um sich zu entlasten, haben Sie erst Herrn Bartel, dann Herrn Peters hinzugezogen. Schließlich gaben Sie die Projektleitung ganz ab, gemeinsam sollten die Herren Bartel und Peters das Projekt zu einem guten Ende führen. Herr Bartel stimmte dem erst zu, als Sie ihm versicherten, er würde Herrn Peters nicht unterstellt. Nun wurden Sie von ihrem Mitarbeiter Herrn Bartel angesprochen, dass es mit Herrn Peters ein Problem gebe, und er würde gerne einmal mit Ihnen darüber sprechen.

Sie wollen auch weiterhin Ansprechpartnerin bleiben, wenn es Probleme gibt, andererseits aber Ihre Mitarbeiter dazu befähigen, selbst ihre Probleme miteinander zu lösen.

Ihr Gesprächsziel ist es nun, Herrn Bartel zu helfen, für sich eine Vorstellung zu entwickeln, wie er sich in der Situation mit Herrn Peters verhalten kann.

Hören Sie aktiv zu: Wiederholen Sie gelegentlich mit eigenen Worten die Kernpunkte dessen, was Ihr Mitarbeiter sagt. Achten Sie auch auf die Gefühlsebene.

Führen Sie das Gespräch durch Fragen. Stellen Sie mehr Fragen, als dass Sie Antworten geben oder Ihre Meinung mitteilen.

Sie folgen dabei einem einfachen Gesprächsleitfaden:

I. **Situationsbeschreibung:** Worum geht es? (Problem) Was möchten Sie erreichen? (Ziel)
II. **Bisherige Lösungsversuche:** Was haben Sie bisher unternommen? Mit welcher Wirkung?

III. **Optionen und Kriterien:** Was haben Sie noch überlegt zu tun? Was spricht für diese Ideen, was dagegen? Was wäre Ihnen für eine angemessene Lösung noch wichtig?
IV. **Brainstorming:** Welche weiteren Möglichkeiten sehen Sie, mit der Situation umzugehen? Welche weiteren Lösungsansätze sind denkbar?
V. **Auswahl und konkrete Umsetzung:** Was wollen Sie tun? Ggf. Zielvereinbarung

▶ **Herr Bartel**

Sie sind wissenschaftlicher Mitarbeiter eines Forschungszentrums. Bei Ihrem Hauptprojekt war früher die Direktorin Dr. Demel selbst Projektleiterin und Sie haben eine Weile mitgearbeitet. Dann zog Frau Dr. Demel den Kollegen Herrn Peters hinzu. Sie waren sehr dagegen, denn Sie glaubten schon damals nicht, dass Herr Peters die notwendige Kompetenz besitzt. Frau Dr. Demel gab die Projektleitung schließlich zu ihrer Entlastung an Sie beide ab. Gemeinsam sollten Sie das Projekt zu einem guten Ende führen. Sie haben nur widerstrebend zugestimmt und nur unter der Voraussetzung, dass Sie Herrn Peters nicht unterstellt würden. Dr. Demel nickte diese Bedingung ab. In der darauffolgenden Zeit mussten Sie feststellen, dass sich Herr Peters nicht an die Abmachungen hält. Er benimmt sich nach außen hin so, als sei er der alleinige Projektleiter.

Sie haben Sorge, dass er das Projekt an sich reißen will. Sie haben noch in einem anderen Projekt eine Aufgabe und können deshalb nicht immer vor Ort sein. Sie glauben, dass Herr Peters Sie auch nicht als gleichberechtigten Projektleiter anerkennt. Zum Beispiel rief er neulich eine Besprechung mit der Projektgruppe ein, ohne Sie zuvor um Ihre Meinung zu fragen. Erst kurz vorher teilte er Ihnen mit, dass diese Besprechung stattfinde, an der Sie unbedingt teilnehmen müssten. In der Besprechung forderte Herr Peters jedes Projektmitglied auf, kurz über den aktuellen Stand der Arbeit zu informieren. Auch Sie bat er darum, als seien Sie ein normales Projektmitglied. Das hat Sie empört und verletzt. Sie haben erfahren, dass er seine Briefe mit „Projektleiter" unterschreibt – offensichtlich will er die Projektleitung für sich allein.

Sie können das nicht länger dulden und haben vor, Frau Dr. Demel in diesem Gespräch zu bitten, entsprechende Maßnahmen zu ergreifen, um Herrn Peters in die Schranken zu weisen.

Durchführung

- Besetzen Sie die Rollen und geben Sie den Rollenspielern Zeit, sich auf ihr Gespräch vorzubereiten und sich in die Rolle einzufühlen.
- Besprechen Sie die Beobachtungskriterien mit den Zuschauern, verteilen Sie gegebenenfalls Beobachtungsaufgaben an Einzelne.
- Lassen Sie während des Rollenspiels das Video mitlaufen.
- Führen Sie erst eine mündliche Auswertung durch, anschließend, zur Kontrolle der Rückmeldungen für die Spieler, zeigen Sie die Videoaufnahme.

Beobachtung

- Versteht die Führungskraft, worum es dem Mitarbeiter geht? Wie äußert die Führungskraft ihr Verständnis?
- Wie lenkt die Führungskraft das Gespräch?
- In welchem Maße kann die Führungskraft die Haltung des unparteiischen Dritten einnehmen (Coach)?
- Inwiefern wird die (vermutete) Sichtweise des „Angeklagten", Herrn Peters, zur Sprache gebracht? Durch wen?
- Wann bezieht die Führungskraft Stellung und nutzt steuernde Führungsinstrumente?
- Welche Äußerungen der Führungskraft tragen zur Klärung der Situation oder zur Verständigung der Gesprächspartner bei?
- „Wem sitzt der Affe auf der Schulter": Wer hat im Gespräch die Aufgabe übernommen, die Lösung für das Problem zu finden?

Moderation der Auswertung

Fragen an „Frau Dr. Demel":

- Wie leicht oder schwer fiel Ihnen die Rolle der Führungskraft als Coach? Welche Fragen haben Sie?
- War der Gesprächleitfaden hilfreich?

Fragen an „Herrn Bartel":

- Fühlten Sie sich ernst genommen?
- Welche Äußerungen von „Dr. Demel" waren klärend und brachten Sie als Mitarbeiter weiter, in dem Sinne, dass Sie nun eher wissen, wie Sie sich in dem Konflikt verhalten?
- Was hat Ihren Klärungsprozess eher unterbrochen oder gestört? Was hätten Sie sich noch gewünscht?

Außerdem ...

Quelle Die Rolle des Herrn Bartel ist eine leicht veränderte Fassung der Rolle „Angelika" aus Karl Berkels „Konflikttraining", Arbeitshefte Führungspsychologie Bd. 15, 6. Auflage Heidelberg 1997. Auf Seite 116 findet sich das Spiel 2: Kooperative Konfliktbewältigung.

Das Einzelbüro

25.

von Melanie Grimm

Überblick

Kurzbeschreibung

Ein Disput zwischen zwei Personen, die ihren Standpunkt vertreten. Unterschwellige Ursachen des Konflikts sind Macht und Stellung im Unternehmen.

Zielgruppe

- Führungskräfte und Mitarbeiter/innen.
- In allen Branchen anwendbar.

Lernziele

- Argumentation bei Auseinandersetzungen.
- Kooperatives und lösungsorientiertes Vorgehen im Streitgespräch; den Unterschied zwischen der Wirkung von Ich-Botschaft und Du-Botschaft erkennen.
- Umgang mit Konfliktsituationen – Beobachten und Erkennen von Verhaltensmustern und Rollen.
- Ein Konfliktgespräch auf der Basis von Selbstbehauptung und Achtung führen.

Einsatz

- Mit diesem Rollenspiel können Sie nach einem Theorie-Input zum Thema Konfliktgespräch den Verlauf eines solchen simulieren.
- Dieses Rollenspiel können Sie überall einsetzen, wo Konflikte brodeln. Sie können das Thema jederzeit variieren. Statt um einen Büroraum könnte sich der Streit auch um einen Firmenwagen drehen oder um andere Sonderleistungen, die ein Kollege

– angeblich ungerechterweise – erhält. Erfahrungsgemäß gären solche und ähnliche Konflikte in vielen Unternehmen. Die Themenpalette ist also vielfältig. Höchstwahrscheinlich bringen Ihre Teilnehmenden genug „Material" mit ins Seminar.

- Besonders eignet es sich als praktischer Übungsteil nach der theoretischen Besprechung von Persönlichkeitsmodellen oder psychologischen Erklärungsmustern wie der Transaktionsanalyse (TA). Es sensibilisiert die Wahrnehmung auf unser Verhalten und auf Rollen die wir – und andere – in Konfliktsituationen gerne einnehmen. Vieles lässt sich so aus der Vogelperspektive betrachten und erläutern. Häufig ertappen wir uns in Konfliktsituationen dabei, dass wir, mit der TA gesprochen, in die Rolle des kritischen Eltern-Ichs schlüpfen und den anderen in die Rolle des angepassten Kindes drängen wollen.
- Gut geeignet, wenn für die Teilnehmenden „Mobbing" ein Thema ist oder wenn Sie als Trainer/in den Eindruck haben, dass Machtspiele stattfinden.

Spielen und auswerten

Situation

Im Unternehmen „Bestware" wurde kürzlich die Teamleiterin der Lohnbuchhaltung, Frau Taler, zur Abteilungsleiterin befördert. Da sie ihren Arbeitsplatz bislang mitten im Großraumbüro hatte, wendet sie sich nun an die Abteilungsleiterin des Bereichs Gebäudeverwaltung, Frau Hauser, um bei ihr ein Einzelbüro zu beantragen. Die beiden geraten in eine Auseinandersetzung.

Rollen

- **Abteilungsleiterin Lohnbuchhaltung Frau Taler**

Als Teamleiterin im Bereich Lohnbuchhaltung wurden Sie kürzlich zur Abteilungsleiterin befördert. Sie sind der Meinung, dass Ihnen nun ein Einzelbüro zusteht, denn Sie führen viele Einzelgespräche mit Angestellten, für die Sie an Ihrem bisherigen Arbeitsplatz im Großraumbüro nicht die nötige Ruhe und Abgeschiedenheit haben.

Darüber hinaus sähen Sie das Einzelbüro als äußeres Zeichen für Ihre Stellung und auch als Belohnung für Ihre Beförderung. Andere Abteilungsleiter im Unternehmen haben schließlich auch alle ein Büro für sich alleine. Nun wenden Sie sich an Frau Hauser, die Abteilungsleiterin der Gebäudeverwaltung, um bei ihr ein Einzelbüro zu beantragen. Dabei haben Sie die Vermutung, dass Ihnen Frau Hauser dieses Einzelbüro nicht zugesteht und Ihr Ersuchen ablehnen wird. Sie nehmen an, dass sie es vielleicht aus Neid tut, weil sie selbst (als eine der wenigen Abteilungsleiter im Haus) kein Einzelbüro hat. Dies empfinden Sie als ziemlichen Verdruss. Im Gespräch mit Frau Hauser ist es in jedem Fall Ihr Ziel, als Anerkennung für Ihre Beförderung und Stellung dieses Einzelbüro zu erhalten. Sie nehmen sich vor, Ihr Anliegen klar und deutlich zu vertreten, auch wenn es bei Frau Hauser nicht sofort auf Gehör stößt. Sie wünschen sich von ihr Wertschätzung und Bestätigung.

Abteilungsleiterin Gebäudeverwaltung Frau Hauser

Sie sind Abteilungsleiterin der Gebäudeverwaltung bei der Firma „Bestware“. Ihre Aufgabe ist es, die Raumaufteilung im Unternehmen zu koordinieren. Kein leichtes Spiel bei 5.000 Mitarbeitern, die meist auf engem Raum sitzen, da das Gebäude nicht genügend Platz für alle bietet. Ständige Umstrukturierungen im Unternehmen erfordern von Ihnen immer wieder neue Planungen der Raumaufteilung. Darüber hinaus sollen Sie die wenigen Einzelbüros des Gebäudes unter den leitenden Angestellten so gerecht wie möglich aufteilen. Dass es hierbei immer wieder zu Machtkämpfen und Wichtigtuereien kommt, ärgert Sie mittlerweile ziemlich. Noch dazu, da Sie selbst im Großraumbüro sitzen und bei der Raumknappheit kaum Aussicht auf ein Büro für sich alleine haben. Ein Einzelbüro bedeutet für Sie Wertschätzung und Anerkennung Ihrer Stellung als Abteilungsleiterin und Sie empfinden es als ungerecht, wenn Sie selbst immer wieder zurückstecken. Sicherlich möchten Sie bei der Raumverteilung so viel Gerechtigkeit wie möglich walten lassen, doch diese vermissen Sie, wenn es um Sie selbst geht. Als nun Frau Taler nach Ihrer Beförderung zur Abteilungsleiterin der Lohnbuchhaltung bei Ihnen in der Tür steht und ein Einzelbüro verlangt, fühlen Sie sich an einem wunden Punkt getroffen.

Durchführung

- Leiten Sie nach Ihrem Theorie-Input zum Rollenspiel über. Motivieren Sie Ihre Teilnehmer damit, dass ihnen dieses Fallbeispiel Gelegenheit gibt, das Verhalten in Konfliktsituation anhand eines konkreten Beispiels auszuprobieren.
- Beschreiben Sie die Rollenspielsituation mit den Infos für die Allgemeinheit.
- Besetzen Sie die Rollen.
- Verteilen Sie die Rollenbeschreibung und geben Sie den Mitspielenden 3-5 Minuten Zeit, sich einzeln (!) auf ihre Rolle und das Gesprächsziel vorzubereiten. Nach Wunsch verlassen die Mitspielenden den Raum für diese 3-5 Minuten. Sie sollten sich untereinander nicht austauschen.
- Besprechen Sie mit den übrigen Teilnehmenden die Beobachtungskriterien. Verteilen Sie die Beobachtungsbogen und die Beobachtungsaufgaben.

Stehen Tische und Sitzgelegenheiten bereit? Dann können die Mitspielenden hereinkommen und es geht los – die Rollenspielzeit beträgt ca. 10-15 Minuten. Zeichnen Sie das Spiel mit der Videokamera auf.

Beobachtung

Alle Beobachtenden erhalten einen Fragebogen mit mehreren Punkten, auf die sie achten sollen.

Beispiel-Fragebogen: Hinweise für Beobachtende

Sie sitzen als Beobachter/in so nahe dabei, dass Sie alles Wichtige sehen und hören, jedoch auch weit genug entfernt, dass Sie die Spielenden nicht stören. Sie sagen nichts und greifen auch sonst in keiner Weise in das Geschehen ein. Machen Sie sich detaillierte Notizen zu folgenden Fragen:

- Welche „Sprache" sprechen die beiden miteinander?
  Welche Worte fallen, wie ist der Tonfall?
  Ich-Botschaft? Du-Botschaft?

- Wie ist das Verhalten der beiden Abteilungsleiterinnen: Körpersprache, Gesichtsausdruck, Blickkontakt?
- An welchen Stellen im Gespräch überwiegt die Sachebene? Wann die Beziehungsebene? Woran lässt sich dies jeweils konkret erkennen?
- Wie ist die Stimmung im Gespräch? Wann kippt sie um?
- An welcher Stelle im Gespräch haben die Beteiligten die Situation entschärft? Welches Verhalten hat dazu beigetragen?
- Wann ist das Gespräch eskaliert? Welches Verhalten hat dazu beigetragen?

Gerne ergänzen Sie als Trainer/in diese Fragen noch individuell. Die Beobachtenden achten zudem auf Körpersprache, Klang der Stimme, Sprechweise und Wortwahl.

Wahlweise achten entweder alle auf alles oder man teilt die Fragen unter den Beobachtern auf. Wichtig dabei ist, dass sich alle Notizen machen, um hinterher so detailliert wie möglich Rückmeldungen machen zu können.

Besprechen Sie zu einem früheren Zeitpunkt im Seminar Feedback-Regeln mit den Teilnehmenden (vgl. dazu Seite 25 f., Feedback-Regeln).

Moderation der Auswertung

- Das Rollenspiel wird mit Video aufgenommen. Nachdem das Spiel beendet ist, wird die Aufnahme abgespielt. So haben die Beobachtenden die Möglichkeit, das Rollenspiel zwei Mal zu sehen und schärfen ihre Wahrnehmung. Die Spielenden erleben sich beim Anschauen in der Rolle des Beobachters.
- Nun hat Frau Taler zuerst das Wort. Was hatte sie sich vorgenommen? Hat sie ihr Ziel erreicht? Was ist ihr aus ihrer Sicht gut gelungen, um die Situation zu entschärfen? Was würde sie im Nachhinein anders machen? In welcher Rolle aus Sicht der Transaktionsanalyse hat sie sich hauptsächlich aufgehalten?
- Dann wird Frau Hauser befragt. Wie gut hat sie ihre Position vertreten? An welcher Stelle hat ihr Verhalten dazu beigetragen,

dass der Konflikt eskalierte? Wo hat sie beschwichtigt? Was würde sie im Nachhinein anders machen? In welcher Rolle aus Sicht der Transaktionsanalyse hat sie sich hauptsächlich aufgehalten?

- Erst jetzt wird die Feedback-Runde der Beobachtenden eröffnet.
- Am Ende der Feedback-Runde wird ein Fazit erstellt mit den ein bis zwei wichtigsten positiven Rückmeldungen und den ein bis zwei wichtigsten Verbesserungsvorschlägen.

Ausserdem...

Quelle Nach einem realen Fall.

Verlässlichkeit

26.

von Sonja Förste

Überblick

Kurzbeschreibung

Nicht termingerecht gelieferte Unterlagen sind der Anlass zu einem Gespräch zwischen Projektleiter und Teammitglied.

Zielgruppe

- Teilnehmende an einem Seminar zu Konfliktlösung durch Kommunikation.
- Firmenmitarbeiter, die in Projektgruppen arbeiten.

Lernziele

- Führen eines klärenden Gesprächs mit Konfliktpotenzial.
- Erkennen, dass eine Konfliktursache in hierarchischen Zusammenhängen und im Verantwortungsbereich anderer Personen als der Beteiligten liegen kann.

Einsatz

Geeignetes Rollenspiel, um im Teilnehmerkreis zu klären, wann es sinnvoll und notwendig ist, die Prioritätensetzung für anstehende und abteilungsübergreifende Aufgaben zur Klärung an die Führungskraft zu delegieren.

Spielen und auswerten

Situation

Der Projektleiter Toni benötigt von Projektteammitglied Gerald Unterlagen und Informationen, um ein Etappenziel im Projekt erreichen zu können. Zweimal bereits waren von Gerald eingereichte Unterlagen unvollständig und mussten überarbeitet werden. Diese wurden die letzten Male mit Anmerkungen und Anregungen von Toni an Gerald zurückgegeben. Nun liegen die Unterlagen und Ergebnisse zum dritten Mal noch nicht termingerecht vor. Es kommt zum persönlichen Gespräch.

Rollen

▶ **Projektleiter Toni**

Als Projektleiter sind Sie auf die Unterstützung Ihrer Projektteammitglieder angewiesen. Leider haben Sie Gerald gegenüber keine Weisungsbefugnis.

Ohne die Unterlagen und Ergebnisse können Sie Ihren Zeitplan nicht einhalten und kommen mit Ihrem Priorität-A-Projekt in Verzug. Sie haben sich schon beim letzten Mal durch die Schlamperei von Gerald eine Abmahnung durch Ihren Chef eingeheimst. Nach außen wird natürlich nur das zeitgerechte Gesamtergebnis gesehen und nicht die Hintergründe der Verzögerung.

Sie haben versucht, Gerald über die Anmerkungen und Anregungen bei der letzten unvollständigen Abgabe der Unterlagen eine Hilfestellung zu geben. Allem Anschein nach war Ihre Mühe und Zeitinvestition dafür umsonst.

Von Ihren Projektmitarbeitern erwarten Sie eine termingerechte Abgabe vollständig ausgearbeiteter Unterlagen, die ohne Änderungen in den nächsten Projektschritt einfließen können. Sorgfalt und Engagement setzen Sie bei der Wichtigkeit des Projekts einfach voraus.

Nun fühlen Sie sich frustriert. Ihre eigene Arbeit erfährt dadurch nicht die Wertschätzung, die sie verdient hat. Ganz im Gegenteil, in

Ihrem Mitarbeitergespräch wurde der mangelnde Projektfortschritt negativ bewertet, da Sie das vereinbarte Ziel nicht erreicht haben. Aller Voraussicht nach verlieren Sie Ihre Prämie, die an die Zielerreichung gebunden ist. Von Gerald fühlen Sie sich inzwischen nicht mehr ernst genommen.

Um eine Konflikteskalation zu vermeiden, müssten die Unterlagen und Ergebnisse von Gerald umgehend vorliegen.

▶ Teammitglied Gerald

Sie sind ein Teil des Projektteams, das von Toni geleitet wird. Da wohl nur Sie die Detailkenntnisse haben, die für den Projektfortschritt anscheinend notwendig sind, sollen Sie Toni zuarbeiten, damit das Projekt vorangetrieben werden kann. Toni hat Ihnen gegenüber keine Weisungsbefugnis.

Für Sie hat die Erarbeitung der verabredeten Unterlagen aktuell nur Priorität D. Sie werden von anderen, wirklich wichtigen Aufgaben aus Ihrer Abteilung voll in Beschlag genommen.

Bereits beim letzten Mal haben Sie auf das Drängen von Toni hin kurzfristig noch die wichtigsten Details zusammengefasst – aber die Arbeit war völlig umsonst. Sie bekamen die Unterlagen mit dicken Anmerkungen und Anregungen wieder zurück. Als ob Sie sonst nichts zu tun hätten!

Gerade von Toni erwarten Sie Verständnis für Verspätungen, da er wissen müsste, wie intensiv Sie ins Tagesgeschäft eingebunden sind und welche wichtigen Aufgaben Sie haben. Bisher hat Sie der Konflikt nicht besonders berührt. Nun nervt Sie das ständige Drängen langsam wirklich. Sie haben weit Wichtigeres zu tun und wissen schon jetzt nicht mehr, wo Ihnen der Kopf steht. Schließlich tragen Sie ja für Ihre eigene Arbeit die direkte Ergebnisverantwortung.

Um eine Eskalation zu vermeiden, muss Toni aufhören, Ihnen ständig im Nacken zu sitzen.

Durchführung

Beschreiben Sie die Rollenspielsituation mit den Infos für die Allgemeinheit und besetzen Sie die Rollen.

- Verteilen Sie die Rollenbeschreibung und geben Sie den Mitspielenden 3-5 Minuten Zeit, sich einzeln auf ihre Rolle und das Gesprächsziel vorzubereiten.
- Besprechen Sie mit den übrigen Teilnehmenden die Beobachtungskriterien. Verteilen Sie die Beobachtungsaufgaben.
- Das Rollenspiel beginnt mit dem Eintreffen der vorbereiteten Teilnehmenden.

Beobachtung

Wie wird mit starken Gefühlen umgegangen, eigenen wie denen des Konfliktpartners?

- Inwiefern führt das Paraphrasieren (eine Technik des Aktiven Zuhörens, die Wiedergabe der Mitteilungen des Gesprächspartners mit eigenen Worten) zum Verstehen?
- Ein Beobachter sollte das Gespräch unter dem Aspekt verfolgen, inwieweit der Kernpunkt hinter dem Konflikt zwischen diesen Beteiligten geklärt werden kann oder ob andere Personen zur Klärung notwendig sind (Stichwort: Prioritätensetzung durch Vorgesetzte).

Moderation der Auswertung

Sinnvoll ist es, in der Auswertung darauf zu achten, dass beide Seiten ihre Sichtweisen, ihre Interessen, ihre Emotionen und ihre Bedürfnisse transparent machen. Damit wird es möglich, die Schlüssel der Konfliktklärung anzusetzen.

Außerdem ...

Quelle

Das Rollenspiel spiegelt eine verallgemeinerte typische Konstellation aus unserer Beratungsarbeit.

Die Werbeagentur

27. 

von Christine Oberpaur

Überblick

Kurzbeschreibung

Berufliche Auseinandersetzungen zwischen Eheleuten, die zusammen eine Werbeagentur leiten.

Zielgruppe

- Konfliktvermittler und Mediatoren in Ausbildung.

Lernziele

Spezielle Kommunikationssituationen: Zum Üben von Paraphrasieren (eine Technik des Aktiven Zuhörens, die Wiedergabe der Mitteilungen des Gesprächspartners mit eigenen Worten) und VEE (Verbalisieren Emotionaler Erlebnisinhalte nach Rogers), sowie verschiedener Frage- und Kommunikationstechniken aus dem Bereich Beratung/Coaching, Vermittlung in Konflikten/Mediation.

Einsatz

- Es kann nach der theoretischen Grundlagenvermittlung (Aktives Zuhören und Fragetechniken) eingesetzt werden, um eine oder mehrere Gesprächstechniken auszuprobieren und zu üben.
- Es kann zum Einüben einer oder mehrerer Prozessphasen in der Mediation verwendet werden (z.B. Phase 3: mithilfe von Fragetechniken die Parteien weg von ihren Positionen und hin zu ihren Interessen führen).

Spielen und auswerten

Situation

Anlass: Seit drei Jahren gibt es immer wieder Meinungsverschiedenheiten zwischen den Eheleuten Herrn Heiner Gross (40 Jahre alt) und Frau Daniela Gross (36 Jahre alt) bezüglich der Führung ihrer Werbeagentur. Diese Streitereien werden immer häufiger vor den Mitarbeitern ausgetragen und ziehen sich bis ins Private hinein. Die beiden haben keine Kinder, sind seit acht Jahren verheiratet, beide voll berufstätig, und die Werbeagentur gehört ihnen zu gleichen Teilen.

Rollen

▶ **Frau Daniela Gross**

Zusammen mit Ihrem Mann besitzen Sie seit 15 Jahren eine Werbeagentur, die Sie gemeinsam als Geschäftsführer leiten; sie beschäftigen fünf Mitarbeiter.

Seit drei Jahren gibt es immer wieder Meinungsverschiedenheiten zwischen Ihnen und Ihrem Mann; dieser ist zumeist bei den Kunden unterwegs und lässt sich immer weniger im Geschäft blicken, was Sie sehr ärgert.

Erst vor kurzem hatten Sie eine große Auseinandersetzung mit ihm, die bis ins Private hineinging: Er hätte der Buchhaltung dringend seine (Reise-)Kosten mitteilen müssen, damit die dortige Mitarbeiterin die Gesamtaufstellung dem Steuerberater weiterleiten kann, der ebenfalls dringend auf die Belege und Außendaten wartete. Dreimal musste wegen Ihrem Mann das Finanzamt bereits um Aufschub gebeten werden; aber Ihr Mann fährt ständig zum Golfspielen und verbringt ganze Nachmittage dort, während Sie bis in die Nacht hinein arbeiten.

Sie sind mehr die Organisatorin und halten die Mitarbeiter recht streng im Zaum, während Ihr Mann der „Überflieger" ist. Er hat zwar eine ausgesprochen kreative und einfallsreiche Begabung;

andererseits ärgern Sie sich ständig über seine chaotische Unternehmensführung.

Oft weiß er schon am nächsten Tag nicht mehr, welche Anweisungen er den Mitarbeitern gegeben hat, findet seine Unterlagen nicht; kurz er ist ständig auf der Suche nach irgendetwas. Wenn Sie nicht wären, würden die Mitarbeiter ihm nur auf der Nase herumtanzen.

Seit neuestem schreit er Sie vor allen Mitarbeitern an und behauptet, Sie hätten seine Unterlagen verschlampt! Ihnen ist das äußerst peinlich.

Bis vor drei Jahren hatten Sie eine Topkraft (Sekretärin, Buchhalterin und Organisatorin), die den Laden in Schuss hielt. Die Nachfolgerin ist aber nur halb so gut; deshalb bleibt jetzt viel mehr an Ihnen hängen.

Sie hatten schon mehrfach versucht, mit Ihrem Mann zu reden, aber er blockt alles ab und behauptet, Sie hätten sich sehr zu Ihrem Nachteil verändert.

▶ Herr Heiner Gross

Zusammen mit Ihrer Frau besitzen Sie seit 15 Jahren eine Werbeagentur, die Sie gemeinsam als Geschäftsführer leiten; sie beschäftigen fünf Mitarbeiter.

Seit drei Jahren gibt es immer wieder Meinungsverschiedenheiten zwischen Ihnen und Ihrer Frau. Sie behandelt die Mitarbeiter zu streng, so dass Ihre beste Kraft (Sekretärin, Buchhalterin und Organisatorin in einem) vor drei Jahren gekündigt hat. Seitdem gibt es eine nur halb so gute Nachfolgerin, so dass viel Arbeit an Ihnen hängen bleibt.

Ihre Frau verhält sich Ihnen gegenüber zunehmend aggressiv und fordernd; sie macht Ihnen zum Vorwurf, sie würden nur die angenehmen Dinge im Unternehmen machen, wie z.B. den Kundenkontakt pflegen und vor Ort die Softwareentwicklung durchsprechen.

Dass ab und zu auch ein Golfspiel zur geschäftlichen Kontaktpflege gehört, sieht Ihre Frau nicht ein. Sie ist der Meinung, das machen Sie aus Spaß; dabei handelt es sich um harte Verhandlungsarbeit, durch die Mitgliedschaft im Golfclub haben Sie schon viele Aufträge erhalten.

Wenn Sie nicht wären, hätte Ihre Frau schon jede Menge potenzielle Kunden verstimmt. Sie ist in letzter Zeit immer schroffer im Umgang mit Menschen; auch die Mitarbeiter beschweren sich schon bei Ihnen. Ihre Frau überhäuft diese mit Arbeit und ist zudem mit allen Leistungen unzufrieden.

Sie sind der Meinung, Ihre Frau mache die Organisation der Agentur zu gründlich: 150-prozentig, was gar nicht nötig wäre. Sie bedrängt Sie ständig, irgendwelche Unterlagen rechtzeitig abzuliefern, dabei haben diese Sachen noch viel Zeit.

Die eigentliche Hauptarbeit machen Sie, nämlich die kreativen Entwürfe der jeweiligen Kundenaufträge.

Früher konnte Ihre Frau dies noch mitgestalten; heute hat sie angeblich nicht mehr die Zeit dazu, obwohl sie den ganzen Tag im Büro tätig ist und zu Hause eine Putzfrau hat.

Es vergeht kein Tag, an dem Ihre Frau Sie nicht zur Weißglut bringt, so dass es zu immer unschöneren Szenen vor den Mitarbeitern kommt.

Sie sind äußerst ärgerlich und überlegen sich, ob Sie eine berufliche Trennung von Ihrer Frau anstreben.

▶ **Mediator/in**

Sie wurden vom Ehepaar Gross gebeten, im Gespräch zu vermitteln.

Durchführung

- Geben Sie die Situationsbeschreibung an alle Teilnehmer (auch an den/die „Mediator/in") aus; die Rollenbeschreibungen zu Herrn und Frau Gross nur jeweils an den Spieler.
- Die beiden Rollenspieler lesen ihre Rolle durch.
- Es können sich verschiedene Berater/Mediatoren abwechseln, während die Rollenspieler für die beiden Inhaber der Agentur dieselben bleiben.
- Pro Berater/Mediator sollte nicht länger als 20 Min. gespielt werden.
- Das Rollenspiel ist besonders gut für eine Videoaufzeichnung und -auswertung geeignet.

Beobachtung

- Haben beide Parteien gleich viel Zeit und Zuwendung seitens des Beraters/Mediators erhalten?
- Wann wird „aktiv zugehört, gespiegelt, paraphrasiert", wann wird eine gute Frage gestellt (z.B. hypothetische, zirkuläre, Meta-Frage), wann wird „deeskalierende" Technik angewendet (z.B. „Reframing", VEE), wie wird mit ständigen Unterbrechungen durch die andere Partei umgegangen?
- Wie sind die nonverbalen Körpersignale, ist der Blick bifokal (immer beide Parteien im Auge behaltend)?
- Fortgeschrittene: Mit welchen Techniken ist es dem Mediator gelungen, auf die Interessensebene zu kommen?

Moderation der Auswertung

- Reihenfolge der Rückmeldung: zuerst Hauptrollenspieler (Berater/Mediator), dann erst die Parteien: Was lief gut, was weniger gut?
- Vertiefende Fragen an die Mitspieler und Feedback von Seiten der Beobachter: Wo wurden die verschiedenen Kommunikationstechniken gut angewendet? Wie fühlten sich die „Parteien" vom Berater/Mediator verstanden? Wie ist es dem Berater gelungen, das Vertrauen der Parteien zu erlangen?
- Es kann eventuell auch ein Beobachtungsbogen erstellt werden. Wenn es um das Training des Einsatzes bestimmter Kommunikationstechniken geht, können die Beobachter z.B. eine

„Strichliste" führen, wie oft Paraphrase, VEE, offene Fragen usw. beobachtet wurden.

Außerdem ...

Variante Dieses Rollenspiel kann auch zum Üben für bestimmte Kommunikationstechniken (deeskalierende Sprache) nur mit einer Partei gespielt werden, z.B. „beschwert" sich Frau Gross bei einem (Konflikt-)Berater.

Die Versicherungsgesellschaft

28.

von Christine Oberpaur

Überblick

Kurzbeschreibung

Zwei Mitarbeiter in der Leistungsabteilung einer privaten Krankenversicherung, Herr Bauer und Herr Kraft, haben Schwierigkeiten in der Zusammenarbeit.

Zielgruppe

- Konfliktvermittler und Mediatoren in Ausbildung.
- Teilnehmende an einem Konfliktmanagementseminar.

Lernziele

- Spezielle Kommunikationssituationen: Zum Üben von Paraphrasieren (Wiedergeben der Mitteilungen in eigenen Worten) und VEE (Verbalisieren Emotionaler Erlebnisinhalte nach Rogers).
- Anwendung verschiedener Frage- und Kommunikationstechniken aus dem Bereich Beratung/Coaching.
- Vermittlung in Konflikten/Mediation.
- Konfliktgespräche zwischen zwei Konfliktparteien.

Einsatz

- Es kann nach der theoretischen Grundlagenvermittlung (Aktives Zuhören und Fragetechniken) eingesetzt werden, um eine oder mehrere Gesprächstechniken auszuprobieren.
- Es kann zum Einüben einer oder mehrerer Prozessphasen in der Mediation verwendet werden (z.B. Phase 3: mithilfe von Fragetechniken die Parteien weg von ihren Positionen und hin zu ihren Interessen führen).

Spielen und auswerten

Situation

Eine Gesprächssituation zwischen Herrn Bauer, 49 Jahre alt, Sachbearbeiter (kaufmänn. Lehre), seit 20 Jahren im Unternehmen und seinem Kollegen, Herrn Kraft, 29 Jahre alt, ebenfalls Sachbearbeiter (kaufmänn. Lehre, DV-Koordinator), seit zwei Jahren im Unternehmen. Beide müssen im Rahmen einer 3-jährigen Projektarbeit (Entwicklung eines neuen, computergestützten Abrechnungssystems) in einem Büroraum zusammenarbeiten.

Die Zusammenarbeit funktioniert seit einiger Zeit nicht mehr; beide reden nicht mehr miteinander; der Vorgesetzte hat einen Konfliktberater hinzugezogen, da sich die Streitthemen häufen.

Rollen

▶ **Herr Bauer**

Seit einem Jahr müssen Sie im Rahmen eines Projekts in einem Büroraum mit Herrn Kraft zusammenarbeiten. Sie sind beide Sachbearbeiter bei einer Versicherungsgesellschaft. Das Projekt soll ca. drei Jahre laufen; Ziel ist die Entwicklung eines neuen, computergestützten Abrechnungssystems. Sie arbeiten schon seit 20 Jahren im Unternehmen und haben sich viel Versicherungsfachwissen angeeignet. Sie sind 49 Jahre alt.

Herr Kraft ist jünger (29 Jahre) und erst seit zwei Jahren im Unternehmen, hat sich aber durch sein EDV-Wissen eine unentbehrliche Position erarbeitet; er ist inzwischen DV-Koordinator.

Jetzt müssen Sie auf Grund einer Anweisung vom Vorstand mit ihm dieses neue Projekt durchführen.

Es vergeht kaum ein Tag, an dem Sie sich nicht über Herrn Kraft ärgern: Dieser kommt morgens konstant zu spät, hängt erst einmal am Telefon, geht dann Kaffee trinken und schließlich raucht er ununterbrochen (Sie sind Nichtraucher, vor drei Jahren haben Sie aufgehört). Der Schreibtisch von Herrn Kraft sieht entsprechend chaotisch aus. Letzte Woche sind einige wichtige Unterlagen verschwunden, was für Sie beide Folgen haben könnte. Sie vermuten, dass Herr Kraft diese in seinem Chaos nicht mehr findet oder sie sogar mit Absicht hat verschwinden lassen. Manchmal vergisst er auch, Ihnen wichtige Telefonate auszurichten und Termine weiterzugeben. Das ärgert Sie besonders.

Vor drei Wochen war ein Termin beim Vorstand zur Präsentation Ihres Projekts geplant, den Herr Kraft Ihnen nicht mitgeteilt hat. Dadurch konnten Sie sich nicht vorbereiten und erfuhren erst einen Tag zuvor davon. Herr Kraft behauptet, Ihnen diesen Termin genannt zu haben. Hierüber sind Sie beide in einen heftigen Streit geraten. Seitdem reden Sie nicht mehr mit Herrn Kraft.

Zu allem Übel will Herr Kraft jetzt auch noch zur gleichen Zeit Urlaub nehmen wie Sie. Sie haben aber die Auflage vom Chef, abwechselnd in den Urlaub zu gehen, damit immer einer von Ihnen für die Projektarbeit zur Verfügung steht. Hierüber sind Sie nochmals in Streit geraten; Sie sind der Meinung, dass der jüngere Mitarbeiter, der keine Familie hat, sich nach Ihnen zu richten hat, da Sie schließlich der ältere sind und Familie haben.

Der Chef hat nun einen außenstehenden Konfliktberater/in mit der Konfliktklärung beauftragt.

▶ Herr Kraft

Seit einem Jahr müssen Sie im Rahmen eines Projekts in einem Büroraum mit Herrn Bauer zusammenarbeiten. Dieser ist 49 Jahre alt und schon seit 20 Jahren im Unternehmen tätig. Sie beide sind Sachbearbeiter bei einer Versicherungsgesellschaft. Das Projekt soll ca. drei Jahre laufen; Ziel ist die Entwicklung eines neuen computergestützten Abrechnungssystems.

Sie sind jünger (29 Jahre alt) und arbeiten erst seit zwei Jahren im Unternehmen; auf Grund Ihres Computerwissens sind Sie inzwischen DV-Koordinator geworden und haben sich dadurch eine fast unentbehrliche Position erarbeitet. Zuvor waren Sie bei einer Computerfirma, bei der es Ihnen aber zu chaotisch zuging.

Sie sind gar nicht begeistert, dass Sie mit Herrn Bauer zusammen das Projekt durchführen müssen, da dieser ein richtiger „Griffelspitzer", ist: völlig unflexibel, penibel auf Ordnung bedacht, regt sich immer über Ihren „unordentlichen" Schreibtisch auf. Er behauptet, Ihnen fehle der notwendige Überblick, dabei verbeißt er sich in Kleinigkeiten, arbeitet doppelt so viel und erreicht weniger als Sie; manchmal behauptet Herr Bauer sogar, irgendwelche Unterlagen seien verschwunden; wahrscheinlich „blickt er es selber nicht mehr", vermutlich schon altersbedingte Vergesslichkeit!

Neulich behauptete er, Sie hätten ihm den Präsentationstermin beim Vorstand, bei dem Sie beide Ihr Projekt vorstellen sollten, nicht mitgeteilt, und er sei dadurch in Stress gekommen. Sie wissen genau, dass Sie ihm Bescheid gesagt haben, das hat er nur wieder vergessen! Es gab einen Riesenstreit, seitdem reden Sie nicht mehr miteinander.

Sobald Sie sich eine Zigarette anzünden, reißt Herr Bauer alle Fenster auf. Das ist doch lächerlich. Wenn ihm das Rauchen nicht passt, kann er ja aus dem Zimmer gehen.

Zu allem Übel will Herr Bauer jetzt auch noch zur gleichen Zeit Urlaub nehmen wie Sie. Sie haben aber die Auflage vom Chef, abwechselnd Urlaub zu nehmen, damit immer einer von Ihnen für die Projektarbeit zur Verfügung steht. Hierüber sind Sie beide nochmals in Streit geraten; Sie hatten zuerst Ihren Urlaub eingereicht und sind der Meinung, dass Sie Vorrang haben.

Der Chef hat nun einen außenstehenden Konfliktberater/in mit der Konfliktklärung beauftragt.

Sie möchten ihm und dem Vorstand mitteilen, dass Herr Bauer mit der Aufgabe überfordert ist. Sie möchten einen anderen Mitarbeiter für dieses Projekt.

- **Mediator/in**

Sie wurden vom Vorgesetzten der Herren Bauer und Kraft gebeten, im Gespräch zu vermitteln.

Durchführung

- Geben Sie die Situationsbeschreibung an alle Spieler (auch an den/die „Mediator/in") aus; die Rollenbeschreibungen zu Herrn Bauer und Herrn Kraft nur jeweils an den Spieler.
- Die beiden Rollenspieler lesen ihre Rolle durch.
- Die Personalabteilung hat sich an den firmenexternen Berater gewendet.
- Es können sich verschiedene Berater/Mediatoren abwechseln, während die Rollenspieler für die beiden Parteien dieselben bleiben.
- Pro Berater/Mediator sollte nicht länger als 20 Min. gespielt werden.
- Das Rollenspiel ist besonders gut für Videoaufzeichnung und -auswertung geeignet.

Beobachtung

Erhalten beide Parteien gleich viel Zeit und Zuwendung seitens des Beraters/Mediators?

- Wie schafft der Berater es, die Parteien wieder miteinander ins Gespräch zu bringen?
- Wann wird „aktiv zugehört, gespiegelt, paraphrasiert", wann wird eine gute Frage gestellt (z.B. hypothetische, zirkuläre, Meta-Frage), wann wird „deeskalierende" Technik angewendet (z.B. „Reframing", VEE), wie wird mit ständigem Unterbrechen der anderen Partei umgegangen?
- Wie sind die nonverbalen Körpersignale, ist der Blick bifokal (immer beide Parteien im Auge behaltend)?
- Fortgeschrittene: Mit welchen Techniken ist es dem Mediator gelungen, auf die Interessensebene zu kommen?

Moderation der Auswertung

- Reihenfolge der Rückmeldung: zuerst Hauptrollenspieler (Berater/Mediator), dann erst die Parteien: Was lief gut, was weniger gut?

- Vertiefende Fragen an die Mitspieler und Feedback von Seiten der Beobachter: Wo wurden die verschiedenen Kommunikationstechniken gut angewendet? Wie fühlten sich die „Parteien" vom Berater/Mediator verstanden? Wie ist es dem Berater gelungen, das Vertrauen der Parteien zu erlangen?
- Es kann eventuell auch ein Beobachtungsbogen erstellt werden. Wenn es um das Training des Einsatzes bestimmter Kommunikationstechniken geht, können die Beobachter z.B. eine „Strichliste" führen, wie oft Paraphrase, VEE, offene Fragen usw. beobachtet wurden.

Außerdem ...

Varianten **Das Rollenspiel kann in zwei Versionen gespielt werden:**

- In der ersten Version trifft sich der Berater/Mediator zum ersten Mal mit den Parteien. Dabei ist das Ziel, verschiedene Kommunikationstechniken zu üben: Aktives Zuhören, VEE, deeskalierende Sprache, Konfliktgespräch führen etc.
- In der zweiten Version zum Training für die Mediationsphasen: Phasenspezifisches Vorgehen, insbesondere bei Phase 3: von den Positionen auf die Interessen führen.

Das Rollenspiel kann auch

- nur mit einer Partei gespielt werden, z.B. „beschwert" sich eine Partei bei einem (Konflikt-)Berater;
- zwischen den beiden Parteien allein durchgespielt werden, ohne Einschaltung eines (Konflikt-)Beraters, im Rahmen eines gemeinsamen Konfliktgesprächs.

Die pflegebedürftige Mutter

29.

von Eva Neumann

Überblick

Kurzbeschreibung

Vermittlung zwischen Schwestern, die sich darüber streiten, wer Schuld hat an der Vernachlässigung ihrer Mutter.

Zielgruppe

Mediatoren und Konfliktvermittler in Ausbildung.

Lernziel

Anwenden von Interventionsmöglichkeiten und Strukturieren des Gesprächs nach den Phasen eines Mediationsgesprächs.

Einsatz

Übungsrollenspiel für Kleingruppenarbeit; mehrere Gruppen üben parallel.

Spielen und auswerten

Situation

Gertrud (60 Jahre alt, unverheiratet) und Marlies (51 Jahre alt, verwitwet) sind Schwestern. Sie arbeiten beide als Erzieherinnen in einer Kindertagesstätte und betreuen die gleiche Gruppe. Ihre pflegebedürftige Mutter ist 87 Jahre alt und hat fortgeschrittene Osteoporose (Knochenschwund). Die Mutter wohnt bei Marlies, die sie betreut, ihr beim Anziehen und Waschen hilft, ihr das Essen kocht und sie pflegt, wenn es ihr schlecht geht. Gertrud wohnt im Nachbarhaus. Sie unterstützt Marlies mit Einkäufen und gelegentlicher Aufsicht der Mutter.

Beide, Marlies und Gertrud können, bedingt durch ihre Arbeit, immer nur gleichzeitig Urlaub nehmen. Die vergangenen Jahre haben sie sich die dreiwöchige Urlaubszeit aufgeteilt, um für ihre Mutter zu sorgen. Diesen Sommer wollte sich Marlies einen lange gewünschten, zweieinhalbwöchigen Urlaub gönnen. Sie hat deshalb ihre volljährigen Töchter (Anita, 18 und Marion, 20) gebeten, sich um ihre Oma zu kümmern. Tante Gertrud würde sie ab der zweiten Woche unterstützen. Gertrud selbst hat vor, in der ersten Urlaubswoche zwei kürzere Ausflüge von jeweils wenigen Tagen zu unternehmen.

Doch es kommt anders: Ein paar Tage nach Ferienbeginn kehrt Gertrud planmäßig von ihrem ersten Kurzausflug zurück. Als sie in Marlies Wohnung kommt, findet sie ihre Mutter allein gelassen vor, diese klagt über starke Rückenschmerzen. Gertrud fragt nach und hört von ihr, dass die beiden Mädchen gerade unterwegs sind. Sie erfährt unter anderem, dass am ersten Tag offenbar kein Mittagessen gekocht wurde. Gertrud macht sich große Sorgen, entscheidet sich, ihre zweiten Kurzreise nachmittags nicht anzutreten und bleibt zu Hause, um sich um die Mutter zu kümmern.

Zwei Wochen später kommt Marlies aus ihrem Urlaub zurück. Kaum ist sie zur Tür hereingetreten, wirft Gertrud ihr vor, dass die Versorgung der Mutter in der ersten Woche nicht funktioniert habe, und dass sie deshalb auf ihre zweite Kurzreise habe verzichten müssen. Marlies ist überrumpelt, findet diesen Empfang äußerst unfreundlich und weist die Vorwürfe von sich.

Seitdem ist die Stimmung zwischen beiden gereizt, sie reden wenig miteinander und warten innerlich auf eine Aussprache. Marlies bittet schließlich eine Vermittlerin, mit ihnen beiden ein Gespräch zu führen.

Rollen

▶ Gertrud

Objektiv waren Anita und Marion nicht da, als meine Mutter sie brauchte. Es bringt mich auf die Palme zu sehen, dass sie so verantwortungslos ihre Oma vernachlässigten. Es ist wichtig, dass Mutter eine gute, verlässliche und liebevolle Pflege erhält. Sicherlich, ich wohne nicht im gleichen Haus – kann ich da überhaupt genug für sie tun? Ich hätte die zweite Reise aber sehr, sehr gerne gemacht! Also wenigstens etwas Anerkennung für meinen Einsatz, dass ich dageblieben bin, wäre doch angebracht. Immerhin habe ich meinen Urlaub geopfert! Stattdessen treffe ich bei Marlies auf Unverständnis. Sie nimmt ja bloß die beiden Mädchen in Schutz. Ihr eingeschnapptes Verhalten mir gegenüber ist völlig ungerechtfertigt, das ist ungerecht! Wie heißt es doch: „Undank ist der Welten Lohn." Schließlich bin ich ja nicht hier geblieben, weil ich es wollte, sondern aus Sorge um Mutter!

▶ Marlies

Der Urlaub war wunderschön und ich komme zur Tür rein, will den anderen etwas von dieser Urlaubsstimmung mitbringen, habe Geschenke dabei ... und Gertrud hat nichts anderes im Kopf, als mich mit Vorwürfen zu überhäufen. Wenn sie nicht immer so überpenibel und übervorsichtig wäre! Anita und Marion haben sich doch gekümmert, und waren bloß kurz draußen, wie sie mir sagten, zum Einkaufen. Klar, sie hätten einen Zettel da lassen können, oder mal anrufen. Aber dass Gertrud deswegen gleich auf ihren Urlaub verzichtet, das ist doch völlig überreagiert. Natürlich bin ich Gertrud dankbar, dass sie sich so um Mutter gekümmert hat, während ich weg war. Aber was sollen die Vorwürfe und Schuldzuweisungen? Ich habe mein Möglichstes getan, damit Mutter in meiner Abwesenheit gut versorgt ist. Marion und Anita haben mir gesagt, das Mittagessen sei ausgefallen, weil Oma keinen Appetit hatte, ansonsten sei alles o.k. gewesen. Ein bisschen Vertrauen kann man den beiden doch schenken.

Ob ich Gertrud das Geschenk, das ich ihr mitgebracht habe, noch geben mag, weiß ich im Moment nicht. Erst mal will ich wieder normal mit ihr umgehen können.

▶ **Mediatorin**

Sie sind professionelle Mediatorin und wurden vor einer Woche von Marlies aufgesucht, damit Sie im Streitfall zwischen ihr und ihrer Schwester Gertrud vermitteln. Sie kennen Marlies' Sicht der Dinge (lassen Sie sich Marlies' Rollenzusatzinformation aushändigen), und Sie haben auch kurz mit Gertrud telefoniert, die anrief, um das Gespräch zu bestätigen und einen Termin zu vereinbaren. Sie haben aber von Gertrud noch sehr wenig über den Fall und ihre Sicht gehört. Beginnen Sie damit, dass Sie zusammenfassen, was Sie wissen. Achten Sie darauf, dass jede Partei ihre Sicht ausreichend schildert.

Durchführung

Lassen Sie die Teilnehmenden Gruppen von jeweils 4 oder 5 Personen bilden. Zwei übernehmen die Beobachtung, die anderen die Rollen im Spiel. „Marlies" und „Gertrud" bekommen zusätzlich zu ihrer eigenen Rolle noch die Situationsbeschreibung. Die Mediatorin bekommt neben ihrer eigenen Rollenbeschreibung lediglich die von Marlies. Die Beobachtenden erhalten einen Bogen mit Beobachtungsaufgaben, sie sollten sich während des Rollenspiels Notizen machen.

Nach einigen Minuten Vorbereitungszeit fängt das Rollenspiel an – evtl. Video mitlaufen lassen.

Beobachtung

- Wie wirkt die Sitzordnung auf Sie?
- In welcher Atmosphäre beginnt das Spiel, wie verändert sie sich?
- Wie viel Aufmerksamkeit schenkt die Mediatorin jeder Partei?
- Welche Techniken setzt die Mediatorin ein?
- Welche Äußerungen werden von der Mediatorin aufgegriffen? Sind es die bedeutsamen Äußerungen?
- Werden Gefühle, Bedürfnisse, Wünsche verbalisiert?
- Kommen tiefer liegende problematische Themen zur Sprache?
- Inwiefern verändert sich die Haltung oder die Sichtweise der Konfliktparteien auf den Konflikt?

Moderation der Auswertung

Fragen an die „Konfliktbeteiligten" (diese können zur Strukturierung des Gruppengesprächs schriftlich ausgeteilt werden):

- Haben Sie sich verstanden gefühlt?
- Welche Äußerungen und Interventionen der Mediatorin waren hilfreich?
- Gab es Signale von Ihnen, die die Mediatorin übersehen oder überhört hat?
- War der Zeitpunkt der Hinwendung zu Lösungen der richtige? Hätte es weitere Lösungsansätze gegeben?
- Wie haben Sie sich in Ihrer Rolle gefühlt und wie haben Sie Ihr Gegenüber wahrgenommen?

Dann nimmt die Mediatorin Stellung:

- Wie geht es mir jetzt?
- Was ist mir leicht gefallen, was ist schwer gewesen?
- Hatte ich das Steuer in der Hand?
- War ich neutral bzw. allparteilich?
- Wie ging es mir mit eigenen Lösungsideen?
- Konnte ich die „Spielregeln" für Mediatoren einhalten?

Abschließend geben die Beobachtenden ihre Rückmeldungen.

Außerdem ...

Quelle

In Anlehnung an einen authentischen Fall konstruiert.

30.  Spannungen im Pflegeteam

von Eva Neumann

Überblick

Kurzbeschreibung Eine neue Pflegerin hat Schwierigkeiten im Team, weil sie sich angeblich „unverantwortlich" verhält. Ihr Vorgesetzter führt ein Gespräch mit drei Beteiligten.

Zielgruppe

- Führungskräfte, die in Konflikten vermitteln wollen und müssen, v.a. im klinischen/altenpflegerischen Bereich.
- Mediatoren oder Vermittler, die Gruppenkonflikte betreuen.

Lernziele

- Moderation eines konfliktbeladenen Teamgesprächs aus der Führungsposition.
- Doppelrolle Führungskraft – Vermittler/in erfahren.
- Erkennen verschiedener Themenpunkte in einem Konflikt.
- Erkennen des eigenen Anteils am Konflikt.

Einsatz

- Zum Üben eines zusammenhängenden Klärungsgesprächs in einer Kleingruppe.
- Gezieltes Ausprobieren der Wirkung von Interventionstechniken, die eine Klärung unterstützen.

Spielen und auswerten

Situation

Im ländlichen Altenpflegeheim „Schönautal" arbeiten drei Altenpflegehelferinnen und zwei examinierte Kräfte in einem Team. Sie werden von dem Stationsleiter Erwin Erhard geführt. Altenpflegerin mit Examen ist auch Sandra Müller, Mutter von drei schulpflichtigen Kindern. Bei ihrer Einstellung sagte ihr der Stationsleiter zu, dass sie ausschließlich in Frühschichten arbeiten wird, so dass sie ab Mittag zu Hause sein kann. Sie hat vor fünf Monaten ihre Arbeit in dem Team aufgenommen und befindet sich noch in der Probezeit.

Die Altenpflegehelferinnen Marianne Gehr und Susanne Mehrbrecht sind am längsten im Team. Sie haben den Stationsleiter Herrn Erhard noch als Teammitglied und Pfleger unter Pflegern erlebt. Marianne Gehr stellt seit einem Jahr als inoffizielle Stellvertreterin von Herrn Erhard und in seinem Auftrag die Schichtpläne zusammen, die er dann nur noch unterschreibt.

Seit einiger Zeit gibt es untergründige Spannungen im Team. Die Pflegerinnen reden zum Teil nicht mehr miteinander, es gibt Sticheleien und körpersprachlich geäußerte Abwertungen.

Der Stationsleiter ruft Sandra Müller zusammen mit Marianne Gehr und Susanne Mehrbrecht zu einem Gespräch, um über die Situation zu reden, nachdem Marianne Gehr sich über Sandra Müller beschwert hat: sie sei unordentlich und unzuverlässig und passe nicht ins Team. Sie bringt Susanne Mehrbrecht mit, da auch diese ein Anliegen hat. Weil dieser Vorwurf innerhalb der Probezeit von Sandra Müller zur Sprache kommt, geht es auch darum, ob ihr Vertrag verlängert werden kann.

Rollen

▶ **Stationsleitung Erwin Erhard**

Sie sind 45 Jahre alt, haben Familie mit zwei fast erwachsenen Kindern und können sich deshalb in Sandra Müllers Lage als alleinerziehende Mutter mit drei Kindern gut einfühlen. Da seit über einem Jahr dringend eine weitere Fachkraft gesucht wurde, waren Sie froh, als Sie vor fast einem halben Jahr endlich eine so kompetent scheinende und sympathische Mitarbeiterin wie Sandra Müller fanden. Sie sagten ihr gerne zu, dass sie ausschließlich in der Frühschicht zu arbeiten brauche. Sie vertrauten darauf, dass Ihr Team diese Verteilung mittragen würde, da ja auch noch Frühschichten für die anderen Mitarbeiterinnen übrig blieben, und familiäre Gründe ja wohl verständlich sind.

Sie haben selbst ein paar Jahre auf der Station gearbeitet, kennen auch Frau Gehr und Frau Mehrbrecht als Frauen, die es verstehen, ihre Interessen bei den „schwächeren" Mitarbeitern durchzusetzen. Andererseits: Als Sie Stationsleiter wurden, waren Sie froh, dass Marianne Gehr Ihnen viel Arbeit mit der Planung der Schichten abgenommen hat.

Nach dem Vorwurf von Marianne Gehr haben Sie ein kurzes Gespräch mit Sandra geführt, um ihre Meinung zur Situation zu hören. Sandra sagte, dass Sie ADS habe (Aufmerksamkeits-Defizit-Syndrom), und sie deshalb das Team zu Beginn ihrer Arbeit mehrfach gebeten habe, ihr Fehler rückzumelden, was bisher keiner getan habe. Sie sei sich aber keiner Fehler bewusst. Das Team weiß nicht, dass Sandra mit ADS zu kämpfen hat. Sie haben mit Sandra vereinbart, dass sie in dem Gespräch selbst entscheiden möge, ob sie ihr ADS ansprechen will oder nicht.

Sie hoffen, dass an den Vorwürfen nichts dran ist, denn es täte Ihnen Leid, sie aus dem Team nehmen zu müssen.

▶ Altenpflegerin Sandra Müller

Sie sind 35 Jahre alt, geschieden und sorgen allein für Ihre drei schulpflichtigen Kinder (13, 11 und 8 Jahre alt). Vor einem dreiviertel Jahr, nachdem die Scheidung über die Bühne war, wollten Sie weiter in ihrem alten Beruf als examinierte Altenpflegerin arbeiten. Sie waren sehr froh, als Sie schon nach kurzer Zeit die passende Stelle fanden: 50% und die Arbeitszeit nur in der Frühschicht, um ab mittags für die Kinder da zu sein. Gerade der älteste, Tommi, hat Ihre Anwesenheit nötig, denn er ist zurzeit in der Schule sehr schlecht und fällt auf; neulich bekamen Sie während der Arbeit einen Anruf der Klassenlehrerin.

Sie haben erst durch das kurze Vier-Augen-Gespräch mit Herrn Erhard erfahren, dass Frau Gehr Sie für unzuverlässig und unordentlich hält. Sie wissen nicht, weshalb sie das sagt. Sie fühlen sich ungerecht behandelt, da Ihnen bisher keiner aus dem Team direkt gesagt hat, dass etwas nicht in Ordnung sei. Da Sie an ADS (Aufmerksamkeits-Defizit-Syndrom) leiden, haben Sie die Kolleginnen gleich zu Anfang darum gebeten, dass man Ihnen Fehler rückmelden möge, falls Ihnen welche unterlaufen. Die Kolleginnen haben dazu genickt – aber bisher kam nichts.

In letzter Zeit wurde es teilweise still, wenn Sie in den Raum kamen oder man wich Ihnen mit dem Blick aus. In dem Vier-Augen-Gespräch haben Sie Erwin Erhard das ADS „gebeichtet“, und haben vereinbart, dass Sie entscheiden, ob Sie es auch dem Team sagen möchten. Sie werden es nur dann öffentlich ansprechen, wenn Sie sich verstanden fühlen und Vertrauen haben – oder wenn Sie extrem unter Rechtfertigungsdruck geraten. Bisher haben Sie dem Druck noch Stand gehalten.

Sie fühlen sich nun ausgegrenzt und hintergangen, Sie sind verletzt, weil sich Einzelne aus dem Team hinter Ihrem Rücken an Ihren Vorgesetzten gewandt haben, anstatt die Sache erst mit Ihnen zu klären. Sie haben das Gefühl, dass die anderen Sie im Team nicht ernst nehmen – wohl, weil Sie vergleichsweise jung sind. Aber Sie sind immerhin Fachkraft und haben acht Jahre Berufserfahrung.

Sie haben Sorge um Ihren Arbeitsplatz, denn Ihre sechsmonatige Probezeit ist erst in einem Monat zu Ende. Ein nochmaliger Wechsel wäre für Sie mühsam. Andererseits, wenn der Druck zu hoch wird, dann würden Sie auch von sich aus gehen. Abgesichert sind Sie durch die Unterhaltszahlungen Ihres Ex-Mannes.

▶ Altenpflegehelferin Marianne Gehr

Sie sind 56 Jahre alt, seit 20 Jahren im Altenpflegeheim tätig und erfahren im Umgang mit den alten Leuten. Inoffiziell haben Sie die Leitung des Teams. Erwin Erhard lässt Ihnen so gut wie freie Hand beim Gestalten des Schichtplans und das ist auch gut so, da Sie immer schauen können, wie es mit den Wochenenden am besten klappt. Die meisten im Team sind sehr kooperativ. Nur weil seit fünf Monaten die Neue, Sandra Müller, dabei ist, funktioniert das nicht mehr so gut. Sandra braucht nur den Frühdienst zu machen, „weil sie Familie hat", sagte Erwin Erhard.

In letzter Zeit sind Ihnen mehrfach Nachlässigkeiten aufgefallen, z.B. dass Sandra Dinge unaufgeräumt liegen lässt, oder auch schon mal vergisst, etwas für einen Heimbewohner zu besorgen, obwohl sie es versprochen hat. Sandra wirkt unkonzentriert, als sei sie mit den Gedanken woanders, und Sie finden das unverantwortlich. Das kann ja wohl nicht sein, dass die Pflegenden auch noch einander nachräumen – es gibt weiß Gott genug zu tun. Neulich bekam Sandra in der Arbeitszeit einen Anruf, und sie blieb 15 Minuten am Telefon, während die alte Frau Zink hilflos in ihren vollen Windeln lag. Das hat gereicht, Sie sind zu Erwin Erhard gegangen, um ihm das verantwortungslose und nachlässige Verhalten von Sandra zu berichten.

Die Kleinigkeiten häufen sich und bedeuten zusätzliche Arbeit für die anderen Mitarbeiterinnen. Und es wäre ja noch schöner, wenn man ständig gegenseitig kontrolliert, ob auch alles „richtig" ist, dann kommt man ja zu gar nichts mehr. Übrigens hat sich Sandra Müller noch nicht einmal dafür bedankt, dass Sie oder andere Kolleginnen ihre Fehler nacharbeiten. Typisch eigentlich, dieses hochmütige Verhalten für eine Examinierte.

Sie sind es auch leid, ständig die Klagen der anderen anzuhören, wie unfair es sei, dass Sandra nur die Frühschicht machen muss. Noch nie wurden so viele Ausnahmen für ein Teammitglied gemacht, es gibt ja auch noch andere Leute mit Familie! Am meisten hat Susanne Mehrbrecht Sie bearbeitet, dass Sie doch beim SL (Stationsleiter) etwas wegen der Frühschichten unternehmen sollen. Deshalb haben Sie sie mitgenommen zum Gespräch.

Altenpflegehelferin Susanne Mehrbrecht

Sie sind 54 Jahre alt, eine gute Freundin von Marianne Gehr und ebenso wie diese schon sehr lange im Altenpflegeheim „Schönautal" angestellt. Sie haben keine Kinder, waren einmal verheiratet, sind aber schon seit 20 Jahren geschieden und wohnen alleine, worüber Sie ganz froh sind. Es bietet Ihnen die Möglichkeit, ungebunden zu leben. Sie brauchen nicht viel, und nutzen Ihren kleinen Verdienst, um Kurzreisen zu machen, v.a. übers Wochenende, Freitagmittag bis Sonntagabend. Oder Sie unternehmen etwas über die Feiertage. Sie lernen dadurch viele Leute kennen, was Ihnen eine gewisse Erholung von dem anstrengenden Beruf ermöglicht. Sie sind impulsiv, emotional und treten deutlich für Ihr Recht ein.

Sie mögen Sandra Müller nicht. Dass sie nur die Frühschichten macht, finden Sie unkollegial. Sandra müsste doch wissen, dass es auch andere gibt, die für eine Familie sorgen oder wie Sie selbst mal einen Nachmittag frei brauchen. Sie stimmen Frau Gehr auch darin zu, dass Sandra ihre Arbeit nicht gut macht – dabei verdient sie als Examinierte viel mehr als Sie!

Sie finden, noch nie wurden so viele Ausnahmen für eine Mitarbeiterin gemacht. Sie nutzen die Gelegenheit, Sandra endlich mal die Meinung zu sagen, jetzt, da Sie bei Erwin Erhard sitzen. Sonst begegnen Sie sich ja kaum, geschweige denn, dass die Arbeit Zeit ließe, um sich zu unterhalten. Sie nehmen Ihre Arbeit nämlich sehr ernst, und verplempern sie nicht mit Gequatsche. Jeder muss schauen, wie er mit seiner Arbeit durchkommt. Da sind Sie sich mit den anderen Kolleginnen im Team einig.

Durchführung

Der Ablauf eines vermittelnden Gesprächs, Fragetechniken und grundlegende empathische und lösungsorientierte Kommunikationsmuster sollten bekannt sein. Die Teilnehmer sollten auch darüber nachgedacht haben, wann sie ein Vermittlungsgespräch selbst führen und wann sie es lieber an eine/n (externe/n) Mediator/in delegieren, um Rollenkonflikten oder ungewollten Folgen für ihre Führungsposition vorzubeugen.

Geben Sie den Personen vor dem Rollenspiel Gelegenheit, sich in ihre Rolle hineinzuversetzen und sich ggf. auf das Gespräch vorzubereiten (Gesprächsziel, Beispiele, Vorgehen). „Marianne Gehr" und „Susanne Mehrbrecht" können sich gemeinsam vorbereiten. Unterdessen können Sie die Beobachtenden instruieren.

Beobachtung

- Wie wird Kontakt von den Gesprächspartnern vermieden oder aufgenommen? Was trägt der Gesprächsführende dazu bei?
- Was sagt Ihnen die Körpersprache der Beteiligten über den Stand des Konflikts?
- Welche Fragen stellte der Vermittler? Welche vermittelnden Gesprächstechniken setzt er ein? Wie wirkt sich das auf das Verhalten der Parteien und den Gesprächsverlauf aus?
- Wie viel Aufmerksamkeit schenkt der Vermittler jeder Partei?
- Welche Äußerungen greift der Vermittler auf? Wo fragt er nach?
- Werden Gefühle, Bedürfnisse, Interessen erkannt und benannt?
- Inwiefern verändert sich die Haltung oder die Sichtweise der Konfliktparteien auf den Konflikt?
- Werden konkrete Wünsche geäußert, werden Absprachen getroffen?
- Wie stellt die vermittelnde Führungskraft Verbindlichkeit her?

Moderation der Auswertung

Die Rückmeldung nach dem Durchspielen der Gesprächssituation richtet sich an den Vermittler und soll ihm helfen, eigene Stärken zu erkennen. Zudem sollen Lernimpulse gegeben werden.
Zunächst äußern sich die Spieler in der Rolle der Konfliktparteien mit Antworten auf folgende Fragen (diese können zur Strukturierung des Gruppengesprächs schriftlich ausgeteilt werden).

- Haben Sie sich in Ihrer Rolle verstanden gefühlt? Wann, von wem?
- Welche Äußerungen des Vermittlers haben Ihnen geholfen, die Sicht der anderen Parteien zu verstehen?
- Gab es Signale von Ihnen, die der Vermittler übersehen oder überhört hat, die aber wichtig gewesen wären? Warum?
- Wann hat der Vermittler in Richtung Lösungen/Vereinbarungen gelenkt? War der Zeitpunkt für Sie der richtige?

- Haben Sie den Vermittler auch in seiner Rolle als Führungskraft wahrnehmen können? War sein Verhalten beiden Rollen angemessen? Inwiefern ja/nein?

Dann geben die Beobachtenden ihre Rückmeldungen.
Abschließend nimmt der Vermittler Stellung:

- Wie geht es mir jetzt? Wie zufrieden bin ich mit dem Gesprächsende?
- Was ist mir leicht gefallen, was ist schwer gewesen? Was hat mir geholfen?
- Konnte ich die un-/überparteiische Rolle einnehmen? Wann habe ich „geführt"?
- Wie bin ich mit eigenen Fantasien und Lösungsideen umgegangen?

Außerdem ...

Varianten

Das Team kann noch um weitere Mitarbeiterinnen ergänzt werden, was die Komplexität der Gesprächssituation steigert und insofern nur für Fortgeschrittene zu empfehlen ist. Das so erweiterte Team kann als Übungssituation für Mediatoren und Klärungshelfer/innen dienen. Der „Stationsleiter Erwin Erhardt" nimmt dann an der Teamklärung als „Betroffener" teil.

- **Zusätzliche Rolle: Altenpflegerin Dorothee Diesel**

Sie sind 52 Jahre alt, verheiratet, Ihre Kinder sind bereits aus dem Haus. Sie machen Ihre Arbeit gerne, sind für die Alten da, fleißig und recht flexibel im Schichtplan. Sie machen Ihre Arbeit mit einer gesunden Distanz, sind generell eher eine gelassene, zurückhaltende Persönlichkeit und eine kühle Beobachterin. Sie wollen in Ruhe Ihre Arbeit tun und finden es nicht produktiv, sich aneinander aufzureiben. Sie sehen Frau Gehr und Frau Mehrbrecht als durchaus machtbewusste Mitarbeiterinnen, die sich ihren Einfluss sichern wollen. Es herrscht ein gewisses In-Ruhe-Lassen auf Ge-

genseitigkeit, das Sie gerne beibehalten wollen. Sie finden Sandra nicht unsympathisch, kennen sie aber nur wenig. Ihnen sind auch Fehler aufgefallen, z.B. dass Sandra mal vergessen hat, etwas aufzuräumen, oder eine Information nicht weitergegeben hat. Aber das finden Sie nicht tragisch und haben es stillschweigend ausgebessert. Im Übrigen muss Sandra wissen, was sie tut, sie ist wie Sie eine Fachkraft. Was die Frühschichten angeht: Das ist Ihnen egal, Ihnen ist eine verlässliche und langfristige Urlaubsplanung wichtiger, denn Sie wollen den Ruhestand Ihres Mannes miteinander genießen.

▶ **Zusätzliche Rolle: Altenpflegehelferin Hülya Gül**
Sie sind Türkin, 40 Jahre alt, sprechen nicht so gut Deutsch und haben deshalb Schwierigkeiten, längere Gespräche zu führen. Sie tun Ihre Arbeit im Prinzip gerne, haben aber Angst vor den beiden älteren Frauen: vor Frau Gehr wegen ihrer Autorität, und vor Frau Mehrbrecht, weil diese schnell wütend wird. Sie wollen Ihren Job behalten, der Ihnen eine gewisse Unabhängigkeit bietet, und vermeiden es so weit wie möglich, sich mit einer der beiden älteren Frauen anzulegen. Auch Sie hätten gerne mehr Frühschichten, denn Sie haben Familie und werden von Ihrem Mann sowieso unter Druck gesetzt, dass Sie arbeiten und nachmittags nicht immer da sind. Als Herr Erhard die Frühschicht pauschal an Sandra vergeben hat, haben Sie sich nicht getraut etwas zu sagen. Wenn Sandra ginge, dann würden wieder mehr Frühschichten frei.

Quelle Das Rollenspiel ist in Anlehnung an einen realen Fall konstruiert.

Gründung eines Qualitätsteams

31.

von Eva Neumann

Überblick

Kurzbeschreibung

Die Frage: „*Wie können wir unsere Arbeit kontinuierlich verbessern*", dient als Impulsfrage für eine Moderationsübung.

Zielgruppe

- Teilnehmende an einem Moderationstraining, idealerweise aus einer Firma/Institution, aber auch berufsgruppenübergreifend möglich.
- Projektleiter und alle, die Gruppendiskussionen ergebnisorientiert begleiten und strukturieren.
- Gut geeignet für Anfänger.

Lernziele

- Fragestellungen präzisieren, Diskussionen an der gewählten Frage orientiert halten.
- Gruppengespräche beginnen, strukturieren und visualisieren.

Einsatz

- Ausprobieren von grundlegenden Moderationstechniken.
- Praxisbezogener Themeneinstieg: Die Übenden bekommen ein erstes „Gespür" für die Rolle und die Aufgaben eines Moderators.
- Auch zum Einstieg in ein Aufbauseminar geeignet; kann durch zusätzliche Rollen im Schwierigkeitsgrad gesteigert werden.

Spielen und auswerten

Situation

Sie sind alle Mitarbeiter einer kleinen Firma und treffen sich zu Ihrer wöchentlichen Besprechung. Dieses Mal steht auf Tagesordnungspunkt 2: „Kontinuierliche Verbesserung unserer Arbeit".
Sie sind im Vorfeld über den Hintergrund für dieses Thema informiert worden: Kostendruck, steigendes Qualitätsbewusstsein bei den Kunden, interne Arbeitsüberlastung und weitere Faktoren haben gezeigt, dass die bisherige Arbeitsweise dringend reflektiert werden sollte: Fehlerquellen und zeitaufwändige Abläufe sollten ausfindig gemacht und Verbesserungsvorschläge gesammelt und umgesetzt werden.

Die Idee dahinter ist, einen Qualitätsprozess zu implementieren, bei dem sich das Team in regelmäßigen Abständen trifft, die eigenen Arbeitsabläufe analysiert und Verbesserungen entwickelt. Einen externen Berater wollen Sie zunächst nicht beauftragen. Sie alle sind von dieser Idee angetan, Ihr Ziel ist es, in der nächsten halben Stunde genauer zu besprechen, wie ein solches Qualitätsteam aufgebaut wird und wie es arbeiten kann.

Rollen

▶ **„Moderator/in"**
Sie sind Mitarbeiter/in derselben kleinen Firma wie das Team und übernehmen turnusmäßig für die heutige Besprechung die Moderation. Sie sind für die Zielorientierung der Diskussion zuständig, d.h., Sie präzisieren die Fragestellung, visualisieren das Gespräch bzw. dessen Ergebnisse in zweckmäßiger Weise und halten die Gruppe beim Thema. Unbeschadet Ihrer Funktion als Moderator/in dürfen Sie Ihre eigene Meinung einbringen. Bis zum Sitzungsende haben Sie noch eine halbe Stunde.

Durchführung

Situations- und Rollenbeschreibung gehen an alle Teilnehmenden. Lassen Sie jemanden die Rolle des Moderators übernehmen. Geben Sie evtl. 10 Minuten Zeit zur Vorbereitung auf die Moderation.

Teilen Sie die übrige Gruppe in Beobachtende und Mitspieler. Die Beobachter/innen setzen sich in einen Außenkreis um die „Besprechungsrunde“, die einen Innenkreis bildet.

Geben Sie Flipchart, Pinwände und Stifte als Materialien dazu.

Beobachtung

- Wie formuliert der Moderator die Einleitung/Überleitung zu TOP 2? Ist sie informativ, und motivierend? Gibt sie Orientierung?
- Wird die Fragestellung präzisiert? Inwiefern wird sie in der Diskussion weiter verfolgt?
- Werden die wesentlichen Gedankenschritte visualisiert?
- Wie ist der Kontakt zwischen Moderator/in und Besprechungsteilnehmern?
- Wie geht er/sie mit Wortmeldungen, Zwischenrufen um? Wie ordnet er/sie den Gesprächsverlauf?
- Macht der/die Moderator/in eigene Meinungsäußerungen kenntlich?

Moderation der Auswertung

- Die Beobachter im Außenkreis geben Rückmeldung gemäß den zuvor vereinbarten Gesichtspunkten.
- Die Teilnehmer an der Diskussion im Innenkreis geben Auskunft darüber, wie das Verhalten des Moderators auf sie gewirkt hat, z.B.:
  - Wie zufrieden sind Sie mit der Moderation, was war gut, was ist noch wünschenswert?
  - Wie wurden die einzelnen Personen einbezogen oder „ausgebremst“?
  - War das Gespräch am Thema und zielorientiert oder abschweifend?
  - Welche Orientierungshilfen bekamen die Diskussionsteilnehmer durch die Moderation?
  - Ist die Visualisierung nachvollziehbar und verständlich? Finden sich Diskutanten mit ihren Beiträgen wieder?
- Der oder die Moderator/in kann zur Klärung Verständnisfragen stellen und sagt selbst, was leicht fiel, was schwer fiel und welche Impulse er oder sie durch das Feedback erhalten hat.

- Der oder die Trainer/in weist in der Auswertungsrunde auf weitere mögliche Interventionen des Moderators hin, die dann im Verlauf des Seminars thematisiert und vertiefend geübt werden.

Außerdem ...

Anmerkungen

Die Präzisierung der Fragestellung ist in dieser Übung von entscheidender Bedeutung: Es geht in dieser Rollenspielsituation nicht primär darum, über die Qualität der Arbeit(sprozesse) zu reflektieren, sondern deren Reflexion zu planen. Das bedeutet: Die Teilnehmenden diskutieren darüber, wie ein solches Qualitätsteam aufgebaut und implementiert werden kann – nicht über die Qualität der Arbeit und Verbesserungsansätze.

Wenn sich die Teilnehmenden auf ein gemeinsames Arbeitsumfeld beziehen können, fällt der Einstieg ins Thema besonders leicht, die Rollenspielsituation bewegt sich nahe an einer realen Situation. Natürlich ist dann auch die Gefahr der Verwechslung der Fragestellung „wie implementieren wir das Qualitätsteam" mit „was gibt es zu verbessern?" besonders groß, und macht den Reiz dieses Rollenspiels auf. Aha-Effekte bei der anschließenden Auswertung sind so gut wie sicher.

Varianten

Sie können alle Teilnehmer in die Übung einbeziehen, indem Sie jede/n für 10 Minuten die Rolle des Moderators einnehmen lassen. Mit jedem neuen Moderator bekommt die Diskussion einen „frischen Wind" und es bleibt auch für die Beobachter interessant. Durch den Wechsel werden verschiedene Moderations-„Stile" sichtbar. Auf der Basis dieser Beobachtungen lassen sich später Vor- und Nachteile verschiedener Verhaltensweisen (verallgemeinert) besprechen. Der Trainer kann sich auf diese Weise auch ein erstes Bild von den bereits vorhandenen Fähigkeiten der Seminarteilnehmer machen.

32.

„Nie wieder eine kalte Pizza" – Risikomanagement, spielerisch leicht gemacht

von Markus Stoltze

Überblick

Kurzbeschreibung

Mögliche Gefahren bzw. Fehler und deren Auswirkung bei einem innovativen neuen Herstellungs- und Lieferprozess sollen „spielerisch" durch ein Projektteam erarbeitet werden.

Zielgruppe

- Führungskräfte von Projekt-, Prozess- oder Qualitätsteams.
- Potenzielle Führungskräfte.

Lernziele

- Lösungsorientierte Moderation und Präsentation.
- Analyse-, Priorisierungs- und Entscheidungskompetenz erhöhen.
- Erlernen einer international anerkannten Priorisierungstechnik.
- Erarbeitung adäquater Präventionsmaßnahmen.
- Professionelle Ergebnispräsentation.

Einsatz

Als phasenübergreifendes Instrument zum Thema „Lösungsorientierte Moderation und Präsentation" gut geeignet.

Spielen und auswerten

Situation

Ein überregional expandierender Pizzaauslieferservice will im Rahmen einer geplanten Markterweiterung in der Großstadt „xy" unter dem Motto „Nie wieder eine kalte Pizza" Pizzen der Spitzenqualität verkaufen. Dazu entwickelt er einen innovativen Herstellungs- und Lieferprozess.

Da der Vorstand neue Wege geht, lässt er bereits in der Projektplanungsphase, um präventiv Vorbeugungsmaßnahmen ergreifen zu können, mögliche Gefahren bzw. Fehler und deren Auswirkung innerhalb des Herstellungs- und Lieferprozesses „spielerisch" durch ein Projektteam erarbeiten.

Die Simulation soll anhand international anerkannter Analysetechniken durchgeführt und mit bereits priorisierten Präventionsmaßnahmen dem Vorstand mittels des „Didaktischen Fünfschrittes" (siehe Seite 249 f.) professionell präsentiert werden.

Der Projektleiter hat bereits Einladungen an langjährige Kunden anderer Niederlassungen und qualifizierte Mitarbeiter versandt. Heute steht jetzt die erste Projektsitzung an.

Rollen

- **Das Projektteam**
- **Projektleiter/Moderator**
- **Kunde 1**
- **Kunde 2**
- **Kunde 3**
- **Pizzabäcker**
- **Mitarbeiter aus der Telefonzentrale** (Auftragsannahme)
- **Fahrer** (Auslieferung)

Durchführung

Skizzieren Sie die allgemeine Situation für alle Teilnehmenden.

I. Sammelphase/Themenspeicher

- Nun entwickeln Sie mit Ihrem Projektteam innerhalb einer Brainstorming-Phase den gesamten fiktiven Herstellungs-, Verpackungs- und Anlieferungsprozess der Pizzen.
  (Für jeden Prozessschritt benutzen Sie eine Moderationskarte. Die Karten in logischer Reihenfolge sortiert ergeben eine Prozessanalyse (Flussdiagramm). Markieren Sie (*) Risikopunkte im Gesamtablauf.)

- Verteilen Sie nun im Projektteam die Rollen (z.B.: Pizzabäcker) und geben Sie die Möglichkeit, sich auf die folgende Sammelphase vorzubereiten.
  Die Aufgabe besteht darin, mögliche Gefahren (z.B. mangelhafte Thermobehälter) innerhalb des Pizzaherstellungs- und Auslieferprozesses zu identifizieren. Jedes Teammitglied konzentriert sich ausschließlich auf sein Aufgabengebiet (z.B. der Fahrer auf alle Tätigkeiten seines Aufgabenfeldes).

- Führen Sie zu dieser Sammelphase die „8-M-Methode" ein.
  Die 8 „Ms" stehen für Hauptfehlerquellen, die während jedes Prozessschritts die Pizzaqualität gefährden könnten.
  Sie lauten: Mensch, Maschine, Material, Messungen, Methode, Mitwelt, Money, Management (Näheres zur 8-M-Methode ist unter dem Punkt „Außerdem" erläutert).

- Die Mitspieler sammeln nun assoziativ anhand der Prozessanalyse und der 8-M-Methode zunächst allein und schriftlich und dann per Zuruf mögliche Gefahren/Fehler und ihre Auswirkungen auf die Pizza.

- Übertragen Sie die Ergebnisse in die ersten drei Spalten des vorbereiteten Analyseformulars: Prozessbeschreibung, mögliche Fehler, Fehlerfolge (siehe „FMEA-Tabelle", Seite 251).
  FMEA = Fehlermöglichkeits- und Einflussanalyse. Näheres hierzu unter dem Punkt „Außerdem".

II. Erste Bewertungsphase

- Sämtliche Fehler und Gefahren werden nach drei Kriterien bewertet:
  a) Wie wahrscheinlich ist es, dass der Fehler eintritt (RA)?
  b) Welche Bedeutung hat der Fehler aus Sicht der Kunden (RB)?
  (Skala für a) und b): „gering = 1“ bis „sehr hoch = 10“)
  c) Wie hoch ist die Wahrscheinlichkeit, dass der Fehler schnell entdeckt wird (RE)?
  (Skala für c): „sehr hoch = 1“ bis „sehr gering = 10“. Beachte: Skala ist hier bewusst umgekehrt!)

- Nachdem jeder Fehler im Plenum (per Abstimmung) bewertet wurde, wird eine Risikoprioritätszahl (RPZ) gebildet aus den Faktoren: RA x RB x RE = RPZ

Beispiel

Mangelhafter Thermobehälter
Auftreten: RA = 8; Bedeutung für den Kunden: RB = 7;
Entdeckungswahrscheinlichkeit = 10 (denn der Fehler wird erst sehr spät, nämlich erst beim Kunden festgestellt)
$RPZ_{Thermobehälter}$ = 8 x 7 x 10 = 560 (Sp. 7)

Tragen Sie die Ergebnisse in Spalte 4-7 der FMEA-Tabelle ein!

- Ermitteln Sie die Risikoprioritätszahl (RPZ) nun für alle Fehler und sortieren Sie die RPZs der Größe nach in absteigender Sortierung.

III. Fehleranalyse und Präventionsmaßnahmen

- Analysieren Sie für jeden Fehler, wie er entstehen könnte, schlagen Sie die zugehörige Präventions- bzw. Verbesserungsmaßnahme vor und erläutern Sie die positiven Wirkungen.

Die Ergebnisse sind in die Spalten 8-10 einzutragen.

Beispiel	
Ursache:	Thermobehalter entstammen einem „Zweite-Wahl-Angebot“ mit ungünstigen Isoliereigenschaften (Sp.8).
Maßnahme:	Anschaffung hochwertiger Thermobehälter und Begrenzung der Auslieferradien (Sp.9).
Wirkung:	Dauerhaft heiße Pizza (Sp.10)

IV. Abschließende Bewertungsphase

- Um nun die Wirksamkeit Ihrer Maßnahmen belegen zu können, bewerten Sie die Präventionsmaßnahmen nach denselben Kriterien, wie in der ersten Bewertungsphase (II. Schritt 7-9, einzutragen in den Spalten 11-14).

  Hinweis: Bei dieser Bewertung verändert sich allerdings nur die Spalte RA, in seltenen Fällen noch die Entdeckungswahrscheinlichkeit, die Bedeutung für den Kunden bleibt dagegen identisch.

- Die absteigende Sortierung der RPZs dieser Präventionsmaßnahmen entspricht auch der zeitlichen Reihenfolge, nach der die Maßnahmen eingeführt werden sollten.

V. Ergebnispräsentation anhand des „Didaktischen Fünfschritts“

- Präsentationsmotto: „Nie wieder eine kalte Pizza!“
  (Näheres zum „Didaktischen Fünfschritt“ unter dem Punkt „Außerdem“.)

  Ein Präsentationsbeispiel finden Sie auf der Folgeseite.

Nie wieder eine kalte Pizza

Problem	Hr. Dr. Pizzolini erhält ausgerechnet am Tag unserer Neueröffnung eine kalte Pizza!
Analyse	Wie konnte dies geschehen? „Zweite-Wahl"-Termobehälter mit schlechten Isoliereigenschaften und ein zu langer Lieferweg.
Synthese	Hätten wir einen Maximallieferweg und hochwertige Thermobehälter eingesetzt, wäre die Pizza heiß gewesen und der zufriedene Kunde würde uns weiterempfehlen.
Theorie	Der Lieferradius und die Qualität der Thermobehälter sind nicht die einzigen Faktoren, welche die Qualität der Pizzen beeinflussen. Überdies gibt es folgende Zusammenhänge zu berücksichtigen ...
Umsetzung	Folgende Maßnahmen schlagen wir nun vor, damit die Pizza in Zukunft heiß beim Kunden ankommt ...

Außerdem ...

Quellen

Die 8-M-Methode beruht auf dem sog. „Ishikawa-Diagramm". Für potenzielle Kunden ist es allerdings viel interessanter, präventiv Fehler bzw. Risiken zu vermeiden, schon aus Kosten- und Imagegründen, als sie erst nachträglich zu beseitigen, wie man das beim Ishikawa-Diagramm tut.

Die FMEA (Failure Mode and Effect Analysis) wurde erstmals Mitte der 70er Jahre im Apollo-Projekt der NASA eingesetzt. Heute wird sie regelmäßig eingesetzt in der Luftfahrt, der Automobilindustrie (berühmte, schlecht durchgeführte FMEA: der „Elchtest" des

A-Klasse-Mercedes) und im Klinikmanagement. Zur FMEA kann man auf Lehrbücher zum QM oder PM zurückgreifen oder alternativ sehr günstig auf die Taschenbuchreihe des Hanser Verlags, Pocket Power, Qualitätstechniken, von Ulrike Hoeth, Wolfgang Schwarz, München-Wien 2002.

Der „Didaktische Fünfschritt" wurde von Heinrich Fey aus älteren logisch-didaktischen Mustern entwickelt; u.a. aus J. Deweys Werk „How we think". Nachzulesen ist das in Heinrich und Gudrun Feys Buch „Sicher und überzeugend präsentieren", Walhalla, Reihe Fit for business, Regensburg, Düsseldorf 1998.

Die Kombination aller drei Methoden in einer Gruppenarbeit als Rollenspiel habe ich entwickelt. Sie hat den Vorteil, dass sowohl Methoden des Projekt- und Qualitätsmanagements als Gruppenmoderation und Präsentationsfertigkeiten simultan trainiert werden.

Anhang: Die FMEA-Tabelle

			Risikowert							Risikowert			
1	2	3	4	5	6	7	8	9	10	11	12	13	14
Prozess-beschreibung	Möglicher Fehler	Fehlerfolge	Auftreten	Bedeutung	Entdeckung	RPZ	Ursache	Maßnahme	Wirkung	Auftreten	Bedeutung	Entdeckung	RPZ

33. Auf dem Weg zur Führungskraft

von Sonja Förste

Überblick

Kurzbeschreibung

Stellen- bzw. Gehaltsverhandlung zwischen Mitarbeiter/in und Führungskraft bedingt durch die Übernahme zusätzlicher Aufgaben im Zusammenhang mit der Vergabe einer neuen Position.

Zielgruppe

- Führungskräfte.
- Mitarbeiter.
- Interessierte am Thema Verhandlungen in hierarchischen Situationen.

Lernziele

- Lösungsorientierte Gesprächsführung.
- Interessenvertretung vor Vorgesetzten.
- Integration verschiedener Interessen.

Einsatz

- Als Fall zur Übung hierarchieübergreifender Verhandlungen.
- Zum Erkennen kreativer Optionen in Verhandlungsfällen.

Spielen und auswerten

Situation

Die Führungskraft sieht die Möglichkeit, die neu geschaffene Position der Gruppen- und Projektleitung mit Michael(a) zu besetzen, sofern sie sich über die Konditionen einigen.

Rollen

▶ **Mitarbeiter/in Michael/a**
Ausgangssituation: Sie arbeiten seit zwei Jahren in diesem Unternehmen. Ihre bisherige Stellenbeschreibung umfasst hauptsächlich Sachbearbeitung. Nachdem aber im letzten halben Jahr Ihre Führungskraft eine zeitintensive strategische Zusatzaufgabe übernommen hatte und dadurch die Projektleitung teilweise richtiggehend verwaist war, haben Sie ohne Auftrag begonnen, Projektleitungsaufgaben zu übernehmen. Wohl fühlen Sie sich mit diesem inoffiziellen Status nicht, auch wenn Ihnen die Leitung, die Organisation und der Umgang mit Ihren Kollegen und Kolleginnen liegen.

Verhandlungsgegenstand: Nun hat Ihre Führungskraft Sie zum Gespräch gebeten. Im Vorgespräch wurden Sie von ihr darüber informiert, dass Strukturveränderungen in der Organisation geplant sind. Im anstehenden Gespräch wird es darum gehen, in welcher Weise und zu welchen Konditionen Sie die neu geschaffene Position des Gruppen- und Projektleiters übernehmen könnten. Ihre Führungskraft bat Sie, sich zur Vorbereitung Gedanken über Ihre Interessen zu machen.

Sich abzeichnender Interessenkonflikt: Eine angemessene Gehaltserhöhung.

Ihre Interessen: In der reinen Sachbearbeiterfunktion hatten Sie nach einem Jahr das Gefühl, zwar ausgelastet, aber nur einseitig gefordert zu sein. So kam Ihnen an sich die Lücke in der Projektleitung gelegen. In der Menschenführung und Projektleitung sehen Sie Ihr nächstes Entwicklungsfeld. Sie wollen gerne mehr Verantwortung übernehmen, Ihre sozialen Kompetenzen einsetzen und erweitern und natürlich Anerkennung für Ihre Leistung bekommen. Wobei Sie bei der Vorstellung, Führungskraft und Projektleiter zu sein, noch ein starkes Gefühl von Unsicherheit beschleicht. Sie haben kaum theoretisches Wissen und nahezu keine eigene Erfahrung mit Führungsaufgaben im Unternehmen. Auf jeden Fall ist Ihnen wichtig, dass endlich klare Strukturen geschaffen werden und die Lücke in der Projektleitung geschlossen wird.

▶ **Führungskraft**

Ausgangssituation: Das vergangene halbe Jahr war voller Herausforderungen. Sie hatten zusätzlich zu Ihrem Tagesgeschäft, der Projektleitung und Führung Ihrer Mitarbeiter, auch noch zeitintensive strategische Aufgaben zu bewältigen. Sie sind froh, dass keines der Projekte richtig abgeschmiert ist. Ihr/-e Mitarbeiter/in Michael(a) hatte, ohne dass Sie etwas sagen mussten, die notwendigsten Organisationsaufgaben übernommen. Allerdings gab es dabei noch deutliche Schwächen z.B. in der Kalkulation der notwendigen Arbeitszeit. Das Potenzial bei Michaela ist da, allerdings fehlt ihr noch die Erfahrung und Sicherheit. Nun haben Sie sich zusammen mit Ihren Führungskräften und Ihren Kollegen zu einer Strukturklärung durchgerungen. Es ist notwendig geworden, Führungs- und Projektverantwortung abzugeben an die Zwischenebene eines Gruppenleiters. Michaela wäre dazu eine mögliche Kandidatin.

Verhandlungsgegenstand: Im anstehenden Gespräch mit Michaela wird es darum gehen, in welcher Weise und zu welchen Konditionen sie die neu zu schaffende Stelle der Gruppen- und Projektleiterin besetzen könnte.

Sich abzeichnender Interessenkonflikt: Eine angemessene Gehaltserhöhung.

Ihre Interessen: Sie brauchen mehr Freiraum und Zeit für Ihre Zusatzaufgaben und wollen deshalb die Verantwortung für die Leitung der Einzelprojekte an den zukünftigen Gruppenleiter delegieren. Diese Zwischenebene wird notwendig, da sich Ihr Arbeitsbereich ständig vergrößert. Sie brauchen jemanden, der zuverlässig und selbstständig die Projektorganisation und die Einbindung der einzelnen Mitarbeiter übernimmt. Die Fortentwicklung Ihrer Abteilung liegt Ihnen am Herzen, wie auch die Weiterentwicklung der einzelnen Mitarbeiter. Daher würde es Sie freuen, wenn Sie mit Michaela einig würden. Allerdings haben Sie kaum finanziellen Spielraum. Insbesondere wollen Sie keine Ansprüche bei älteren Kollegen wecken, die trotz längerer Unternehmenszugehörigkeit und höherem Verantwortungsgrad auf dem gleichen Gehaltsniveau stehen wie bisher Michaela.

Durchführung

Skizzieren Sie die allgemeine Situation für alle Teilnehmer.

- Finden Sie Mitspieler, geben Sie ihnen ihre Rollenbeschreibung und die Möglichkeit, sich einzeln auf das Gespräch vorzubereiten (z.B. Gesprächsziele zu überlegen).
- Verteilen Sie jeweils beide Rollenbeschreibungen an die Beobachtenden. Sammeln Sie bzw. besprechen Sie mit der Gruppe die Beobachtungskriterien. Verteilen Sie die Beobachtungskriterien, auf Kärtchen geschrieben, an einzelne Beobachter („Spezialisten"). Bereiten Sie die Szene für das Rollenspiel vor.

Alternativ besteht auch die Möglichkeit, mehrere Kleingruppen, jeweils mit einem oder zwei Beobachtern, parallel verhandeln zu lassen.

Beobachtung

- Körpersprachliche Signale auf beiden Seiten.
- „Schlüssel" zum Verhandlungsergebnis (zum Erfolg führendes Verhalten).
- Verhandlungsverlauf mit Redeanteilen.
- Verhandlergrundfähigkeiten: Zuhören, Fragen stellen.
- Welches Ergebnis wird erzielt? Welche konkreten Vereinbarungen werden getroffen? Welche Strategie haben die beiden Gesprächspartner verfolgt?

Moderation der Auswertung

1. Bei parallelen Gesprächen in Kleingruppen: Formale Ergebnisse der einzelnen Gruppen durch Befragung der Beobachter und ergänzend durch Befragung der Spieler transparent werden lassen (evtl. visualisieren).
2. Mitarbeiter(innen) befragen: *„Welches Ziel haben Sie sich vorgenommen? Wie ging es Ihnen im Gespräch? Was war leicht, was schwierig?“*
3. Führungskraft/-kräfte befragen: *„Welches Ziel haben Sie sich vorgenommen? Wie ging es Ihnen im Gespräch? Was war leicht, was schwierig?“*
4. Beobachter befragen: *„Was ist Ihnen zu den Beobachtungskriterien aufgefallen?“*
5. Visualisierung der „Schlüssel“ (zum Erfolg führendes Verhalten) und „Blockierer“ (blockierendes Verhalten) des Verhandlungserfolgs.
6. Sammeln von konkreten Verbesserungsvorschlägen.
7. Verallgemeinerung zu „Verhandlungsführung zwischen den Hierarchien“.

Außerdem ...

Anmerkungen

Das Rollenspiel gewinnt an Konkretheit, wenn Sie, am jeweiligen Markt oder Unternehmen orientiert, Zusatzinformationen zu folgenden Themen dazugeben:

- Bisherige Organisationsstruktur (wie viele Mitarbeiter im Team/Projekt; zeitliche Dimensionen: Wann ist das Projekt beendet, was kommt danach; wie viele Führungsebenen hat das Unternehmen, wer entscheidet über Gehälter; wie war die bisherige Einbindung in die Abteilung? ...).
- Fakten zum bisherigen Arbeitsvertrag (Jahresgehalt, Urlaub, Weiterbildungstage, Arbeitszeit).
- Rahmenbedingungen (Wie geht es dem Unternehmen wirtschaftlich? Welche Branche? Wie sieht das Arbeitsmarktangebot aus?).

- Konkrete Wünsche an die andere Seite: Wünscht sich die zukünftige Führungskraft z.B. professionelles Coaching in den Führungsanforderungen?
- Interessenkonflikte: Wo könnte es noch „haken?", z.B. in der Zahl der Urlaubstage, da in der Freizeit ein MBA (Master of Business Administration) gemacht wird und für die Prüfungsvorbereitung mehr Urlaubstage benötigt werden.

Varianten

Eine interessante Spielvariante bei Verhandlungen in Vergleichsgruppen ist, in einen Teil der Kleingruppen den Mitarbeitern bzw. den Führungskräften die Zusatzinformation einer konkreten Alternative statt der Besetzung der Projektleiterstelle mit Michael(a) zu geben. Zum Beispiel könnte der Rollenbeschreibung von Michael(a) ein konkretes alternatives Stellenangebot beigelegt werden. Auch der Führungskraft können Informationen über einen zusätzlichen Bewerber an die Hand gegeben werden. Dies bietet in der Auswertung die Möglichkeit, Hinweise zum Thema „Alternativen als Stabilisator in Verhandlungen" zu geben.

Quelle

Die Idee dieses Rollenspiel entstand aus der Ausgangssituation eines Coaching-Auftrags.

34. Wem gehört der Strand?

von Klaus Steinke, nach einer Idee von Karin Pezzer

Überblick

Kurzbeschreibung

Ein Konfliktszenario zwischen drei Gruppen steht auf der Kippe zwischen Eskalation und Kooperation. Das Rollenspiel basiert auf authentischen Interessenkonflikten.

Zielgruppe

- Gruppen mit 13 und mehr Teilnehmern, die lernen und erleben wollen, wie schnell einerseits Interessenkonflikte an die Wand gefahren und in die Eskalation getrieben werden können, oder andererseits durch richtiges kommunikatives Verhalten deeskaliert und zu einem für alle Seiten befriedigenden Ergebnis geführt und verhandelt werden können.
- Das Spiel ist für Anfänger und Fortgeschrittene geeignet.

Lernziele

- Grundlagentechniken Zuhören und Fragenstellen.
- Vorurteile (=Vorannahmen gegenüber anderen) bedürfen der Überprüfung.
- Hineindenken in die Sichtweise anderer.
- Argumentations- und Überzeugungsprozesse.
- Kreatives Problemlösen.
- Unterschiede zwischen Eskalation/Härte/Konfrontation zu wirklichem Win-win.
- Grundregeln erfolgreicher Verhandlungsführung nach „Harvard" oder „GoWin negotiation systems".

Einsatz

- Das Spiel kann eine erhebliche Eigendynamik entwickeln und eignet sich als Basisleitfaden für ein Verhandlungsführungs-Grundlagenseminar, ganz besonders bei politisch, ökologisch und/oder bürgerschaftlich interessierten Teilnehmern, aber auch bei Jugendgruppen und Schulklassen der Oberstufe.
- Bei der Verwendung als Erkenntnisbasis für ein Verhandlungsseminar wird der Spielverlauf an passenden Stellen jeweils „eingefroren". Dann werden zusätzlich notwendige Kenntnisse vermittelt und eingeübt und sofort im „wiederaufgetauten" Rollenspiel in ihrer Wirkung ausprobiert.
- Dauer, ohne Auswertung: Minimum 2 Stunden, je nach Spielfreudigkeit auch viel mehr.

Entscheidet sich die Spielleitung für eine Variante mit Zwischen-Inputs, dauert das Spiel entsprechend länger; ausbaubar bis zu einem lehrreichen und vergnüglichen Wochenende.

Spielen und auswerten

Situation

(Hand-out für alle Teilnehmer)
Wir befinden uns im malerischen Örtchen Kefalonia im Norden Griechenlands. Bisher ist der Tourismus fast völlig am Ort vorbeigeschwappt. Dabei gibt es einen hübschen, lokaltypischen Ort zu entdecken und hinter den Dünen einen sehr schönen, nur selten benutzten Strand, der im Frühsommer des Nachts sogar von Schildkröten zum Laichen benutzt wird.

Da dies einer der letzten unverbauten Strände im Norden ist, schätzen einige Naturliebhaber aus der Stadt ihn sehr.

Was den Tourismus angeht, wird sich vielleicht bald eine Änderung ergeben, denn der Inhaber des einzigen Hotels im Ort plant einen Neubau in Strandnähe. Und eine Strandbar soll es recht bald auch geben, damit noch mehr Touristen kommen. Wer weiß, ob es mit der Ruhe im Dorf nicht bald vorbei ist ....

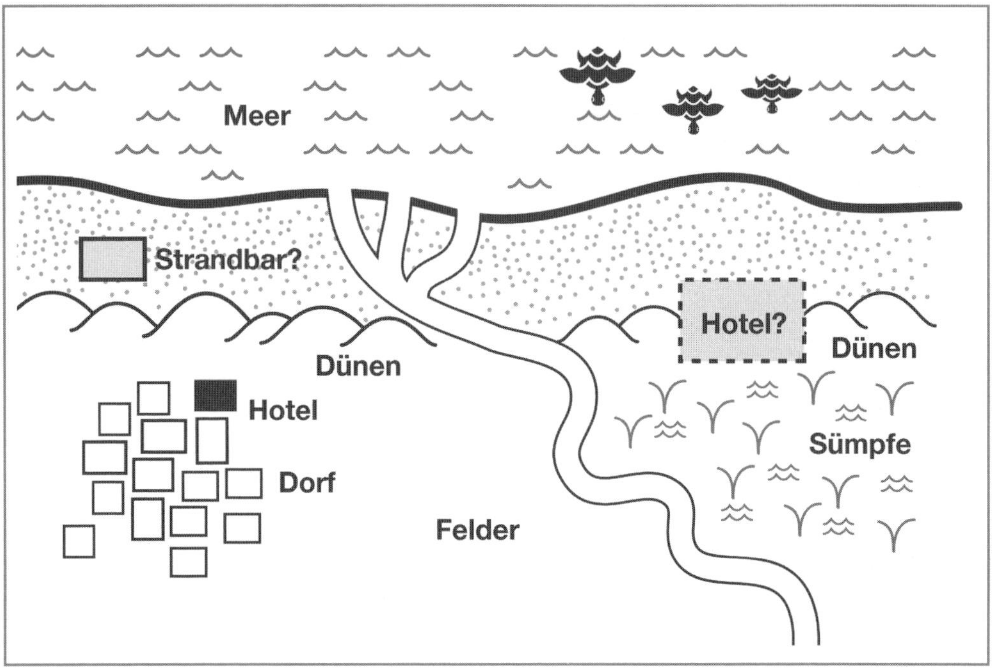

Kefalonia

Rollen

Die handelnden Personen im Überblick

Diese Übersicht erhalten alle Mitspieler, zusätzlich bekommt jeder nur die eigene Rollenbeschreibung (siehe Folgeseiten).

Aus dem Dorf:

- **Pindar Pragma**, Busunternehmer (er fährt den einzigen Bus von und zum Dorf)
- **Mimi Katzakis**, Dorfjugendliche
- **Carl bzw. Maria Schröder**, deutsche(r) Pensionär(in)

Der Gemeinderat:

- **Alexander Kairos**, Bürgermeister, nicht stimmberechtigt
- **Herr/Frau Schwarz** Diese Fraktion hat vier Stimmen
- **Herr/Frau Grün** Diese Fraktion hat drei Stimme
- **Herr/Frau Blau** Diese Fraktion hat zwei Stimmen

Die Naturschützer aus der Stadt:

- **Agamemnon Progressos**, Architekt
- **Penelope Pathos**, Rechtsanwältin
- **Gheorgios Ethos**, Jugendlicher

Die Hotelbesitzerfamilie, baldige Strandbar-Eigner:

- **Agapitos Progressos**
- **Evi Progressos**
- **Sami Progressos**

EU-Sonderbeauftragte(r):

- **Bertram(ine) Cash**

Außerdem – nach freier Wahl – mehrere Dorfbewohner und Naturschützer, sowie Spielbeobachter.

Rollenbeschreibungen im Einzelnen

Die nachfolgenden Rollen erhalten jeweils nur die einzelnen Rollenspielteilnehmer. Das Spiel lebt davon, dass die Rolleninhalte den anderen Teilnehmern nicht bekannt sind.

Aus dem Dorf:

- Sie sind **Pindar Pragma**, Busunternehmer, 46 Jahre alt.

Sie fahren den einzigen Bus (36 Sitzplätze) von und zum Dorf. Der Bus ist Ihr Eigentum. Tourismus jeder Art wäre Ihnen natürlich sehr recht.

Sie unterstützen die Idee der Strandbar, damit Ihr Bus „voll" wird. Das deutsche Pensionärs-Ehepaar Schröder, von denen einer mitspielt, kennen Sie gut und gehen nun gerne zur Einladung der Schröders, wo sich gleich „das Dorf" trifft. Auch die hübsche Mimi Katzakis soll ja kommen.

Versuchen Sie, so viel Realismus wie möglich in Ihre Rolle zu bringen.

Aus dem Dorf:

- Sie sind **Mimi Katzakis**, die Dorfjugendliche, 21 Jahre alt und nach Ansicht aller sehr hübsch.

Eine Strandbar in Ihrem Dorf fänden Sie „mega-cool". Dort bestünde die Aussicht, den sehr netten Sami Progressos ein wenig öfter zu sehen, der oft in einen anderen Ort in die Bar fährt.

Vielleicht könnten Sie sogar einen Job in der Strandbar kriegen. In Gedanken sehen Sie sich schon neben dem netten Sami hinter der Theke stehen, und wer weiß, vielleicht wird mehr daraus ...
Sie wurden gerade von „Schröders" zum Kaffee und „Dorfklatsch" eingeladen, und dort gehen Sie erst mal hin. Pindar Pragma, der Busfahrer, kommt auch. Seufz – was sollen Sie denn auch sonst machen in diesem langweiligen kleinen Ort. Hauptsache, irgendetwas „geschieht".

Versuchen Sie, so viel Realismus wie möglich in Ihre Rolle zu bringen.

Aus dem Dorf:

- Sie sind **Carl** oder **Maria Schröder**, deutsche(r) Pensionär(in), 67 Jahre alt und leben mit Ihrem Ehegefährten schon seit sieben Jahren, im Großen und Ganzen wohlgelitten, in Kefalonia.

Sie sind nach Kefalonia gezogen, weil es hier ruhig, ursprünglich und naturnah zugeht. Sie hoffen sehr, dass dies auch so bleibt. Sie lieben die Schildkröten.

Und nun will der Hotelbesitzer eine lärmige Strandbar einrichten und später sogar sein Hotel dorthin verlegen!! Für den Schildkrötenstrand ist eine nächtliche Beleuchtung das sichere Ende, denn die Schildkröten (v.a. die Junggeschlüpften) verlieren durch Licht die Orientierung und werden Opfer von Möwen und anderem tagaktiven Raubgetier.

Sie finden, dass in Kefalonia die Bausünden von anderswo auf keinen Fall wiederholt werden sollten. Schon oft hatten Sie Bekannte aus Deutschland hier zu Besuch, und v.a. Naturliebhabern gefällt es hier sehr gut. Bloß kein Ballermann-Tourismus hier!!!

Gleich kommen Mimi Katzakis und der Busunternehmer Pindar Pragma zu Besuch, die Sie aus der Nachbarschaft kennen und erst mal zum Kaffee eingeladen haben, um sich ein Bild davon zu machen, wie die Situation der Schildkröten „im Dorf" gesehen wird.

Versuchen Sie, so viel Realismus wie möglich in Ihre Rolle zu bringen.

Der Gemeinderat:

- Sie sind **Alexander Kairos**, der Bürgermeister, und im Gemeinderat nicht stimmberechtigt.

Sie merken schon seit ein paar Tagen, dass es wohl Ärger gibt. Informieren Sie sich überall und versuchen Sie, das Beste daraus zu machen.

Bringen Sie die Gruppen dazu, jeweils eine(n) Gruppensprecher(in) zu wählen, und berufen Sie eine Bürgerversammlung ein, die ungefähr 30 bis 40 Minuten nach Spielbeginn im Rathaus stattfinden sollte. Sie werden diese Bürgerversammlung moderieren.

Versuchen Sie, so viel Realismus wie möglich in Ihre Rolle zu bringen.

Der Gemeinderat:

- Sie sind **Herr/Frau Schwarz.**

Ihre Fraktion hat vier Stimmen, und ist die größte Gruppe im Gemeinderat. Das merkt man Ihrem Verhalten auch an.

Ansonsten denken Sie politisch etwa so wie die CDU/CSU in Deutschland.

Versuchen Sie, so viel Realismus wie möglich in Ihre Rolle zu bringen.

Der Gemeinderat:

- Sie sind **Herr/Frau Grün**.

Ihre Fraktion hat drei Stimmen. Nur zusammen mit „Blau“ können Sie die „Schwarzen“ überstimmen, was gelegentlich vorkommt. Ansonsten denken Sie politisch ungefähr so wie die „Grünen“ in Deutschland.

Versuchen Sie, so viel Realismus wie möglich in Ihre Rolle zu bringen.

Der Gemeinderat:

- Sie sind **Herr/Frau Blau**.

Ihre Fraktion hat zwei Stimmen und war schon öfter das „Zünglein an der Waage“ zwischen den Grünen und den Schwarzen. Diese Verantwortung erfordert Vernunft, und die haben Sie. Informieren Sie sich überall. Sie sind nur Ihrem Gewissen verantwortlich.

Versuchen Sie, so viel Realismus wie möglich in Ihre Rolle zu bringen.

Die Naturschützer aus der Stadt:

- Sie sind **Agamemnon Progressos**, 51 Jahre alt und erfolgreicher Architekt in Athen.

Am Schildkrötenstrand in Kefalonia haben Sie vor vielen Jahren Ihre Frau kennen gelernt. Deswegen – und wegen der Schönheit und Ursprünglichkeit der Landschaft – kommen Sie immer wieder gerne hierher.

Auf einer Zypernreise haben Sie gesehen, dass sogar maßvoller Badebetrieb an einem Schildkrötenstrand möglich ist, wenn man die im Sand vergrabenen Schildkrötengelege mit einer Drahthaube vor grabenden Hunden schützt und ein Hinweisschild daran anbringt. Nur darf der Draht nicht bis ganz auf den Boden reichen, damit die in der Nacht schlüpfenden Schildkröten ungehindert auf direktem Weg ins Wasser können, wo sie sicher sind. Und völlig dunkel muss es dabei sein.

Sie sind entfernt verwandt mit der Hotelfamilie Progressos und hoffen auf einen Auftrag. Sie würden gerne ein Hotel so gestalten, dass es vernünftig in die Gegend passt.

Versuchen Sie, so viel Realismus wie möglich in Ihre Rolle zu bringen.

Die Naturschützer aus der Stadt:

▶ Sie sind **Penelope Pathos**, 32 Jahre alt und Rechtsanwältin. Schon früh haben Sie sich dem Schildkrötenschutz verschrieben. Sie trauen sich zu, einen Hotelneubau am Strand rechtlich zu verhindern, wenn es sein muss, nicht jedoch eine Strandbar. Die Schildkröten würden in ihrer Legezeit im Juni durch Licht irritiert. Der Strand muss im Sommer nachts dunkel bleiben, sonst ist es mit den Schildkröten endgültig vorbei, die immer an genau den Strand, an dem sie geschlüpft sind, zurückkehren.

Sie wohnen, wenn Sie nach „Ihren Schildkröten" schauen, gerne im eigenen Wohnmobil.

Versuchen Sie, so viel Realismus wie möglich in Ihre Rolle zu bringen.

Die Naturschützer aus der Stadt:

▶ Sie sind **Gheorgios Ethos**, Jugendlicher, 23 Jahre alt.
Sie lieben es, die Schildkröten beim Eierlegen und -vergraben zu beobachten und haben dazu extra ein teures Nachtsichtgerät der Armee angeschafft. Sie zelten gerne in den Dünen, auch wenn Sie sich ein Hotel gut leisten könnten. Licht am Strand würde die Schildkröten total irritieren und sie würden nicht ins Wasser zurückfinden, vor allem die Kleinen. Bisher haben die Dünen das Licht vom Dorf gut abgeschirmt. Wenn das nun anders würde ...!!! Sie sind vollkommen gegen die Bar und das Hotel.

Versuchen Sie, so viel Realismus wie möglich in Ihre Rolle zu bringen.

Die Hotelbesitzerfamilie, baldige Strandbar-Eigner:

- Sie sind **Agapitos Progressos**, der jetzige Hotelbesitzer im Ort, und 51 Jahre alt.

Sie haben es zusammen mit Ihrer Ehefrau Evi aus kleinsten Anfängen zu einem Hotel mit 36 Betten gebracht, und das war erst der Beginn! Es muss der Tourismus belebt werden, egal wie. Erst einmal wollen Sie mit einer Strandbar und allabendlicher Live-Musik Reisegruppen zu Abendfahrten locken. In zwei Jahren wollen Sie dann vergrößern und ein doppelt so großes Hotel direkt an den Strand bauen. Ihr Sohn Sami wird das irgendwann einmal übernehmen.

Der Ort ist arm – es muss doch was geschehen. Wäre es nicht toll, wenn mal nach Ihnen eine Straße im Ort benannt würde, weil Sie viel für den wirtschaftlichen Erfolg getan haben?!

Versuchen Sie, so viel Realismus wie möglich in Ihre Rolle zu bringen.

Die Hotelbesitzerfamilie, baldige Strandbar-Eigner:

- Sie sind **Evi Progressos**, 44 Jahre alt und die brave und fleißige Ehefrau von Agapitos, dem Sie vor 20 Jahren den Sohn Sami geboren haben.

Sie bewundern die Tatkraft und den Fleiß Ihres Mannes. Aber in letzter Zeit ist er irgendwie abgehoben und will eine Strandbar. Sie befürchten, dass das eine Lasterhöhle werden könnte. Seit Ihr Sohn Sami immer wieder in die Bar im 14 Kilometer entfernten Kallares fährt, hat er sich ziemlich verändert. Er trinkt und findet Gefallen an eher leichtlebigen Mädchen.

Hier gerät die Dorftradition aus den Fugen. Sie finden, dass die Traditionen, die Ihnen im Elternhaus vermittelt wurden, erhalten bleiben sollen. Aber irgendwie müsste man den Ort schon beleben ... Wenn schon ein Hotelneubau, dann so, dass er sich gut einfügt.

Sie lieben alle Arten von Tieren und sind stolz, dass am Strand sogar Schildkröten ihre Eier ablegen.

Versuchen Sie, so viel Realismus wie möglich in Ihre Rolle zu bringen.

Die Hotelbesitzerfamilie, baldige Strandbar-Eigner:

- Sie sind **Sami Progressos**, Hotelbesitzersohn und möglicher Junior-Chef, 20 Jahre alt und jetzt schon ziemlich „bar-erfahren".

Sie fahren oft in die Strandbar im 14 Kilometer entfernten Kallares. Toll ist es dort, und der Umsatz stimmt. Ihr Vater fand Ihre Idee auch gut, eine solche Bar in Kefalonia zu errichten. Hier gibt es ja nichts, außer einem alten Dorf und blöden Schildkröten.

Versuchen Sie, so viel Realismus wie möglich in Ihre Rolle zu bringen.

EU-Sonderbeauftragte:

- Sie sind **Bertram(ine) Cash**, EU-Sonderbeauftragte(r) für die Förderung der strukturschwachen Regionen in Nordgriechenland.

Sie haben vor allem Geld zu vergeben, das eine strukturschwache, fast schon arme Gegend sinnvoll entwickeln soll. Es reicht dicke, um ein Startdarlehen für ein kleineres Unternehmen zu geben, kann aber auch in Infrastruktur jeder Art investiert werden. Wenn Sie eine gute Lösung finden, werden Sie auf einen Schreibtischposten nach Brüssel befördert.

Begrüßen Sie die Gemeinderäte und sprechen Sie mit allen Leuten. Versuchen Sie, so viel Realismus wie möglich in Ihre Rolle zu bringen.

Tipp

Bei mehr als 14 Teilnehmern können weitere Rollen für Dorfbewohner und Naturschützer vergeben werden, maximal jeweils drei.

Dorfbewohner:

- Sie sind **Dorfbewohner** und nur Ihrem Gewissen verantwortlich.

Versuchen Sie, so viel Realismus wie möglich in Ihre Rolle zu bringen.

Naturschützer aus der Stadt:

▶ Sie sind **Naturschützer** und ansonsten vernünftig. Arbeiten Sie mit an einer Lösung, die allen gerecht wird.

Versuchen Sie, so viel Realismus wie möglich in Ihre Rolle zu bringen.

Durchführung

Benötigt wird ein eher größerer Raum, in dem mit z.B. Krepp-Band die Ecken mit „Rathaus", „Naturschützer", „Dorf" und „Hotel" markiert wurden. Außerdem braucht es Namensschilder, auf denen Name und Funktion der Mitspieler vermerkt sind. Das geht ebenfalls sehr gut mit Tesa-Krepp.

Auf einem Flipchart am „Rathaus" steht:

Zeitplan

1. Spielphase: Besprechungen in den einzelnen Interessengruppen (ca. 20 Min.).
2. Spielphase: Besprechungen mit anderen Gruppen, z.B. Besuche und Einladungen (ca. 20 Min.).

...

3. Spielphase: Bürgerversammlung, einberufen vom Bürgermeister.

...

...

Letzte Spielphase: Abstimmung im Gemeinderat.

Anmerkung: Das Flipchart muss nicht eingeführt werden, geschriebene Zeitregeln wirken oftmals nur durch ihre Anwesenheit. Im weiteren Verlauf wirken viele Faktoren auf den möglichen Zeitablauf. Die „20 Minuten" sind knapp kalkulierte Erfahrungswerte, die einfühlsames Mitsteuern des Spielleiters erfordern (siehe auch „Steuerungaufgaben für den Spielleiter", 3. Punkt, Seite 270). Alle Teilnehmer erhalten die Situationsbeschreibung, den Lageplan und die Übersicht über die handelnden Personen. Die einzelnen Teilnehmer-Rollen werden vergeben und die Rolleninhaber erhalten einen

Zettel, auf dem ihre eigene Rolle beschrieben steht. Jeder Teilnehmer schreibt sich sofort auf Krepp ein Namensschild und geht erst mal in seine Gruppe. Die Gemeinderatsmitglieder und der Bürgermeister gehen ins Rathaus.

Es wird die Regel eingeführt, dass jederzeit von allen Beteiligten und vom Trainer durch einen Ruf die momentane Spielsituation „eingefroren" werden kann. „Einfrieren" heißt, dass alles an dem Punkt inhaltlich stehen bleibt, an dem die Situation gerade steht und alle Teilnehmenden gemeinsam auf die Meta-Ebene gehen können, um darüber nachzudenken, was gerade passiert. Wenn dann wieder „aufgetaut" wird, geht es genau am Unterbrechungspunkt weiter. Das erste „Einfrieren" wird nur vom Trainer ausgelöst.

Variante

An dieser Stelle kann auch die Regel eingeführt werden, dass man im Verlauf des Spiels „seine" Rolle (inkl. Namensschild) mit einem anderen Teilnehmer tauschen kann, wenn beide damit einverstanden sind.

Moderation der Auswertung

Wie „funktioniert" das Rollenspiel? In sehr kurzer Zeit entwickelt sich ein vielfältiger Interessenkonflikt, der von den meisten Beteiligten nur aus ihrer eigenen Perspektive wahrgenommen wird. In den Gruppen bilden sich Meinungen, die beginnen, sich gegen andere Gruppeninteressen zu richten. Die Tendenz läuft mit großer Wahrscheinlichkeit in Richtung einer Kampfabstimmung im Gemeinderat „Wirtschaftliche Entwicklung gegen Naturschutz" und entweder die ökonomische Entwicklung oder die Schildkröten werden auf der Strecke bleiben. Gleichzeitig gelingt es den meisten Teilnehmern nicht, den Überblick über den Prozess zu behalten, der ja im Raum an drei bis vier Stellen gleichzeitig abläuft.

Für die ersten 30-40 Minuten des Spieles ist sozusagen „alles erlaubt". Steuerungsaufgaben für den Trainer gibt es hier nur dreierlei:

1. Dafür zu sorgen, dass niemand dem Konflikt durch eine unzulässige Spielerweiterung entkommt. Also: *„Nein, man kann die Schildkröten nicht umsiedeln.“ „Nein, man könnte das Hotel nicht sofort am Strand bauen, denn die Naturschützer könnten durch Klagen den Bau um Jahre verzögern.“ „Nein, die Naturschützer können die Strandbar nicht durch Klagen ver-hindern.“ „Nein, das Sumpfgebiet ist unzugänglich, man kann dort nicht bauen.“ „Alle Standorte sind geprüft, es gibt keine anderen.“*
2. Dafür zu sorgen, dass alle Teilnehmer sich ihrer „Wehrhaftigkeit“ bewusst sind und wissen, dass sie dem Druck anderer nicht nachzugeben brauchen: *„Ja, natürlich könnten Sie auch damit drohen, das Hotel zuzumachen und in eine andere Stadt zu gehen.“ „Ja, natürlich könnten Sie als Naturschützer den Hotelneubau um Jahre verzögern. Letztlich verhindern aber wohl nicht. Die Strandbar können Sie mit Rechtsmitteln jedoch nicht schnell genug verhindern.“*
3. Die Zeit im Blick haben und „pushen“, durch Einzelhinweise an Teilnehmer wie: *„Herr Bürgermeister, jetzt sollten Sie allmählich die Bürgerversammlung ankündigen, mit einem Beginn in zehn Minuten.“* oder *„Achten Sie darauf, dass Sie einen Interessengruppensprecher benennen, der Sie in der Bürgerversammlung vertritt.“* oder *„Haben Sie gesehen, dass der grüne Gemeinderat noch im Rathaus sitzt? Laden Sie ihn doch zu sich in die Gruppe ein ...“* Bei unterschiedlicher Aktivität der Gruppen besteht die Gefahr, dass weniger intensiv agierende Gruppen sich, wenn es anderswo zu lange dauert, langweilen. Das ist jedoch spätestens in der Bürgerversammlung vorbei.

Wenn sich Eigendynamik und Chaos gut aufgebaut haben oder wenn der Spielverlauf eine allzu deutliche Tendenz in eine Richtung (auf Kosten anderer) bekommt, sollte der Spielleiter erstmalig „einfrieren“.

Leitfragen im Plenum:

- Wie zufrieden sind Sie mit dem bisherigen Verlauf?
- Was ist bisher in den Gruppen passiert?
- Welche Gefühle haben Sie in dieser Situation?
- Wie wird es wohl weitergehen?

Es wird im Spiel, so ist deutlich zu machen, immer ein Ergebnis geben – wie im wirklichen Leben. Wer die Gemeinderäte überzeugt, beeinflusst deren Abstimmungsverhalten (meist Schwarz gegen Grün; Blau ist das Zünglein an der Waage).

Typisch für die Ausgangssituation begrenzter Interessenkonflikte ist jedoch auch, dass Informationen sehr unterschiedlich verteilt sind. Selten sieht ein Beteiligter das Gesamtbild.

Bevor jedoch nicht alle Informationen klar sind, hat man keine wirklich stabile Basis für gute Lösungen. Fragen ist stets besser als Vermuten.

Denkbar wäre also eine offene Plenumsrunde: *„Wen möchten Sie denn etwas fragen?"*

Hier kommen in sehr kurzer Zeit zusätzliche Informationen ins Spiel, die bisher nur Teilgruppen zugänglich waren. Manche einseitige Lösungsidee zerbröckelt durch neue Infos.

Ein möglicher Ansatz wäre die saubere Identifizierung der vorhandenen Interessen, die hinter den vertretenen Positionen stehen, als Gruppenarbeit auf Moderationskärtchen. Dabei kämen etwa diese Interessenkonflikte heraus (siehe Folgeseite):

Gesammelte Interessen, in absteigender Priorität

Artenschutz/Naturschutz <–> Infrastruktur/mehr verdienen
Integration der Touristen <–> Traditionen wahren
keine Überfremdung <–> Multikulti/Vielfalt
Nachhaltigkeit in der Entwicklung <–> Vergnügen/Erlebnis
Jugend am Ort, keine Abwanderung
Friede im Dorf
örtliche Arbeitsplätze
Strukturentwicklung
Wirtschaftsförderung

Nach der Interessenanalyse das Spiel wieder auftauen, ankündigen, dass die Interessengruppen jeweils einen Gruppensprecher wählen sollen und dass in etwa 20-25 Minuten eine Bürgerversammlung stattfinden wird, auf der die Gruppensprecher und evtl. die Gemeinderäte zu Wort kommen werden, moderiert vom Bürgermeister. Nach einer weiteren Viertelstunde „Besprechungszeiten" dann Gemeinderatssitzung mit Beschlussanträgen und Abstimmung.

Variante zur Plenumsarbeit
Gruppenarbeiten auf Basis der gesammelten Interessen, wie man zu „maximalem Nutzen" für beide Seiten kommen könnte. Deutlich machen, dass ein zweistufiges Verfahren beschritten wird:

1. Brainstorming mit folgenden Spielregeln:
   a) Quantität geht vor Qualität.
   b) Fortführen fremder Ideen erlaubt.
   c) „Spinnen" erwünscht.
   d) Kritik ist nicht erlaubt.
2. Erst nach abgeschlossenem Brainstorming geht es ans Bewerten und Gewichten der gefundenen Ideen.

Das Rollenspiel kann, am besten nur in Ausschnitten, auf Video aufgenommen werden.

Moderation der Auswertung

Der Spielverlauf ist typisch für den Umgang mit vielen Interessenkonflikten und liefert reichhaltigen Diskussionsstoff. Er bietet vielfältige Anknüpfungspunkte für die Vermittlung „richtigen" Verhaltens in Verhandlungssituationen.

Leitfragen für die Überleitung:
- Wie zufrieden sind Sie jetzt mit dem Ergebnis?
- Wie waren die Entscheidungsprozesse in den Bürgergruppen?
- Wie kam das Abstimmungsergebnis im Gemeinderat eigentlich zu Stande?

Befragen Sie die Gemeinderäte, in der Reihenfolge Schwarz, Grün, Blau: *„Wer hat Sie überzeugt?"*

Ideen unterschiedlichster Qualität aus vier parallel laufenden Brainstormings, noch nicht bewertet

- Internationale Zusammenarbeit, Internationaler Kongress, Forschungs-Institut für Schildkrötenzentrum JSG, „Baden mit Schildkröten" à la „Schwimmen mit Delfinen", Running-Turtle-Game, Schildkrötenrennen – Wettbüro – auch im Internet, Turtle-Park (Freizeitpark) Schildkrötodrom, Lehrpfad, Ökorestaurant, auch Tagestourismus.
- „Schildkröten"-Massagen im Wellness-Tempel, Merchandising, Strandübergang für Schildkröten, Schildkrötentransport, Agentur für Schildkrötentourismus, Der Bus heißt ab jetzt „Turtle-Express", bewegliche Strandbar, Strandbar wird nur tagsüber genutzt.
- Bar hinter den Dünen mit Fühlpfad zum Strand und Nachtsichtgerät, geschützte Beobachtungspunkte für Schildkröten, „Sanfte Peepshow", „Das Gelege": eine Bar unterm Sand, „Kuschelbar", Urklänge: Sound-Werkstatt in Techno-Schildkröte.
- Umweltzentrum, Jugendherberge erlebnisorientiert, Pfadfinder-Camps auf dem Feld, Jugendclub, Architekturwettbewerb, kleine Pensionen im Dorf mit gemeinsamer „Rezeption", kleine Bungalows, Schildkrötenfest, Homepage www.schildkröte.gr.
- Strandwächter, Dorfbewohner als Schildkrötenführer – Zielgruppe Ökos, Bildungsreisende, Hotel „Zur Schildkröte", Wachhund, Infos und Führungen.
- Schildkröten-Logo entwickeln, Film: „Das Schlüpfen der Schildkröten", das Erleben der Schildkrötenwelt, Infopavillon mit Videofilm, Schildkrötenfilm, Komödie drehen.
- Maskottchen, Nestpatenschaften einrichten, Schildkrötenmärchen, Theaterstück Momo, gespielt in der Landschaft, Drahthut für Gelege, Strandteil völlig absperren – NSG.
- Kochwettbewerb, Kunsthandwerk, Manufaktur, Heimatverein, Volkstänze, Dirndl.
- Bassin/Aquarium zum ganzjährigen Sehen einiger Schildkröten, Agenda, Nachtsichtfernrohre, sanfter Tourismus, BIOTOP und Kurort für Langsamkeit.
- Dunkelheit der Nacht als exklusives Gut, Workshops: „Langsamkeit – von den Schildkröten lernen", sternklarer Strand, Restaurant „Slow Food & Feed".
- Slogan: „Kröten für alle", Barhocker aus Schildkröte, lichtgesteuerte Selbstschussanlage (schießt auf Lichtquellen), Bungee-Jumping im Meer (Offshore), Schildkröten als Souvenirs für Kinder ...

Zu klärende Fragen:

- Wie ist eigentlich der Schildkröten-Zyklus?
- Architektonische Gestaltung des Hotels?
- Wofür gibt's mehr EU-Kohle?
- Drahtverhau/Betrunkene Touristen?

Was wäre wohl das Worst-case-Ergebnis in Kefalonia? Welches waren die Stellen im Spielverlauf, an denen sich neue Entwicklungsrichtungen ergaben?

Außerdem ...

Quellen

Die Grundsituation für dieses Rollenspiel sind real existierende Interessenkonflikte aus Nordgriechenland. Für die Grundidee danke ich Karin Pezzer, die in meinem Führungskräfteseminar meine Verhandlungssystematik mit Humor, Charme und Sachverstand mit griechischem Schildkrötenwissen befüllte und mich dadurch auf die Idee brachte, die Situation zu einem Rollenspiel auszuarbeiten. Ich habe es in zahlreichen Seminaren getestet, die ich für die Stiftung Mitarbeit durchgeführt habe. Meine Teilnehmer waren Menschen quer durch alle Schichten, die sich auf unterschiedliche Weise bürgerschaftlich engagieren.

Ähnlichkeiten der Rollenvorgaben mit lebenden Personen wären zufällig, sind aber nicht unerwünscht.

Die Orangenplantage

35. 

von Petra Schächtele

Überblick

Kurzbeschreibung

Am Beispiel einer Orangenplantage soll effektives Verhandeln geübt werden.

Zielgruppe

Teilnehmende eines Verhandlungsseminars.

Lernziele

- Lösungsorientierte Gesprächsführung – Win-win-Lösungen erreichen.
- Gemeinsam eine optimale Lösung finden.
- Genau zuhören.
- Kreativ Lösungsmöglichkeiten erkennen und nutzen.

Einsatz

Als Abschluss eines Verhandlungstrainings, um die ganze Thematik zu reflektieren.

Spielen und auswerten

Situation

Drei Parteien wollen von einer Plantage Orangen zum günstigsten Preis kaufen. In Dreier- bzw. Vierergruppen wird über An- und Verkauf von Orangen verhandelt.

Rollen

▶ **Orangenplantagenbesitzer** (Rolle A)
Situation: Sie besitzen eine Orangenplantage, die ohne chemische Mittel produziert. Der Ertrag betrug dieses Jahr 100 Tonnen Orangen. Um die Plantage im nächsten Jahr weiterführen zu können, müssen Sie mindestens 100.000 US-Dollar einnehmen. Gut wären 20.000 mehr, dann könnten Sie die Bewässerungsanlage erweitern, die bisher nur 20% der Plantage erreicht – und damit Aussehen und Qualität der Früchte noch verbessern.
Ihr Ziel: Machen Sie das beste Geschäft.

▶ **Einkäufer 1** (Rolle B)
Situation: Sie wollen bei einer Orangenplantage 80-100 Tonnen Orangen einkaufen, um daraus biologisch-dynamischen Orangensaft zu machen. Mit weniger Orangen wären Ihre Anlagen nicht genügend ausgelastet. Sie wollen natürlich so wenig wie möglich aufwenden, maximal können Sie 50.000 US-Dollar ausgeben.
Ihr Ziel: Machen Sie das beste Geschäft.

▶ **Einkäufer 2** (Rolle C)
Situation: Sie wollen bei einer Orangenplantage 80-100 Tonnen Orangen einkaufen, um (aus einer großen Menge Gin und den Schalen) Orangenmarmelade nach einem alten englischen Geheimrezept Ihrer Großmutter herzustellen. Mit weniger Orangen wären Ihre Anlagen nicht genügend ausgelastet. Sie wollen natürlich so wenig wie möglich aufwenden, maximal können Sie 50.000 US-Dollar ausgeben.
Ihr Ziel: Machen Sie das beste Geschäft.

▶ **Einkäufer 3** (Rolle D)
Situation: Sie wollen bei einer Orangenplantage 20 Tonnen Orangen einkaufen, um diese in Ihrer Bio-Markt-Kette als garantiert biologisch-dynamisch weiterzuverkaufen. Da Sie äußerst kundenfreundlich kalkulieren, können Sie für die Orangen, wenn das Aussehen stimmt, maximal 20.000 US-Dollar ausgeben.
Ihr Ziel: Machen Sie das beste Geschäft.

Durchführung

- Skizzieren Sie die allgemeine Situation für alle Teilnehmenden.
- Verteilen Sie die Rollenbeschreibungen. Alle Teilnehmer spielen mit und verhandeln parallel.
- Verteilen Sie die Gruppen so auf verschiedene Räume, dass jede Verhandlung ungestört durchgeführt werden kann.

Beobachtung und Moderation der Auswertung

- Welches Ergebnis wurde erzielt?
- Wie kam es zu Stande?
- Sind die Parteien zufrieden mit dem Ergebnis?
- Würden Sie wieder miteinander verhandeln?
- Wer hat die Lösung initiiert?
- Was nehmen Sie für sich mit?

Außerdem ...

Anmerkungen

Bereiten Sie die Beschreibung auf Karten vor. Erstellen Sie so viele Rollenbeschreibungen wie Teilnehmer in Ihrem Training sind. Es gibt vier unterschiedliche Beschreibungen. Teilen Sie die Anzahl der Teilnehmer durch vier (wenn dies nicht ganz aufgeht – kein Problem, eine vierte Person ist nicht in jeder Gruppe erforderlich, dies wird in der weiteren Beschreibung deutlich). Diese vier Personen teilen die Rollen A, B und C untereinander auf, wenn eine vierte Person in der Gruppe vorhanden ist, bekommt sie die Rolle D. A, B und C bilden eine Verhandlungsgruppe und bleiben zusammen, während die Ds die „Joker" darstellen. Sie dürfen bei allen Verhandlungsgruppen mitmachen und können die Gruppe zwischendurch wechseln. Die eigene Aufgabenstellung darf den anderen nicht gezeigt werden.

Die ideale Lösung basiert auf der Kooperation aller Beteiligten: Der Verkauf von 20 Tonnen der „schönsten" Orangen an D für 20.000 US-Dollar und der Verkauf des Saftes von 80 Tonnen Orangen für 50.000 US-Dollar an B sowie der Orangenschalen von 80 Tonnen

Orangen für 50.000 US-Dollar an C. Somit wird für jede Tonne Orangen ein Preis von 1.000 US-Dollar erzielt und alle bekommen, was sie brauchen.

Quelle Idee: Petra Schächtele, nach dem Orangenbeispiel im Harvard Modell. Nachzulesen unter „Das Harvard-Konzept" von Roger Fisher, William Ury, Bruce M. Patton, Campus Fachbuch Verlag, Frankfurt/Main, 14. Aufl. 1995.

Die Küchenübernahme

36.

von Sonja Förste

Überblick

Kurzbeschreibung

Ein Nachmieter verhandelt mit dem Vormieter um die Übernahme der Küche.

Zielgruppe

Teilnehmende an einem Seminar zur Verhandlungsführung, Anfänger.

Lernziel

Verhandeln.

Einsatz

- Wenn die Prinzipien des Verhandelns bekannt sind.
- Zum Themeneinstieg auch für Fortgeschrittene.

Spielen und auswerten

Situation

Der Vormieter und der Nachmieter treffen sich noch vor der Wohnungsübergabe zu einem Gespräch, um über den Verbleib der Kücheneinrichtung zu verhandeln.

Rollen ▶ **Der Vormieter**

Bis Ende dieses Quartals haben Sie Ihre Wohnung mit 103 qm Wohnfläche, 4 1/2 Zimmer, gekündigt. Ihr neu erworbenes Haus, ein renovierungsbedürftiger Altbau, wird, wenn Sie jetzt noch voll durcharbeiten, drei bis vier Wochen vor Quartalsende fertig sein. Sie haben in den letzten Wochen viel Zeit in das alte Häuschen gesteckt und so langsam wirkt es richtig schön. Es ist Ihr Hobby, alte Dinge zu restaurieren. Deshalb haben Sie sich ein Jahr unbezahlten Urlaub genommen, um in dieser Form Ihrem Hobby zu frönen. So langsam wird es aber auch finanziell höchste Zeit, dass Sie zum Quartalsbeginn wieder Ihre alte Stelle aufnehmen. Die Wohnung haben Sie in letzter Zeit eher als Zwischenstation benutzt. Man sieht es ihr an. Die Ikea-Küche in der Wohnung gehört Ihnen, jetzt wollen Sie mit dem Nachmieter über die Ablösung der Küche bzw. den Abbau verhandeln.

Sie könnten die Küche mitnehmen. Im Haus ist noch ein Abstellraum frei, da könnte man die Küche einbauen. Allerdings ist sie dazu eigentlich noch zu gut erhalten. Als richtige Küche im Haus passt sie nicht. Daher haben Sie Interesse daran, die Küche an den Nachmieter zu verkaufen.

In der alten Wohnung ist laut Vertrag nicht mehr viel zu tun. Sie hatten damals beim Einzug alles nach Ihren Wünschen renoviert. Sie freuen sich jetzt über Ihr renoviertes Häuschen. Allzu viel ist auch dort nicht mehr zu tun. Die Installationen haben Sie fertig gemacht. Eigentlich könnten Sie noch zwei Wochen in Urlaub gehen ... vielleicht zelten, denn so langsam müssen Sie wirklich sparen.

Wenn Sie die Fakten betrachten, bietet sich folgendes Bild: Die Ikea-Küche der alten Wohnung ist fünf Jahre alt, heute noch im Programm und hat neu inkl. Geräte 8.000 EUR gekostet. Sie hatten sich kurz vor dem Kauf damals doch noch für die Markengeräte entschieden und dafür 500 EUR zum ursprünglichen Preis draufgelegt. Der professionelle Abbau der Küche würde vermutlich 400 EUR kosten, der Aufbau hätte vor 5 Jahren schon 650 EUR gekostet. Ihre Alternativen sehen folgendermaßen aus:

Sie bauen die Küche ab und stellen sie bei sich in den Abstellraum. Die Schränke, die Sie ansonsten einbauen würden, kosten ca. 2.000 EUR.

Der Gebrauchtwarenhändler hat Ihnen für die komplette Küche schon 1.500 EUR geboten. Er würde sie auch abbauen und abholen.

Der Nachmieter

Sie mieten zum Ersten des kommenden Quartals eine neue Wohnung mit 103 qm Wohnfläche, 4 1/2 Zimmer. Die Wohnung gefällt Ihnen sehr gut vom Zuschnitt, der Zustand der Wohnung ist abgewohnt. Der Teppich ist durch, die Tapeten zu oft überstrichen. Die Ikea-Küche in der Wohnung gehört dem Vormieter, mit dem Sie jetzt über die Ablösung der Küche bzw. den Abbau verhandeln werden.

Sie wollen die Küche eigentlich nicht, hätten lieber eine neue. Damit eine neue Küche zum Einzug entsprechend installiert werden kann, sollte die alte Küche möglichst drei Wochen vor Einzug leer sein. An sich ist die Küche des Vormieters von der Praktikabilität in Ordnung, mit neuen Ikea-Türen und einer Flasche Domestos wäre es möglich, sie weiter zu nutzen – sie könnte dann ganz hübsch aussehen. Allerdings sieht ihr Traum einer Küche anders aus. Ihnen ist insgesamt wichtig, möglichst wenig Aufwand für den ganzen Umzug betreiben zu müssen. Es ärgert Sie schon, dass Sie vermutlich den Teppich selbst rauszureißen haben. Der Vermieter hat Ihnen einen neuen Laminat-Belag zugesagt. Der muss zwei Wochen vor Einzug verlegt werden. Sie planen, in der Wohnung die kommenden 3-5 Jahre zu bleiben, anschließend hätten Sie gern ein eigenes Häuschen.

Sie sind gerade gestresst. Die Einarbeitung in den neuen Job kostet Sie den letzten Nerv. Ihr Nachbar im Apartment-Hotel ist ein Liebhaber nordafrikanischer Küche, die Düfte der spät nachts von ihm mit Freunden verspeisten Gerichte fördern höchstens die Abenteuerlust der kleinen ungeliebten Haustiere.

Wenn Sie die Fakten betrachten, bietet sich folgendes Bild:
Die Ikea-Küche des Vormieters ist fünf Jahre alt, heute noch im Programm und hat laut Vermieter neu inkl. Geräte 7.500 EUR gekostet. Neue Front-Türen sind für etwa 1.000 EUR zu haben. Zusätzlich bräuchten Sie noch einen Schrank für 800 EUR. Der professionelle Abbau der Küche kostet nach Ihren Informationen 400 EUR.

Ihre Alternativen sehen folgendermaßen aus:
Die Ikea-Küche Ihrer Wahl in einfacher Ausstattung würde 6.800 EUR kosten inkl. No-Name-Geräte. Der Aufbau durch Ikea käme auf geschätzte 700 EUR, wobei die Installationsveränderungen noch nicht inklusive sind. Um die Küche selbst aufzubauen, brauchen Sie sicher vier Tage.

Ihre „Master"-Traumküche läge bei 13.000 EUR. Als Sie noch mehr Zeit hatten, haben Sie sich diese für Ihr Traumhaus zusammengestellt. Sie vermuten, dass Sie die wichtigsten Teile, sollten Sie diese Küche in die Wohnung einbauen, variabel zusammenbauen könnten.

Durchführung

1. Bilden Sie Kleingruppen mit je drei Teilnehmenden und verteilen Sie in jeder Kleingruppe die Rolle des Vormieters, des Nachmieters und des Beobachters. Verteilen Sie jeweils beide Rollenbeschreibungen an die Beobachtenden.
2. Geben Sie den Mitspielenden Zeit für die Einzelvorbereitung auf das Gespräch.
3. Sammeln Sie bzw. besprechen Sie währenddessen mit allen Beobachtern die Beobachtungskriterien.
4. Hinweis an die Teilnehmer vor Beginn des Rollenspiels: *„Bitte kommen Sie innerhalb von 15 Min. zu einem Ergebnis."*
5. Den Ergebnisvergleich können Sie ankündigen, wenn Sie den Druck von außen erhöhen wollen.

Beobachtung

- Körpersprache?
- Bestimmtheit der Interessenvertretung?
- Verbindlichkeit oder Blockade?
- Wie war die persönliche Zielsetzung auf Grund der Vorbereitung?
- Welches Ergebnis erzielten die Gesprächspartner?
- Wie kamen sie zu diesem Ergebnis? (Kooperativ oder durch Druck?)
- Schlüssel zum Gesprächsergebnis – welches Verhalten führte zum Erfolg? Was behinderte das Gespräch oder die Lösungsfindung?

Moderation der Auswertung

Die Ergebnisse der einzelnen Gruppen von den Spielern vortragen lassen, Beobachter ergänzen lassen (evtl. visualisieren):

- Nachmieter befragen: *„Wie ging es Ihnen im Gespräch? Was war leicht, was schwierig?"*
- Vormieter befragen: *„Wie ging es Ihnen im Gespräch? Was war leicht, was schwierig?"*
- Beobachter befragen: *„Was ist Ihnen zu den Beobachtungskriterien aufgefallen?"*
- Visualisierung der förderlichen und der hinderlichen Gesprächselemente.
- Sammeln von Verbesserungsvorschlägen.
- Verallgemeinerung hin zu Grundhaltungen und Regeln bei Verhandlungen.

Außerdem ...

Quelle

Nach einem realen Fall.

37.  Im Schuhhaus DIENER DER FRAU

von Sonja Förste

Überblick

Kurzbeschreibung

Eine Kundin und die Inhaberin eines Schuhgeschäfts haben in einem Reklamationsfall miteinander zu verhandeln.

Zielgruppe

- Verhandlungs- und Reklamations-Anfänger, Hauptzielgruppe Frauen.
- Zum Themeneinstieg auch für Fortgeschrittene.

Lernziele

- Souveräner Umgang mit Reklamationen.
- Verhandeln.

Einsatz

Ist als Einstieg ins Thema Reklamationsverhandlungen geeignet.

Spielen und auswerten

Situation

Eine Kundin reklamiert ihre im Schuhhaus DIENER DER FRAU gekauften Schuhe.

Rollen

▶ Schuhhaus-Inhaberin

Als Inhaberin dreier Schuhhäuser in der Region wurde Ihnen von einer Mitarbeiterin bereits angekündigt, dass eine Kundin heute Nachmittag mit einer Reklamation bei einem Paar Mareen-Schuhen vorbeischauen wird. Sie können sich noch gar nicht vorstellen, welcher Art die Reklamation sein wird, da Sie mit dem besagten Modell noch keinerlei Schwierigkeiten hatten und auch von Seiten des Herstellers Mareen nichts über mögliche Materialmängel gemeldet worden ist.

Bisher haben Sie sehr gute Erfahrungen mit Mareen gemacht. Mareen hat in der Regel ein gutes Design und einen schnellen Wechsel der Modellangebote. Deshalb dürfte es extrem unwahrscheinlich sein, noch ein Modell dieser Art in der Größe zu finden. Bei Reklamationen forderte Mareen bisher die Schuhe immer mit Kassenbon zurück und gab dann relativ zuverlässig eine Gutschrift in der Höhe des Verkaufspreises, die gegen Bares eingetauscht werden kann. Allerdings sind die Schuhe dann unwiederbringlich weg, da sie eingeschickt werden müssen. Reparieren lässt sich das Leder der Schuhe nicht. Ihrem Unternehmen bleibt beim Verkauf von Schuhen in der Regel zwischen 10 und 20% des Erlöses, bei diesem speziellen Paar lag Ihre Gewinnspanne bei 25%, beim Preis von 120 EUR also bei 30 EUR. Sie schätzen die Kundin, die bereits mehrere Schuhe bei DIENER DER FRAU gekauft hat. Doch die wirtschaftliche Lage ist gegenwärtig mehr als schwierig.

▶ Kundin

Vor drei Monaten haben Sie bei DIENER DER FRAU ein Paar schicke Schuhe von Mareen gekauft. Sie tragen dieses Paar gerne und häufig. Nun sind Ihnen mehrere kleine Risse im Deckleder aufgefallen – für andere kaum zu sehen, für Sie schon. Sie befürchten zum einen, dass bei Regen über diese Stellen Nässe eindringen wird, zum anderen darf ein solcher Mangel aus Ihrer Sicht bei Schuhen dieser Preisklasse nicht auftreten. Das Paar hat 120 EUR gekostet.

Bisher haben Sie mit der Schuhmarke Mareen gute Erfahrungen gemacht. Ihnen gefällt das Design dieser Marke und speziell dieses

Schuhs sehr gut. So besitzen Sie zwei weitere Schuhpaare von Mareen, die Sie ebenfalls im letzten halben Jahr bei DIENER DER FRAU gekauft haben. Sie kommen beruflich mit sehr vielen Menschen aus der Region zusammen. Da Sie sehr viel unterwegs sind, möchten Sie möglichst wenig Zeit auf die Reklamation verwenden. Sie wollen den Mangel nicht einfach so hinnehmen. Am liebsten wäre es Ihnen, Sie könnten die Schuhe einfach gegen ein neues Paar gleichen Designs eintauschen. Wenn Sie kein modellgleiches Paar erhalten, wollen Sie auf jeden Fall Ihre geliebten Schuhe repariert zurückerhalten. Gestern Abend haben Sie schon einmal versucht, beim Schuhhaus DIENER DER FRAU zu reklamieren. Da wurden Sie auf heute Nachmittag vertröstet, denn dann sei die richtige Ansprechpartnerin dafür im Haus. Den Kassenbon haben Sie noch – er liegt gut verwahrt in Ihrem Schreibtisch, allerdings kommen Sie vor der Reklamation nicht mehr nach Hause.

Durchführung

- Bilden Sie Kleingruppen mit je drei Teilnehmenden und verteilen Sie in jeder Kleingruppe die Rolle der Kundin, Inhaberin und Beobachterin. Verteilen Sie jeweils beide Rollenbeschreibungen an die Beobachtenden.
- Geben Sie den Mitspielenden Zeit für die Einzelvorbereitung auf das Gespräch.
- Sammeln Sie bzw. besprechen Sie währenddessen mit der Beobachtergruppe die Beobachtungskriterien.
- Hinweis an die Teilnehmer vor Beginn des Rollenspiels: Bitte kommen Sie innerhalb von 15 Min. zu einem Ergebnis.
- Den Ergebnisvergleich können Sie ankündigen, wenn Sie den Druck von außen erhöhen wollen.

Beobachtung

- Körpersprache?
- Bestimmtheit der Interessenvertretung?
- Verbindlichkeit oder Blockade?
- Wie war die persönliche Zielsetzung auf Grund der Vorbereitung?
- Welches Ergebnis erzielten die Gesprächspartnerinnen?
- Wie kamen sie zu diesem Ergebnis? (Kooperativ oder durch Druck?)

- Schlüssel zum Gesprächsergebnis – welches Verhalten führte zum Erfolg? Was behinderte das Gespräch oder die Lösungsfindung?

Moderation der Auswertung

Die Ergebnisse der einzelnen Gruppen von den Spielern vortragen lassen, Beobachter ergänzen lassen (evtl. visualisieren):

- Kundinnen befragen: *„Wie ging es Ihnen im Gespräch? Was war leicht, was schwierig?"*
- Inhaberinnen befragen: *„Wie ging es Ihnen im Gespräch? Was war leicht, was schwierig?"*
- Beobachter befragen: *„Was ist Ihnen zu den Beobachtungskriterien aufgefallen?"*
- Visualisierung der förderlichen und der hinderlichen Gesprächselemente.
- Sammeln von Verbesserungsvorschlägen.
- Verallgemeinerung hin zu Grundhaltungen und Regeln im Reklamationsfall.

Außerdem ...

Anmerkungen

Die Beobachtungen im Rollenspiel sind ein guter Impuls für einen Austausch über eigene Erfahrungen der Teilnehmenden in Reklamationssituationen.

Beispielhafte Lösungen:

- Rücksendung der Schuhe mit kompletter Gutschrift des Kaufpreises in Form eines Gutscheins.
- Schuhe wurden von der Kundin behalten, Reklamation erfolgte bei der Herstellerfirma über die Schuhhausinhaberin. Auszahlung von 40 EUR an die Kundin direkt nach dem Gespräch.

Verhandlungsspielräume:

- Barrückzahlung oder Gutschein oder andere Verrechnungsmöglichkeiten.
- Empfehlung des Schuhhauses durch Kundin bis hin zu aktiver Promotion mit Gutschrift pro zusätzlicher Kundin, die sich durch ihre Empfehlung Schuhe gekauft hat.

Quelle Dies ist ein real verhandelter Fall, in dem sich die Inhaberin als sehr kompetent, engagiert und kreativ im Umgang mit Reklamationen erwiesen hat.

Kühlschränke für Eskimos

38. 

von Rainer W. Baber

Überblick

Kurzbeschreibung

Verkaufen Sie einer Eskimo-Familie einen Kühlschrank.

Zielgruppe

- Personen, die ein Verkaufstraining besuchen, aber nicht (hauptsächlich) im Verkauf sind bzw. keine oder nur geringe Verkaufserfahrung haben.
- Für Fortgeschrittene ist dieses Rollenspiel besonders in der Startphase oder zur Auflockerung eines Verkaufstrainings geeignet.

Lernziele

- Anwenden oder Verbessern von Aktivem Zuhören.
- Gesprächseröffnungstechniken.
- Argumentation.
- Einwandbehandlung.
- Abschlusstechniken.
- Kaufsignale.
- Körpersprache wahrnehmen (Blickkontakt, Zuwendung zum Kunden).
- Verhandlungsführung.

Einsatz

- Dieses Rollenspiel kann an jeder Stelle eines Trainings eingesetzt werden.
- Bei fortgeschrittenen Teilnehmern ist der Einsatz in der Startphase empfehlenswert; das Spiel kann hier als „Warming- up“ und Einstieg in das Themengebiet verwendet werden.

- Ein Einsatz in der Endphase des Trainings ist ebenfalls möglich, da hier erlernte Verkaufs- und Gesprächstechniken von den Teilnehmern angewendet werden können.

Spielen und auswerten

Situation

Herr/Frau Häberle hat sich auf einer Dorfversammlung in einer Eskimo-Siedlung als Verkäufer der Frost & Frier GmbH vorgestellt und eine Kurzpräsentation der neuen Kühlschrank-Modelle durchgeführt. Daraufhin wurde er/sie von einigen Familien des Dorfes eingeladen. Den ersten Besuch stattet er/sie der Familie Inupiaq ab. Das Gespräch sollte einen Zeitrahmen von 20 Min. nicht überschreiten.

Rollen

- **Verkäufer Herr/Frau Häberle**

Sie sind Verkäufer/in der Frost & Frier GmbH (Kälte- und Klimagerätehersteller) aus Stuttgart. Da die Umsätze Ihres Unternehmens in den vergangenen Jahren auf dem deutschen Markt kontinuierlich zurückgegangen sind, hat die Geschäftsleitung die Expansion in Regionen mit aussichtsreicheren Absatzchancen beschlossen. Besonders viel versprechend scheint in diesem Zusammenhang Grönland zu sein, da hier eine Unterversorgung mit Kühlschränken gegeben ist und bislang nur wenige Anbieter mit ähnlichen Produkten im Markt agieren.

Ihre Aufgabe ist es, Testverkäufe in Grönland durchzuführen. Bereiten Sie das Gespräch vor: mit einer guten Gesprächseröffnung, Argumenten für den Verkauf von Kühlschränken an Eskimos, potenziellen Einwänden und Antwortstrategien. Mögliche Verkaufsargumente könnten Bequemlichkeit (man muss nicht mehr nach draußen, um Vorräte zu holen) oder Prestige (nicht jeder hat einen Kühlschrank „made in Germany") sein.

Ihr erstes Gespräch führen Sie mit der Familie Inupiaq, in deren großem und geräumigen Iglu. Die Siedlung, in der das Iglu der Familie Inupiaq steht, ist dem Stromnetz angeschlossen. Da nur selten Fremde in die Siedlung kommen, wurden Sie von allen Bewohnern freundlich aufgenommen und von einigen Familien zur Präsentation Ihrer Geräte eingeladen.

Informationen zu Ihrem Produkt:

- Kühl-Gefrierkombination „Ice and Cold 2000"
- Energieeffizienzklasse A (Skala: A-G, Bestwert: A)
- Nutzinhalt: 300 l (Kühlfach 200 l, Gefrierfach 100 l)
- Schnell-Gefrier-Funktion
- Transparente Gefriergutschubladen (besonders übersichtlich) mit Tablettfunktion
- Gefriergutkalender zum Datieren der Lebensmittel
- Eierablage, Beerenschale, Eiswürfelschale, Gemüsebehälter, Kälte-Akku
- Schnellabtausystem
- Lagerzeit bei Störung: 50 h
- 6-fach Sicherheitssystem mit Türtonwarner und Memory-Funktion
- Antibakteriell (speziell beschichtete Materialien verhindern die Ansiedlung von Bakterien)
- 10 verschiedene Modellvariationen (hoch, breit, tief, stehend, liegend) ermöglichen flexible Außenmaße und passen in jeden Raum, Farbe nach Wahl
- Formgebung von Stardesigner Antonio Polarissimo
- Auf Wunsch: integrierte Uhr mit Datumsanzeige und Wetterstation für Luftdruck, Außen- und Innentemperatur, Luftfeuchtigkeit und Wetterprognose
- Preis: 499 EUR. Ratenzahlung möglich, z.B. bei drei Jahren für monatlich 13,86 EUR. Lieferung frei Haus ohne Montage. Da es für die Frost & Frier GmbH wichtig ist, in den Markt zu kommen, sind weitere Finanzierungsmodelle oder günstigere Konditionen denkbar.

Herr Inupiaq

Sie leben sehr traditionsbewusst in einem Iglu in einer Eskimo-Siedlung. Vor einigen Tagen kam seit langer Zeit wieder mal ein/e Fremde/r in das Dorf (die letzten Fremden waren vor einem Jahr da, als die Siedlung an das Stromnetz angeschlossen wurde). Er/Sie stellte sich vor und kündigte an, neuartige Geräte zur Kühlung zu präsentieren. Daraufhin luden ihn/sie einige Familien des Dorfes ein. Als erstes hat er/sie die Einladung von Ihnen angenommen. Sie freuen sich besonders auf den Besuch, da der Gast – Herr/Frau Häberle – aus dem fernen Deutschland kommt und sicherlich viel von der Welt zu berichten weiß. Überlegen Sie sich Fragen, die Sie dem/der Fremden hierzu stellen werden.

Ein Gerät zur Kühlung finden Sie unnötig, da die Temperaturen außerhalb Ihres Iglus, besonders im Winter, ausreichend kalt sind. Andererseits begeistern Sie die technischen Möglichkeiten. Außerdem wäre dies der erste Kühlschrank in der Siedlung, womit Sie bestimmt einen sehr großen Eindruck auf die Nachbarn machen könnten. Auch könnten Sie damit Ihrer Frau eine Freude bereiten, da sie sehr modern eingestellt ist und lieber die Annehmlichkeiten einer Stadt in Anspruch nehmen würde. Sie sind sehr traditionell eingestellt und wollen gerne im Iglu wohnen bleiben. Alles in allem stehen Sie dem Produkt sehr skeptisch gegenüber und ein Kauf käme für Sie allenfalls dann in Frage, wenn Ihre Frau das Gerät für sinnvoll erachtet und der Preis stimmt.

Frau Inupiaq

Sie leben sehr traditionsbewusst in einem Iglu in einer Eskimo-Siedlung. Vor einigen Tagen kam seit langer Zeit wieder mal ein/e Fremde/r in das Dorf (die letzten Fremden waren vor einem Jahr da, als die Siedlung an das Stromnetz angeschlossen wurde). Er/Sie stellte sich vor und kündigte an, neuartige Geräte zur Kühlung zu präsentieren. Daraufhin luden ihn/sie einige Familien des Dorfes ein. Als Erstes hat er/sie die Einladung von Ihnen angenommen. Sie freuen sich besonders auf den Besuch, da der Gast – Herr/Frau Häberle – aus dem fernen Deutschland kommt und sicherlich viel von der Welt zu berichten weiß. Überlegen Sie sich Fragen, die Sie dem/der Fremden hierzu stellen werden.

Von dem neuen Gerät zur Kühlung sind Sie begeistert, da es Erleichterungen bringen könnte und einen Hauch von dem Luxus besitzt, den Sie sich wünschen. (Sie würden lieber in eine Wohnung in einer größeren Stadt umziehen, da Sie dort die Vorteile des modernen Lebens genießen könnten, z.B. Einkaufsmöglichkeiten, Schulen, Kultureinrichtungen, eine Wohnung mit Zentralheizung und fließendem Wasser etc.) Ein neuer Kühlschrank würde da ganz gut in Ihr Konzept passen. Andererseits wollten Sie nun erst das Geld sparen, um sich den Umzug leisten zu können. Sie sind sich auch nicht sicher, ob der hohe Preis gerechtfertigt ist. Ihr Mann ist jetzt ohnehin schon sehr viel draußen auf dem Meer mit dem Fischfang beschäftigt. (In der Stadt könnte er allerdings eine bessere Stelle erhalten und mehr verdienen.) Ein neues Gerät kommt für Sie nur in Frage, wenn die Konditionen stimmen und der Preis sehr günstig ist. Beraten Sie sich während oder ggf. nach dem Gespräch mit Ihrem Mann.

Durchführung

- Lesen Sie allen Teilnehmern die allgemeine Situationsbeschreibung vor.
- Verteilen Sie die Rollen. Die Rollenbeschreibungen sollen den Spielern untereinander nicht bekannt sein. Vorbereitungszeit ca. 15 Min.
- Unterstützen Sie ggf. den Verkäufer bei der Suche von Nutzenargumenten.
- Zeichnen Sie ggf. das Spiel mit der Videokamera auf.

Beobachtung

Verteilen Sie je nach Teilnehmerzahl Beobachterrollen. Insbesondere der Verkäufer sollte beobachtet werden:

- Körpersprache (Gestik, Mimik, Blickkontakt, Körperhaltung, Abstand zum Gesprächspartner, ...).
- Stimme (Sprechweise, Lautstärke, Modulation, Pausen, Pausenfüller, ...).

- Gesprächsführung (Einstieg, Argumentation, Einwandbehandlung, Verhalten bei Kaufsignalen, Abschlusstechniken, Fragetechnik, Gesprächsbeziehung).
- Ist das gezeigte Verhalten angemessen und zielführend, d.h., bringt es den Verkäufer einem Abschluss näher?

Moderation der Auswertung

- Gemeinsame Videoanalyse.
- Der Trainer stoppt das Band an interessanten Stellen oder nach Abschluss einer Gesprächssequenz.
- Erteilen Sie allen Akteuren, insbesondere den Verkäufern, Feedback.
- Zunächst äußern sich die Beobachter zu den jeweiligen Akteuren, ggf. im Anschluss weitere Teilnehmer, am Schluss der Trainer.
- Die Akteure kommen nach Ermessen des Trainers zu Wort.
- Weiterführende Frage und Lerntransfer: *„Wie würden Sie sich verhalten, wenn Sie einem Eskimo einen Kühlschrank verkaufen wollten? Überlegen Sie sich einen Gesprächsleitfaden, Nutzenargumente und Strategien zur Behandlung von Einwänden."*

Außerdem ...

Anmerkung Variante: Rollenspiel Nr. 39, „Sand für Beduinen".

Quelle Die Idee für dieses Rollenspiel kam mir durch das bekannte Sprichwort: *„Der kann sogar einem Eskimo einen Kühlschrank verkaufen."* Ein älteres Rollenspiel bzw. eine Vorlage hierfür sind mir nicht bekannt.

Sand für Beduinen

39.

von Rainer W. Baber

Überblick

Kurzbeschreibung

Variation des Rollenspiels „Kühlschränke für Eskimos“: Verkaufen Sie den Wüstenbewohnern Sand.

Zielgruppe

- Personen, die ein Verkaufstraining besuchen, aber nicht (hauptsächlich) im Verkauf sind bzw. keine oder nur geringe Verkaufserfahrung haben.
- Für Fortgeschrittene ist dieses Rollenspiel besonders in der Startphase oder zur Auflockerung eines Verkaufstrainings geeignet.

Lernziele

- Anwenden oder Verbessern von Aktivem Zuhören.
- Gesprächseröffnungstechniken.
- Argumentation.
- Einwandbehandlung.
- Abschlusstechniken.
- Kaufsignale.
- Körpersprache wahrnehmen (Blickkontakt, Zuwendung zum Kunden).
- Verhandlungsführung.

Einsatz

- Dieses Rollenspiel kann an jeder Stelle eines Trainings eingesetzt werden.

- Bei fortgeschrittenen Teilnehmern ist der Einsatz in der Startphase empfehlenswert; das Spiel kann hier als „Warming-up" und Einstieg in das Themengebiet verwendet werden.
- Ein Einsatz in der Endphase des Trainings ist ebenfalls möglich, da hier erlernte Verkaufs- und Gesprächstechniken von den Teilnehmern angewendet werden können.

Spielen und auswerten

Situation

Herr/Frau Petersen aus Hamburg hat sich bei einem Beduinenstamm in der Sahara als Verkäufer der Sand & Streu GmbH (Hersteller für Vogelsand und Katzenstreu) vorgestellt. Daraufhin wurde er/sie von einigen Familien des Stammes eingeladen. Den ersten Besuch stattet er/sie der Familie Al Gamal ab. Das Gespräch sollte einen Zeitrahmen von 20 Min. nicht überschreiten.

Rollen

- **Verkäufer/in: Herr/Frau Petersen**

Sie sind Verkäufer/in der Sand & Streu GmbH (Hersteller für Vogelsand und Katzenstreu) in Hamburg. Da die Umsätze Ihres Unternehmens in den vergangenen Jahren auf dem deutschen Markt kontinuierlich zurückgegangen sind, hat die Geschäftsleitung die Expansion in Regionen mit aussichtsreicheren Absatzchancen beschlossen. Besonders viel versprechend scheint in diesem Zusammenhang Nordafrika zu sein, da hier eine Unterversorgung mit Vogelsand und Katzenstreu gegeben ist und bislang nur wenige Anbieter mit ähnlichen Produkten im Markt agieren.

Ihre Aufgabe ist es, Testverkäufe in Nordafrika durchzuführen. Entwickeln Sie hierzu einen Gesprächsleitfaden mit einer guten Gesprächseröffnung, Argumente für den Verkauf von Vogelsand an Beduinen, potenzielle Einwände und Antwortstrategien. Mögliche Verkaufsargumente könnten Hygiene (Vogelsand ist saugstark), Gesundheit (die Zusammensetzung ist auf die Tiere abgestimmt) oder Prestige (nicht jeder hat Vogelsand „made in Germany") sein.

Ihr erstes Gespräch führen Sie mit der Familie Al Gamal, in deren großem und geräumigen Zelt. Da nur selten Fremde zu dem Beduinenstamm kommen, wurden Sie von allen Bewohnern gleich freundlich aufgenommen.

Informationen zu Ihrem Produkt:

- Vogelsand ist für die tägliche Hygiene sehr wichtig und besonders saugstark.
- Kalk- und Muschelgrit ist zur Stärkung des Knochenbaus und für die leichtere Federbildung enthalten.
- Spezielle Magenkiesel sorgen für eine leichte und gesunde Verdauung.
- Auf Wunsch auch als Sand-Teppich, der nur eingelegt zu werden braucht. Der Vorteil ist, dass kein Sand mehr verschüttet werden kann. Den Teppich gibt es in unterschiedlichen Formaten, die Handhabung ist sehr bequem.
- Der Sand ist „made in Germany" und ein Qualitätsprodukt.
- Preis: 2,5 kg kosten 1 EUR; bei einer Abnahme von 25 kg liegt der Preis bei 8,50 EUR und bei 250 kg bei 60 EUR. Da es für die Sand & Streu GmbH wichtig ist, in den Markt zu kommen, sind weitere Finanzierungsmodelle oder günstigere Konditionen oder Katzenstreu als Zugabe denkbar.

▶ Omar Al Gamal

Sie leben sehr traditionsbewusst als Beduine zusammen mit Ihrer Frau Fatima und einigen Kindern in einem Zelt. Heute kam seit langer Zeit wieder einmal ein/e Fremde/r vorbei. Er/Sie stellte sich vor und kündigte an, hervorragenden Vogelsand mitgebracht zu haben. Da Sie selbst sehr viele Vögel besitzen und nur selten Fremde kommen, freuen Sie sich besonders auf den Besuch und sind sehr gastfreundlich. Insbesondere auch, da der Gast – Herr/Frau Petersen – aus dem fernen Deutschland kommt und sicherlich viel von der Welt zu berichten weiß. Überlegen Sie sich Fragen, die Sie dem/der Fremden hierzu stellen werden.

Vogelsand selbst finden Sie unnötig, da es in der Wüste ausreichend kostenlosen Sand gibt. Andererseits besitzen Sie sehr wertvolle und schöne Vögel, die Ihr ganzer Stolz sind und Ihnen und Ihrer Frau sehr viel Freude bereiten und die Ihnen darüber hinaus sehr viel Ansehen bei den anderen Beduinen Ihres Stammes bringen. Vielleicht ist auch der Sand besser für die Vögel geeignet, als der Wüstensand?

Alles in allem stehen Sie dem Produkt sehr skeptisch gegenüber und ein Kauf käme für Sie allenfalls dann in Frage, wenn der Preis stimmt. Sie beschließen deshalb auf jeden Fall zu feilschen.

▶ **Fatima Al Gamal**

Sie leben sehr traditionsbewusst als Beduinin zusammen mit Ihrem Mann Omar und einigen Kindern in einem Zelt. Heute kam seit langer Zeit wieder einmal ein/e Fremde/r vorbei. Er/Sie stellte sich vor und kündigte an, hervorragenden Vogelsand mitgebracht zu haben. Da Ihr Mann sehr viele Vögel besitzt und nur selten Fremde kommen, freuen Sie sich besonders auf den Besuch und sind sehr gastfreundlich. Insbesondere auch, da der Gast – Herr/Frau Petersen – aus dem fernen Deutschland kommt und sicherlich viel von der Welt zu berichten weiß. Überlegen Sie sich Fragen, die Sie dem/der Fremden hierzu stellen werden.

Vogelsand selbst finden Sie so unnötig (da es in der Wüste ausreichend kostenlosen Sand gibt) – wie auch die Vögel selbst! Diese schreien nur den ganzen Tag und die meiste Arbeit bleibt auch an Ihnen hängen. Sie beschließen, dies heute Ihrem Mann wieder einmal zu sagen und zu drohen, sich nicht mehr um die Vögel zu kümmern! Alles in allem stehen Sie dem Produkt sehr skeptisch gegenüber und ein Kauf käme für Sie allenfalls nur dann in Frage, wenn es Ihnen eine Arbeitserleichterung verschaffen könnte.

Durchführung

- Lesen Sie allen Teilnehmern die allgemeine Situationsbeschreibung vor.
- Verteilen Sie die Rollen. Die Rollenbeschreibungen sollen den Spielern untereinander nicht bekannt sein. Vorbereitungszeit ca. 15 Min.
- Unterstützen Sie ggf. den Verkäufer bei der Suche von Nutzenargumenten.
- Zeichnen Sie ggf. das Spiel mit der Videokamera auf.

Beobachtung

Verteilen Sie je nach Teilnehmerzahl Beobachterrollen. Insbesondere der Verkäufer sollte beobachtet werden:

- Körpersprache (Gestik, Mimik, Blickkontakt, Körperhaltung, Abstand zum Gesprächspartner, ...).
- Stimme (Sprechweise, Lautstärke, Modulation, Pausen, Pausenfüller, ...).
- Gesprächsführung (Einstieg, Argumentation, Einwandbehandlung, Verhalten bei Kaufsignalen, Abschlusstechniken, Fragetechnik, Gesprächsbeziehung).
- Ist das gezeigte Verhalten angemessen und zielführend, d.h., bringt es den Verkäufer einem Abschluss näher?

Moderation der Auswertung

- Gemeinsame Videoanalyse.
- Der Trainer stoppt das Band bei interessanten Stellen oder nach Abschluss einer Gesprächssequenz.
- Erteilen Sie bei allen Akteuren, insbesondere beim Verkäufer, Feedback.
- Zunächst äußern sich die Beobachter zu den jeweiligen Akteuren, ggf. im Anschluß weitere Teilnehmer, am Schluss der Trainer.
- Die Akteure kommen nach Ermessen des Trainers zu Wort.
- Weiterführende Frage und Lerntransfer: *„Wie würden Sie sich verhalten, wenn Sie einem Eskimo einen Kühlschrank verkaufen wollten? Überlegen Sie sich einen Gesprächsleitfaden, Nutzenargumente und Strategien zur Behandlung von Einwänden."*

Außerdem ...

Anmerkungen Variante: Rollenspiel Nr. 38: „Kühlschränke für Eskimos".

Neue Büromaschinen

40.

von Rainer W. Baber

Überblick

Kurzbeschreibung

Das Autohaus Vogelmann plant die Anschaffung neuer Büromaschinen.

Zielgruppe

- Das Rollenspiel richtet sich an fortgeschrittene Verkaufsberater.
- Ist aber auch für Anfänger geeignet.
- Es kann branchenübergreifend eingesetzt werden und eignet sich besonders für das Training von Business-to-Business-Gesprächen.

Lernziele

Anwenden oder Verbessern folgender Verhaltensweisen:

- Kaufmotive erfragen.
- Aktives Zuhören.
- Gesprächseröffnungstechniken.
- Argumentation.
- Einwandbehandlung.
- Abschlusstechniken.
- Kaufsignale.
- Körpersprache (Blickkontakt, Zuwendung zum Kunden) erkennen.
- Verhandlungsführung.
- Einstellung auf Gesprächspartner mit unterschiedlichen Meinungen.

Einsatz

- Das Rollenspiel bietet die Möglichkeit, Verkaufsgespräche mit mehreren Gesprächspartnern, die nicht einer Meinung sind, zu trainieren.
- Es ist eher in der Mitte eines Trainings einzusetzen.
- Für den Anfang eines Trainings empfehle ich weniger komplexe Situationen (mit nur zwei Gesprächspartnern), und zum Ende des Trainings Rollenspiele zu Situationen, die aus der individuellen Praxis der Teilnehmenden kommen.

Spielen und auswerten

Situation

Das Autohaus Vogelmann GmbH besitzt drei Niederlassungen. In diesen Niederlassungen sind – neben den technischen Angestellten – sieben Kundenberater und zwölf Mitarbeiter im administrativen Bereich (Empfang, Buchhaltung, Personal etc.) angestellt.

Frau Martina Vogelmann (die Tochter des Seniorchefs, Winfried Vogelmann, der sich in den letzten Jahren allmählich aus der Geschäftsführung zurückgezogen hat), führt zusammen mit ihrem Schwager, Herrn Alexander Specht, die Geschäfte.

Herr Alexander Specht, in erster Linie zuständig für die Leitung der Administration, plant die Anschaffung neuer Büromaschinen, insbesondere neuer Kopiergeräte.

Heute wird Herr/Frau Lang von der BüMaServ GmbH (Büromaschinenhandlung und -service) sein/ihr Angebot für neue Kopiergeräte präsentieren. An diesem Gespräch nehmen Herr Winfried Vogelmann und Herr Alexander Specht teil.

▶ **Herr/Frau Lang, BüMaServ GmbH** *Rollen*

Sie sind Verkaufsberater/in der BüMaServ GmbH (Büromaschinenhandlung und -service). Sie haben dem Autohaus Vogelmann GmbH ein Angebot über einen großen Kopierer (7.500 EUR) für die Hauptniederlassung und sechs kleinere Geräte mit Kopier- und Druckfunktion (je 2.900 EUR) für die Büros in allen drei Niederlassungen für zusammen 24.900 EUR zzgl. MwSt. unterbreitet. Der Markt für Kopiergeräte ist sehr hart umkämpft, da es viele Anbieter gibt. Versuchen Sie deshalb möglichst gleich bei diesem Gespräch eine Entscheidung des Autohauses zu Ihren Gunsten herbeizuführen. Weisen Sie darauf hin, dass sich die Geräte auf Grund der geringen Wartungs- und Betriebskosten sowie der Multifunktionalität (die Anschaffung von Druckern ist überflüssig) rasch amortisiert haben werden. Seien Sie ggf. zu Zugeständnissen bereit, d.h., bieten Sie an, die alten Geräte in Zahlung zu nehmen bzw. die Entsorgung für die nicht mehr funktionstüchtigen Geräte zu übernehmen. Da die Preise sehr knapp kalkuliert sind, haben Sie nur einen sehr geringen Spielraum für Nachlässe (bei dem Großkopierer max. 400 EUR und bei den kleineren Geräten jeweils 200 EUR). Bieten Sie vorher eine günstige Finanzierung auf Raten, ein Leasing der Geräte oder ein Jahr kostenlose Wartung (mit dem Ziel, auch gleich einen Wartungsvertrag für die nächsten Jahre zu erhalten) an.

Überlegen Sie sich einen geeigneten Einstieg für das Gespräch, Nutzenargumente, Strategien zur Behandlung von Einwänden, Reaktionen auf Kaufsignale und Möglichkeiten, das Gespräch mit einem Auftrag abzuschließen. Übernehmen Sie die Führung des Gesprächs und präsentieren Sie Ihr Angebot.

Technische Daten:

Großkopierer (für die Hauptniederlassung):

- Markengerät
- Digitalkopierer, Netzwerkdrucker (integrierter Laserdrucker und Scanner)
- Format: bis DIN A3
- Kopiergeschwindigkeit: 50 Seiten bei DIN A4, 26 Seiten bei DIN A3 pro Minute

- Automat. Vorlageneinzug: 100 Blatt, mit Wendung, Duplexeinheit (kopiert Vorder- und Rückseite)
- Papiermagazine: zwei mit je 500 Blatt, eine mit 3.000 Blatt DIN A4, eine Multifunktionskassette mit 200 Blatt (unterschiedliche Blattformate)
- Zoom: 25%-400%
- 3.000-Blatt Multiheft-Finisher mit 3 Heft-Positionen
- 2- und 4-fach-Lochung
- Preis: 7.500 EUR zzgl. MwSt. (bei Leasing auf 48 Monate: 175 EUR monatlich)

Kleinere Multifunktionsgeräte (für die Büros aller drei Niederlassungen)

- Markengerät
- Kopiergeschwindigkeit: 16 Seiten pro Minute
- Automat. Vorlageneinzug: 100 Blatt
- Papiermagazine: 2 mit je 500 Blatt
- Papierablage: bis 250 Blatt
- Zoom: von 25%-400%
- Integrierter Laserdrucker
- Preis: je 2.900 EUR zzgl. MwSt. inkl. passenden Unterschränken (je 250 EUR)

Gesamtangebot: 24.900 EUR zzgl. MwSt., Lieferung frei Haus innerhalb von 14 Tagen.

- **Herr Winfried Vogelmann, Autohaus Vogelmann GmbH**

Sie sind der Seniorchef des Autohauses Vogelmann. Nachdem Sie eine Lehre als KfZ-Mechaniker in einem kleinen Betrieb gemacht haben, haben Sie sich durch sehr viel Fleiß und harte Arbeit bis zum Meister hochgearbeitet. Bald darauf machten Sie sich mit einem eigenen Autohaus selbstständig. Die Zeiten waren nicht immer einfach, dennoch gelang es Ihnen mit Ihren Tugenden Fleiß, Bereitschaft zu harter Arbeit, Sparsamkeit sowie ziel- und unternehmerorientiertem Denken, den Betrieb stetig zu vergrößern und auf insgesamt drei Niederlassungen mit sehr gutem Ruf zu erweitern. In den vergangenen Jahren haben Sie sich allmählich aus der

Führung des Betriebes zurückgezogen. Sie schauen aber bis heute regelmäßig nach dem Rechten. Nicht zuletzt deshalb, da die neue Führung (Ihre Tochter Martina Vogelmann und der Mann Ihrer anderen Tochter, Herr Alexander Specht) den Betrieb „modern" führen wollen – womit Sie grundsätzlich einverstanden sind. Doch manchmal können Sie sich des Eindrucks nicht erwehren, dass die jungen Leute Ihnen nicht den nötigen Respekt entgegenbringen, sie den Wert des Geldes nicht richtig einzuschätzen vermögen und dass ihnen der unternehmerische Weitblick fehlt. Sie können sich deshalb nicht in den wohlverdienten Ruhestand zurückziehen und müssen immer wieder in Entscheidungen der neuen Führung eingreifen, um „Schlimmeres" zu verhüten.

So auch heute. Herr Alexander Specht, der sich der Administration angenommen hat, plant die Anschaffung neuer Kopiergeräte. Ihrer Ansicht nach sind neue Geräte nicht nötig. Die alten Kopierer sind funktionstüchtig, auch wenn sie nicht mehr auf dem neuesten Stand der Technik sind und manche Mängel haben; aber mit einer gründlichen Wartung könnten die Mängel beseitigt werden und die Kopien wären qualitativ ausreichend. Wenn schon neue Geräte angeschafft würden, dann sollten sie über eine Druckfunktion verfügen, um nicht in nächster Zeit auch noch neue Drucker kaufen zu müssen.

In dem Gespräch mit dem Berater der BüMaServ GmbH überlassen Sie Herrn Specht die Gesprächsführung – nicht zuletzt deshalb, da Sie sich aus dem Geschäft zurückziehen wollen. Versuchen Sie aber „Schlimmeres" zu verhüten (Sie haben am Rande mitbekommen, dass die Anschaffung sieben neuer Geräte im Wert von 20.000 EUR geplant ist. Dies ist eine enorme Summe und entschieden zu viel! Vielleicht gibt es günstigere Geräte oder man kommt mit weniger Geräten aus ...). Weisen Sie Herrn Specht auf die Geschichte und die Tugenden hin, die den Betrieb groß gemacht haben.

Dem Verkäufer gegenüber bringen Sie Ihre Skepsis zum Ausdruck, beispielsweise wenn von einer raschen Amortisation die Rede ist. Dies ist fraglich, da immer weniger über Papier in Ihren Büros abgewickelt wird und entsprechend weniger kopiert wird.

Herr Alexander Specht, Autohaus Vogelmann GmbH

Sie haben eine Tochter von Herrn Vogelmann geheiratet und sind, nachdem Sie erfolgreich Geschäftsführer mehrerer mittelständischer Unternehmen waren, in den Familienbetrieb Ihres Schwiegervaters, das Autohaus Vogelmann GmbH, eingestiegen. Sie leiten zusammen mit Ihrer Schwägerin das Autohaus und sind insbesondere für die Belange der Administration zuständig.

Die Anschaffung neuer Kopiergeräte ist nötig geworden, denn die Geräte sind absolut veraltet und haben viele Mängel (Scheiben verkratzt, häufiger Papierstau, Trommeln defekt etc.). Abgesehen davon, dass sie sehr teuer in der Wartung und im Unterhalt sind, sind auch die Kopien äußerst schlecht und nicht mehr repräsentativ. Eine Wartung der Geräte würde nur eine geringfügige und vorübergehende Besserung bringen. Da auch die Unternehmensergebnisse in diesem Geschäftsjahr hervorragend sind, wollen Sie in neue Büromaschinen und PCs investieren.

Für die Anschaffung der neuen Kopiergeräte haben Sie sich sieben Angebote machen lassen. Die Leistungen der BüMaServ GmbH sind mit Abstand die günstigsten. (Das Angebot beläuft sich auf einen großen Kopierer zu 7.500 EUR und auf sechs kleinere Multifunktionsgeräten mit Kopier- und Druckfunktion zu je 2.900 EUR, zusammen also 24.900 EUR zzgl. MwSt.) Einem Kauf der Geräte steht nichts entgegen. Verhandeln Sie dennoch und versuchen Sie, noch günstigere Konditionen zu erzielen. Vertagen Sie ggf. die Entscheidung. In der Regel werden dann die Konditionen günstiger.

Der Seniorchef, Herr Vogelmann, wird ebenfalls bei dem Gespräch dabei sein. In letzter Zeit mischt er sich vermehrt in die Führung des Betriebes ein, was Sie als störend empfinden. Nehmen Sie seine Meinung dennoch ernst, verwehren Sie sich aber dagegen, wenn er die Gesprächsführung an sich nehmen will.

Durchführung

- Lesen Sie allen Teilnehmern die allgemeine Situationsbeschreibung vor.
- Verteilen Sie die Rollen. Die Rollenbeschreibungen sollen den Spielern untereinander nicht bekannt sein. Vorbereitungszeit ca. 15 Min.
- Unterstützen Sie ggf. den Verkäufer bei der Suche von Nutzenargumenten.
- Zeichnen Sie ggf. das Spiel mit der Videokamera auf.

Beobachtung

Verteilen Sie je nach Teilnehmerzahl Beobachterrollen. Insbesondere der Verkäufer sollte beobachtet werden:

- Körpersprache (Gestik, Mimik, Blickkontakt, Körperhaltung, Abstand zum Gesprächspartner, ...).
- Stimme (Sprechweise, Lautstärke, Modulation, Pausen, Pausenfüller, ...).
- Gesprächsführung (Einstieg, Argumentation, Einwandbehandlung, Verhalten bei Kaufsignalen, Abschlusstechniken, Fragetechnik, Gesprächsbeziehung).
- Beobachtungskriterium: Ist das gezeigte Verhalten angemessen und zielführend, d.h., bringt es den Verkäufer einem Abschluss näher?

Moderation der Auswertung

- Gemeinsame Videoanalyse.
- Der Trainer stoppt das Band bei interessanten Stellen oder nach Abschluss einer Gesprächssequenz.
- Erteilen Sie bei allen Akteuren, insbesondere dem Verkäufer, Feedback.
- Zunächst äußern sich die Beobachter zu den jeweiligen Akteuren, ggf. im Anschluss weitere Teilnehmer, am Schluss der Trainer.
- Die Akteure kommen nach Ermessen des Trainers zu Wort.
- Weiterführende Frage und Lerntransfer: *„Wie würden Sie sich verhalten, wenn Sie in einer ähnlichen Situation wären? Überlegen Sie sich einen Gesprächsleitfaden, Nutzenargumente und Strategien zur Behandlung von Einwänden."*

Außerdem ...

Anmerkungen Das Rollenspiel kann auch nur zwischen Herrn/Frau Lang und Herrn Specht durchgeführt werden. Mit dieser Vereinfachung ist das Rollenspiel auch als Einstiegsübung in ein Verkaufstraining geeignet.

Quelle Die Idee stammt von mir, eine ältere Quelle ist mir nicht bekannt.

Tipp

Rollenspiele einsetzen leicht gemacht: Sämtliche Rollenbeschreibungen finden Leser dieses Buches als kostenfreie Kopiervorlage im Internet zum download unter: **www.managerseminare.de/pdf/rollen.doc**

DREI

Widerständen widerstehen –
Vom Umgang mit Herausforderungen

Schnellfinder

Widerspenstige innere Stimmen 311

Widerstände bei den Teilnehmern 313

- Essay: Rollenspiele – Horror oder Herausforderung? von Katharina K. Schaal und Eva Neumann 313
- Essay: Zwei Ideen aus der Theaterpädagogik, von Frank Seeger 321
- Essay: Stottern, Stocken, Ähms – Wenn sich Rollenspieler „untypisch" verhalten, von Eva Neumann 324

Widerspenstige Technik 327

Widerspenstige innere Stimmen

Sind Sie selbst von der Methode überzeugt?

Der erste Schritt zur überzeugenden Anwendung der Rollenspielmethode ist ein *überzeugter Anwender*. Sie als Trainerin, Erwachsenenpädagoge oder Gruppenleiterin brauchen das feste innere Wissen: Diese Methode ist die richtige – für dieses Lernziel, zu diesem Zeitpunkt, in dieser Gruppe und mit diesen Individuen. Wenn auch nur eine einzige innere Stimme sich jetzt erhebt und dagegen „wettert", lassen Sie folgende Zusammenfassung auf sich wirken:

- Es gibt bisher alternativ keine wirklich adäquate Methode innerhalb eines Trainings, die Teilnehmer *ganzheitlich erleben* lässt, wie sie sich in der Praxis verhalten.
- Die Teilnehmer und Teilnehmerinnen werden *aktiviert, involviert und motiviert*, indem Sie selbst kreativ Lösungen erarbeiten, mitspielen oder beobachten, rückmelden sowie ihre Lösungsideen in der gespielten Situation austesten – und den Erfolg sofort erleben.
- Die Methode durchläuft den *gesamten Lernprozess*: vom Bewusstsein bezüglich des zu verändernden Verhaltens über das Entwickeln von Verhaltensalternativen bis hin zum Erproben eines neuen Verhaltens.
- Genau deshalb gibt es im Abschluss-Feedback immer wieder die Rückmeldung der Teilnehmer: *„Das Wichtigste waren die Rollenspiele!"*
- Das Hauptziel eines Seminars ist das Lernergebnis der Teilnehmer – die Veränderung ihres Verhaltens am Arbeitsplatz oder in der Familie. Und nicht eine durchweg „kuschelige Atmosphäre" in absoluter Harmonie. (Na, was sagen Ihre inneren Antreiber dazu – ist es eine gewisse *Konfliktscheu*, die Ihnen hier im Weg steht? Damit sind Sie nicht allein, das geht einigen Menschen

so. Und gerade deshalb tut es gut, wenn Sie daran arbeiten. Denn Sie haben die Wahl, Sie entscheiden jedes Mal neu, ob Sie sich einem möglichen Konflikt stellen oder nicht.)

- Es unterstützt die Teilnehmer in ihrer Entwicklung, wen sie über eine Hemmschwelle hinweg begleitet werden – zum Beispiel über die Schwelle, sich vor der Gruppe zu exponieren. Kennen Sie die Szene aus „Der Club der toten Dichter", in der Lehrer John Keating (Robin Williams) seinen Schüler dazu bewegt, vor der Klasse ein Gedicht zu entwickeln? Wenn Sie sich nicht mehr so genau erinnern oder den Film nicht kennen: unbedingt (noch einmal) ansehen! Nehmen Sie sich diese Szene als Beispiel, glauben auch Sie an die Fähigkeiten Ihrer Lernenden!!!

Wenn diese Argumente noch nicht reichen, stellen Sie sich doch folgende Frage: Möchten Sie in einem Flugzeug sitzen und erfahren, dass der Pilot etwas gegen Flugsimulatoren hat und deshalb sein theoretisch erworbenes Wissen lieber in der Echtsituation testet – mit Ihnen als Passagier?

Widerstände bei den Teilnehmern

Keine Rollenspiele?

Schon in der Anfangsphase, während der Erwartungsklärung, gibt es immer mal wieder den Teilnehmerwunsch: **keine Rollenspiele.** Sie haben den Begriff selbst noch gar nicht in den Mund genommen und schon ist er da, der Widerstand gegen Ihren methodischen Favoriten (das sind Rollenspiele mittlerweile doch bestimmt, Ihr methodischer Favorit, oder :)).

Rollenspiele – Horror oder Herausforderung?

von Katharina K. Schaal und Eva Neumann

Als wir miteinander telefonierten, um diesen Text gemeinsam zu schreiben, saß eine Schweizer Freundin neben einer von uns. Die hörte das Stichwort „Rollenspiele", und kaum dass der Telefonhörer auflag, brach es aus ihr heraus: *„Rollenspiele? Oh Gott, das ist mein Horror. Ich hab zwar schon einige Seminare mit Rollenspielen hinter mich gebracht, ich hab's auch immer hingekriegt und überstanden. Aber was für mich das Schlimme daran ist: Ich habe das Gefühl, in eine künstliche Rolle schlüpfen zu müssen, und ich bin einfach keine Schauspielerin."*

Wer Rollenspiele im Seminar ankündigt, kann häufig die mehr oder weniger widerstandsfähige Wand spüren, die sich zwischen den Teilnehmenden und der angekündigten Methodik aufspannt. Auch harmlosere Bezeichnungen wie „szenisches Spiel" riechen für gebrannte Kinder schnell nach Feuer! Wenn Sie darauf mit Argumenten reagieren wie: *„Sie brauchen keine Angst zu haben, hier wird niemand zerpflückt!"*, kann man meist geradezu fühlen, wie sich die Dichte der elastischen Wand verstärkt: *„Das will ich erst mal sehen!"*, sagen sich die Zuhörer, die sich genau vorstellen können, wie hier niemand „zerpflückt" wird.

Auch scheinbare Nutzenargumente wie die folgenden haben meist eher einen gegenteiligen Effekt: *„Sie haben die Chance sich etwas zu beweisen! Hier können Sie zeigen, was Sie draufhaben." „Wir werden Sie genau beobachten, mit dem Video analysieren und dann Ihre Fehler aufarbeiten." „Ich verspreche Ihnen: Wenn Sie sich schon jahrzehntelang über sich ärgern mussten, dann können wir das hier im Seminar therapieren ..."* Wenn Sie jetzt die Tür nicht verschließen, sind Sie bald alleine im Raum ...

Wir hatten auch schon mehrfach Vier-Augen-Pausengespräche mit Teilnehmenden, in denen sie von einer „Kollegin" berichteten, die in der letzten Weiterbildung vom Trainer so kritisiert wurde, dass sie weinend das Zimmer verließ.

Was sind Bedürfnisse von Teilnehmenden in einem Seminar mit Rollenspielangebot? Und welche Äußerungen klingen *eher einladend*?

- Authentisch sein: *„Probieren Sie es einfach aus: Wie agieren und reagieren Sie, wenn Sie in so eine Gesprächssituation kommen?"*
- Freiwilligkeit und Selbstbestimmung: *„Sie können selbst aktiv werden in einem Rollenspiel, und Sie können aus der Beobachterperspektive lernen."*
- Motivation und Zuversicht: Da helfen positive Worte wie „experimentieren", „etwas für sich herausfinden", „Rückmeldungen aus dieser Runde bekommen, die einem weiterhelfen, die einem neue Möglichkeiten aufzeigen", „Bestärkt werden, für das was gut läuft".

Was wollen Teilnehmerinnen und Teilnehmer *nicht*:

- Vorgeführt werden. Daher also: *„Wir werden Rollenspiele auch in Kleingruppen durchführen, dann können Sie mehr üben."*
- Spontanes Stegreiftheater und ins kalte Wasser geworfen werden, daher also: *„Sie bekommen genügend Vorbereitungszeit, um sich Ziele und Ihre Strategie zu überlegen."*
- Blamage, daher also: *„Sie erhalten auf Wunsch Rückmeldung, was Sie – gemessen an Ihren Zielen – erreicht haben und wo Sie sich noch verbessern können. Oder welche Varianten für Ihre Vorgehensweise im Gespräch denkbar sind."*
- Bloßgestellt werden, daher also: *„Ich sehe meine Rolle als Trainerin so, dass ich darauf achte, dass die Rückmeldungen, die Sie bekommen, konstruktiv und wertschätzend sind."*

Schutz vor Bloßstellung bieten auch vorbereitete Rollenspiele zu Situationen, die der Praxis der Teilnehmenden unähnlich sind, aber zum Lernziel passen. Die Identifikation mit der Rolle ist weniger offensichtlich und das bietet einen gewissen Schutz vor öffentlicher Blamage.

Unserer Erfahrung nach gibt es noch zwei wirkungsvolle Tipps:

1. Bringen Sie einen Beweis des Nutzens für die Praxis, indem Sie ein Beispiel erzählen, wie Teilnehmer eines Seminars durch Rollenspiele Wertvolles für sich erkannt oder erreicht haben. Ein Beispiel für Sie: Vor einiger Zeit hörten wir von einem rheinländischen Trainerkollegen, der eine für ihn schwierige Situation im Training nur deshalb bewältigte, weil er sie gerade zwei Wochen vorher in einer Weiterbildung exemplarisch für sich durchgespielt hatte: Er begegnete nämlich einer Gruppe, die sich körpersprachlich und verbal kaum mitteilte, aber voll bei der Sache war. Seine Fantasien (die Gruppe lehnt mich ab, es ist wohl langweilig, ich habe keinen Kontakt, ich kann meine Botschaft nicht rüberbringen, ich bin ein schlechter Trainer) konnte er im Rollenspiel erkennen und auflösen, so dass sie ihm in der realen Situation nicht mehr den Blick auf die Gruppe verstellten.
2. Strahlen Sie die Überzeugung aus, dass Rollenspiele Spaß machen und wertvolle Erfahrungen bereithalten.

Was steckt hinter den Vorbehalten gegen Rollenspiele? Wie können Sie die Teilnehmeräußerung ernst nehmen und trotzdem Rollenspiele durchführen? Wie gewinnen Sie die Gruppe für die Methode? So, wie der Arzt bei der Anamnese die Vorgeschichte einer Erkrankung erhebt, so ist es bei Widerständen der Teilnehmerinnen und Teilnehmer hilfreich herauszufinden, was deren *Motivation hinter der Ablehnung* ist. Was wollen sie für sich erreichen? Was vermeiden? Welche Erfahrungen oder welche Vermutungen liegen dem Verhalten zu Grunde? Was brauchen sie, um wieder Vertrauen aufzubauen?

Vorsicht: Als verständnisvolle Trainerin, die sofort auf eine ablehnende Äußerung zu Rollenspielen einsteigt und sie hinterfragt, laufe ich Gefahr, mich 1. an einem Teilnehmer „festzubeißen“ und dabei die Wünsche der restlichen Gruppe zu übersehen oder 2. die Geschichte dieses Teilnehmers so präsent werden zu lassen, dass andere Teilnehmer in die negativen Emotionen einsteigen, auch wenn sie vorher vielleicht neutral zur Methode Rollenspiele standen.

Konkret kann die *Reaktion* auf die Teilnehmer-Erwartung „Alles, nur **keine Rollenspiele**“ so aussehen: Trainer/-in: *„O.k., wenn ich*

Professionell auf Widerstände reagieren

Sie richtig verstehe, ist es Ihnen wichtig, dass Sie darüber bestimmen, worauf Sie sich hier einlassen möchten – und worauf nicht. Ist das so?" Teilnehmer: *„Ja, diese Rollenspiele finde ich einfach furchtbar."* (Liegt eine tatsächliche Erfahrung zu Grunde oder ist es eine Vermutung? Oder steht die Angst im Vordergrund, sich vor der Gruppe zu zeigen? Oder ist es ein Test für den Trainer? Gleich was es ist – wenn der/die Trainer/in auf das Bedürfnis des Teilnehmers eingeht und die eventuelle schlechte Erfahrung ernst nimmt, fühlt sich der Teilnehmer verstanden und ist eher bereit, sich auf den kommenden Prozess einzulassen.) Trainer/in: *„Ja, leider gibt es immer wieder Teilnehmer, die negative Erfahrungen mit der Methode gemacht haben. Ich schlage vor, wir nehmen in unseren Vertrag zum Vertragen (Spielregeln) den Punkt auf: Ich habe das Recht, ‚Nein' zu sagen. So können Sie zu gegebener Zeit entscheiden, ob der Rahmen dieses Seminars für Sie so ist, dass Sie sich auf Rollenspiele einlassen möchten – oder nicht. Ist das für Sie o.k.?"* (Es bleibt nach wie vor offen, dass Rollenspiele gemacht werden, denn viele aus der Gruppe können davon profitieren. Vielleicht auch der Teilnehmer, der es jetzt ablehnt, denn bis dahin hat er meine Vorgehensweise kennen gelernt und hoffentlich Vertrauen gefasst.) Teilnehmer: *„Also werden wir Rollenspiele machen?"* Trainer/in: *„Ja. Einige von Ihnen werden die Chance haben, diese Methode zu nutzen – da sie die praxisnahste Vorgehensweise ist, die ich kenne. Aber für alle gilt: Wenn es für Sie nicht stimmt, eine Situation zu simulieren, dann haben Sie das Recht, ‚Nein' zu sagen. o.k.?"* (Hier gilt: für Rollenspiele argumentieren: ja. Die Werbtrommel rühren: nein. Denn zu viele Verkaufsargumente verunsichern oft eher als dass sie überzeugen.) Der Teilnehmer ist für diesen Moment beruhigt: *„Ja, o.k., warten wir mal ab."*

Die Angst, vorgeführt zu werden

Was steckt hinter der Ablehnung von Rollenspielen? In der Pause sprechen wir gern mit einem solchen Teilnehmer darüber, woher seine Ablehnung kommt. Dabei kommen immer wieder andere Antworten, der Schwerpunkt liegt aber ganz klar bei den negativen Erfahrungen: *„Ich bin total vorgeführt worden vor den anderen Teilnehmern. Eine regelrechte Blamage." „Nach dem Rollenspiel wurde man einfach nur zerrissen, das war eine ätzende Erfahrung."*

Die extremsten Erlebnisse, die uns zu Ohren gekommen sind: Einem Teilnehmer wurde gekündigt – und während des Kündigungsgespräches in der Personalabteilung wurde ihm die Videoaufzeichnung eines Rollenspiels vorgeführt, das er in einem Seminar durchgeführt hatte. Die Bemerkung dazu: *„Ihnen ist ja wohl klar, dass wir uns einen Mitarbeiter mit solchen Leistungsschwächen nicht erlauben können."* Eine andere Teilnehmerin berichtete davon, dass die Aufzeichnung ihres Rollenspiels im Unternehmen in anderen Seminaren als Demonstrationsvideo benutzt wurde – dafür, wie man es nicht machen sollte.

Sicher sind solche Fälle Ausnahmen und vielleicht hat die Erinnerung die Tatsachen auch ein wenig verschlimmert. Eines ist aber klar: Bei einem Rollenspiel zeigt sich der Protagonist mit all seinen Stärken und Schwächen. *Er macht sich „angreifbar"* und ist hinterher entsprechend verletzlich. Der sensible Umgang mit den Rückmeldungen und Reaktionen auf das gezeigte Verhalten ist ein wichtiger Faktor dafür, dass künftig mehr und mehr Teilnehmerinnen und Teilnehmer bei der Erwartungsabfrage sagen: *„Bitte **auf jeden Fall Rollenspiele**!"*

Übrigens empfiehlt sich das sensible Vorgehen auch für reine Männergruppen. Die Aussage *„Da sind wir dann unter Männern doch anders, da können wir Tacheles reden."* haben wir oft gehört und uns eine Zeitlang damit begnügt. Nachdem wir bei einem Trainer-Coaching allerdings einen Tag lang in einer solchen Männerrunde saßen und das Gefühl hatten, an der Aussage stimmt etwas nicht, sind wir der Sache nachgegangen. Und die Männer, mit denen wir sprachen, (nein, keine „Warmduscher", sondern durchaus männliche Männer) haben einhellig gesagt: *„Ich fühle mich sehr wohl verletzt, wenn respektlos ‚Tacheles' geredet wird. Ich sage es nur nicht in einer solchen Runde, denn der gruppendynamische Effekt nach dem Motto: ‚Ein starker Mann kennt keinen Schmerz' lässt mich schweigen – oder einen lockeren Spruch loslassen."*

Nach diesem Exkurs zurück zu den Widerständen gegen Rollenspiele. Manche Teilnehmer haben noch nie Rollenspiele erlebt, aber so viele Horrorvisionen darüber erzählt bekommen, dass sie mit dem

Begriff ein schlechtes Gefühl verbinden. Diejenigen fordern wir auf, sich ein eigenes Bild zu machen – darüber, wie Rollenspiele in diesem Seminar ablaufen. Vielleicht wollen sie das Vorgehen zunächst bei einem anderen Spieler beobachten bevor sie selbst in Aktion treten ...

„Das ist doch alles unrealistisch!"

Unter den weiteren Gründen, die häufig von Teilnehmenden gegen Rollenspiele angeführt werden, tut sich folgender hervor: *„Das ist doch alles unrealistisch."*

Eine mögliche Antwort: *„Ja! – Und nein!"* Das emotionale Erleben im Rollenspiel ist sehr real. Seine Tiefe hängt davon ab, wie gut die Rahmenbedingungen für das Spiel gesetzt sind (siehe auch Seite 18: „Wir tun nur so als ob ...") *„Ja, es ist nicht die reale Situation, nicht Ihr wirklicher Arbeitsplatz, nicht Ihr realer Chef. Aber es ist die beste Möglichkeit, die wir innerhalb eines Seminars haben, Ihrer realen Situation nahe zu kommen. Deshalb lassen Sie uns schauen, was wir tun können, um so nah wie möglich an Ihr gewohntes Bild heranzukommen. Was kann Sie dabei unterstützen? ..."* Sollte sich herausstellen, dass der Protagonist einen Mitspieler zu sehr als die reale Person wahrnimmt, die er kennt, und ihn nicht in der Rolle sehen kann, empfiehlt es sich, den Antagonisten auszutauschen und den Protagonisten (erneut) einen Mitspieler wählen zu lassen.

Als Leiterin oder Leiter des Rollenspiels sollten mich einige Situationen in der Gruppe darauf aufmerksam machen, dass eine weitere Intervention nötig ist, bevor das Rollenspiel startet (siehe Tabelle).

Situation in der Gruppe	Intervention
TN zeigen kein Interesse an der vorgegebenen Situation.	Sehen die Teilnehmer den Sinn des Spieles (die Frage ist nicht, ob Sie den Sinn mitgeteilt haben, sondern ob die Spielenden einen Sinn sehen :))? Können die Teilnehmer sich vorstellen, dass ihnen das in dieser Situation gezeigte Verhalten in ihrer Praxis hilft? Liegt eine andere Störung vor, die mit dem Rollenspiel gar nichts zu tun hat? *„Ich habe den Eindruck, irgendetwas stimmt gerade nicht. Mein Vorschlag: Wir machen eine kurze Runde, jeder beantwortet bitte mit einem Satz die Frage: Was stört mich im Moment? Wichtig dabei: diskutieren Sie nicht und lassen Sie bitte auch die Vorbemerkungen anderer Teilnehmer unkommentiert. Wenn Sie gar nichts stört, sagen Sie auch das bitte."* (Methode Blitzlicht)
Es herrscht eine eher gedrückte Stimmung.	Auch hier kann es wichtig sein, die eigenen Eindrücke mit der Gruppe abzugleichen. Es ist aber auch möglich, dass eine nachdenkliche Stimmung aus dem vorhergehenden Seminarteil resultiert oder dass die Ursache nicht auszumachen ist. Manchmal passt Folgendes gut: *„Wir sollten die Stimmung mal ein bisschen auflockern, finde ich. Passend zu der hiernach folgenden spielerischen Vorgehensweise, kommt bitte mal zu zweit zusammen. Einer fängt an. Sein Ziel ist es, den anderen zum Lachen zu bringen – ohne dabei zu reden. Der andere versucht natürlich, ernst zu bleiben. Wenn Ihr den Lacher erreicht habt, wechselt bitte."* Wenn Sie das Spiel auswerten möchten, ist die Frage interessant: *„Wie ist es am schnellsten gelungen, den Lacher herauszulocken? Was heißt das für das Ziel, mein Gegenüber in einem normalen Gespräch zum Lächeln zu bringen?"*

Situation in der Gruppe	Intervention
Es herrscht eine sehr alberne Stimmung.	Die Gefahr dieser Situation liegt darin, dass den Protagonisten nicht die nötige Ernsthaftigkeit und Konzentration entgegengebracht wird. Eine Kaffeepause zum Sammeln kann helfen, begleitet vom anschließenden Hinweis: *„Bitte wenden Sie Ihre Aufmerksamkeit jetzt ganz der Situation hier vorne zu, so dass Frau Manzke ein konzentriertes, aufmerksames Feedback bekommt."*
TN erscheinen müde, erschöpft.	Auch hier verhilft ein Blitzlicht zu mehr Klarheit: *„Ich habe das Gefühl, im Moment ist ein bisschen die Luft raus. Eine Runde: Wie geht es mir im Moment?"* Möglicherweise ist die Grenze der Aufnahmefähigkeit der Teilnehmer erreicht und es ist wichtig, statt eines erneuten Rollenspiels Methoden zum „Verdauen" einzusetzen. Vielleicht reicht aber auch ein offenes Fenster, eine Bewegungsübung, eine kurze Pause.

Angst, zu „versagen"

Manchmal erzeugt *ein sehr gut verlaufenes Rollenspiel* eine gewisse Scheu bei den nachfolgendenTeilnehmern: *„So kann ich das aber nicht!"* Hier hilft es zum einen, wenn Sie die Rückmeldungen ausgewogen geben – auch diese gute Teilnehmerin kann sicher noch wachsen. Zum anderen können Sie den nun Zögernden befragen, was ihm durch den Kopf geht: *„Was hat Ihnen eben besonders gut gefallen? Dann konzentrieren Sie sich doch darauf, dies jetzt in Ihrer Rolle auszuprobieren – auf Ihre Art. Spielen Sie damit, experimentieren Sie, testen Sie aus, was alles geht. Machen Sie sich einen Spaß draus. Sie können Ihr Rollenspiel gern auch ab und zu zurückspulen und eine neue Variante ausprobieren. Hier im Seminar haben Sie das Übungsfeld, draußen findet die eigentliche Aufführung statt."*

Einige Teilnehmer *zweifeln an ihrer Fähigkeit, in die Rolle steigen zu können*, sie gut zu „spielen" ...

Zwei Ideen aus der Theaterpädagogik

von Frank Seeger

Sie planen ein Rollenspiel. Alle Seminarteilnehmer freuen sich darauf. Wirklich alle Seminarteilnehmer? Nein. Eine kleine Gruppe unbeugsamer Rollenspielmuffel hört nicht auf, erbitterten Widerstand zu leisten. Warum? Lag es an Ihrer Vorbereitung? Sehen Ihre Teilnehmer nicht die vielen Vorteile von Rollenspielen?

Dabei haben Sie doch an alles gedacht: Die Atmosphäre im Seminar ist gut, die Rollenspieler sind aufgewärmt und das Rollenspiel wurde verständlich erklärt. Und trotzdem gibt es Vorbehalte bei manchen Teilnehmern. Es besteht die Angst, nicht in die entsprechende Rolle einsteigen zu können, Fehler zu machen und den anderen Rollenspielern ausgeliefert zu sein.

Wie können wir unseren Teilnehmern die Angst nehmen?
Hier sind zwei Tipps:

1. Durch Rolleninterviews
Die Rollenbeschreibung ist in unseren Rollenspielen recht knapp gehalten. Mit diesen wenigen Vorgaben setzen wir unseren Rollenspieler auf den heißen Stuhl. Er versetzt sich in die angebotene Rolle und beantwortet dann alle Fragen der Seminarteilnehmer an ihn, d.h. an die Person, die er gleich spielen wird.

Wichtig ist, dass Suggestivfragen (z.B. *„Warum haben Sie sich vor drei Jahren von Ihrer Frau scheiden lassen und sich nicht um das Sorgerecht für die zwei gemeinsamen Kinder bemüht?“*) verboten sind, da sonst der Spieler das Gefühl bekommen kann, dass er keinen Einfluss auf seine Rolle hat. Die Antworten werden notiert und ergeben so einen Charakter, der nicht nur in der konkreten Rollenspielsituation, sondern auch im Alltag agieren könnte. So wird jede Rolle präziser und persönlicher, jeder Spieler füllt seine Rolle mit Leben und bekommt eine Beziehung zum Charakter, wird eins mit der Rolle. Derart vorbereitete Spieler fallen nicht so schnell aus der Rolle und gehen mit dem Gefühl, gut vorbereitet zu sein, ins Rollenspiel.

2. Durch Standbilder
Mit Standbildern (auch „Einfrieren“ genannt) hat der Spielleiter die Möglichkeit, von außen in das Rollenspiel einzugreifen und neue Impulse zu setzen.

Dazu führt der Spielleiter ein akustisches Signal ein, das von ihm problemlos erzeugt werden kann – z.B. mit einer kleinen Glocke oder einer Hupe. Erklingt das verabredete Signal, hören alle Spieler sofort zu reden auf und verharren körperlich und emotional exakt in der Position, in der sie sich zu diesem Zeitpunkt befinden – Ihre Spieler werden quasi „eingefroren".

Während die Spieler sich im Standbild befinden, kann der Spielleiter von außen helfend eingreifen, indem er neue Impulse ins Spiel bringt.

Wie sieht so ein Impuls aus?
Der Spielleiter gibt dem Spieler konkrete Anweisungen, bzw. Empfehlungen, sein Verhalten entweder inhaltlich, emotional oder auch durch Einbeziehung bereits erlernter Gesprächsführungstechniken etwas anders zu gestalten. Achten Sie bitte darauf, dass Sie nur dann eingreifen, wenn Sie sich sicher sind, dass Sie den Spielern helfen.

Dann erzeugt der Spielleiter erneut das vereinbarte akustische Signal und gibt so das Zeichen, dass das Rollenspiel fortgesetzt werden soll.

Die Hemmung, aus der Masse hervorzutreten

Die häufigste „Hidden agenda", also nicht offen gelegte „Geschichte" hinter einer Zurückhaltung oder Verweigerung bei Rollenspielen, ist die *Hemmung, aus der Masse herauszutreten*, eine mehr oder weniger starke Angst vor der „Selbstentblößung". Auch diese ist entweder durch Erlebnisse begründet oder durch Fantasien. Für die Teilnehmer ist es in jedem Fall eine sehr förderliche Erfahrung, die Hemmschwelle des Auf-die-Bühne-Tretens zu überwinden und sich der Herausforderung zu stellen, indem sie sich zeigen. Es gilt hier, als Leiterin oder Leiter des Rollenspiels die Balance zwischen einfühlsamem „Lassen" und förderndem „Schieben" zu erreichen. Die Teilnehmer sollen spüren, dass sie selbst für ihr Lernen verantwortlich sind. Sie behalten das Recht, „Nein" zu sagen, auch ohne dass Sie dies noch einmal ausdrücklich erwähnen. Gleichzeitig sollten Sie dazu beitragen, die Hemmschwelle der freiwilligen Meldung zum Rollenspiel herunterzusetzen (siehe auch „Auswählen", Seite 29 ff.). Nehmen wir an, nach der Frage *„Wer startet mit der Rolle des Beraters?"* entsteht eine Schweigepause ...

☹ Zu viel „Schieben"	☺ Balance	☹ Zu viel „Lassen"
... nach kurzer Zeit sagt der Leiter leicht genervt: *„Also, damit das Warten auf einen Freiwilligen ein Ende hat: Frau XYZ, Sie fangen an."*	... nach etwas längerer Zeit sagt der Leiter entspannt und ruhig: *„o.k., um Ihnen die Entscheidung zu erleichtern, schlage ich ein Losverfahren vor. Nennen Sie mir bitte jeder eine Zahl zwischen 1 und 12 ..."*	... nach kurzer Zeit sagt der Leiter in einfühlsamem Ton: *„Natürlich ist hier jeder selbst für sein Lernen verantwortlich. Wenn Sie also kein Rollenspiel machen wollen, dann gehen wir anders vor. Statt eines Rollenspiels ..."*

Gelassener Umgang mit Emotionen

Nehmen wir nun an, die Spielenden wurden gefunden, das Rollenspiel ist durchgelaufen – dann gibt es neue Situationen, die Sie herausfordern können: zum Beispiel hochkochende Emotionen (Wut, Enttäuschung, Trauer oder aber Euphorie bzw. überschwängliche Begeisterung). Für manch einen Leiter von Gruppen ist ein solcher Moment kritisch – was tue ich jetzt mit den Tränen? Wie gehe ich mit der Gruppe um? Habe ich einen Fehler gemacht?

Unser Vorschlag: Zunächst ist es sinnvoll, Tränen als etwas Positives zu bewerten. Sie besagen, dass ein Mensch berührt wurde, bewegt ist. Und bewegt zu sein ist ein wertvoller Zustand, denn aus ihm heraus kann sich etwas bewegen. Sprechen Sie kurz mit der weinenden Person (offen vor der Gruppe), was sie jetzt für sich braucht. Möchte sie reden oder einfach erst einmal schweigen? Möchte sie ein Taschentuch? Wenn sie einen Moment allein sein möchte, lassen Sie das entweder zu oder bitten Sie jemanden, mit hinauszugehen. Vereinbaren Sie aber, dass die oder der Betroffene nach ein paar Minuten von selbst wieder in die Gruppe kommt – und schauen nach ihr oder ihm, wenn Ihnen die Abwesenheitsdauer zu lang wird.

Die Gruppe orientiert sich meist stark am Verhalten des Trainers oder der Trainerin. Wenn Sie eine ruhige, angemessene Reaktion auf die betroffene Person zeigen, bei der Sie auch die Gruppe nicht aus den Augen verlieren, zeigen Sie Ihre Einstellung („*Das Weinen als solches ist eine normale Reaktion, kein Drama und nichts, was überbewertet werden sollte.*“). Dieses Verhalten überträgt sich erfahrungsgemäß auf alle Anwesenden. Eventuell fragen Sie in der Pause noch einmal, wie es der Teilnehmerin/dem Teilnehmer jetzt geht.

Artefakte Manche Teilnehmer äußern nach dem Rollenspiel „*So bin ich sonst aber nicht, das lag an dieser Situation ...*“

Stottern, Stocken, Ähms – wenn sich Rollenspieler „untypisch“ verhalten

von Eva Neumann

„*Ich wusste gar nicht, dass ich so oft „ähm“ sage.*“ Peinlich berührt reagiert die Teilnehmerin auf ihre Videoaufnahme. Fleißig bekräftigen die anderen, dass es während des Spiels „gar nicht so schlimm“ gewirkt habe. Das tröstet die Betroffene aber sichtbar wenig. Natürlich kann es sein, dass diese Teilnehmerin auch in der beruflichen Wirklichkeit in angespannten Situationen oft „ähm“ sagt, und sich dessen nur nicht bewusst ist. Dann hat sie jetzt die Chance, ihr Verhalten im Alltag bewusst darauf zu überprüfen – und Schritt für Schritt die „Angewohnheit“ abzulegen.

Genauso kann es aber sein, dass die „Bühnensituation“, die Beobachtung durch die Gruppe und die Dokumentation ihres Verhaltens auf Video sowie der eigene Anspruch zusammenwirkten – und das Stocken auslösten. Was, wenn sie außerhalb des Rollenspiels im Seminar, in den Pausen und sonstigen Übungen flüssig redet? Taucht das „ähm“ nur im Rollenspiel auf, dann scheint es sich um ein so genanntes „Artefakt“ zu handeln: Eine „künstliche“ Verhaltensweise, die durch die ungewohnte Situation erst hervorgerufen wurde. Im Allgemeinen können auch langes oder langsames Sprechen, Schweigen, Phrasenhaftigkeit oder ein bestimmter „Ton“ in der Stimme durch das Rollenspiel bedingt sein.

Kritisiert die Gruppe solches Verhalten, fasst die lernende Person unter Umständen nutzlose Vorsätze. Sollten wir solche „Artefakte“ in der Nachbesprechung also überhaupt thematisieren? Thomas Bliesener (siehe Literatur/Quellen) zeigt Möglichkeiten, wie der Trainer mit diesem Phänomen methodisch sinnvoll umgehen kann:

1. Beobachten Sie Teilnehmende auch außerhalb der Rollenspiele, um Ihre Wahrnehmung zu schärfen. Entwickeln Sie so ein Gespür für Verhaltensbesonderheiten: Was ist eher typisch, was ist eher untypisch?
2. Konzentrieren Sie sich in der Nachbesprechung auf wirklich individuelle Besonderheiten im Gesprächsverhalten. Das kann bedeuten, dass Sie über das untypische Verhalten stillschweigend hinweggehen.
3. Bevor das Artefakt höchstwahrscheinlich von Beobachtern angesprochen und kritisiert wird, sprechen Sie das Phänomen an. Deuten Sie darauf hin, dass manche Verhaltensweisen erst durch das Rollenspiel hervorgerufen werden und ersparen Sie den Rollenspielern so die Selbstkritik.
4. Falls ein untypisches Verhalten im Rollenspiel wünschenswerte Effekte erzielte, dann machen Sie dem Rollenspieler diese Wirkung bewusst und bestärken Sie ihn dadurch in seinem Verhalten. Befragen Sie dazu auch die Gesprächspartner. Zum Beispiel ist empfundene „Sprachlosigkeit" in manchen schwierigen Gesprächen durchaus sinnvoll, da über die richtige Formulierung der Antwort nachgedacht, eine Pause gelassen oder langsam gesprochen wird.
5. Wenn durch das Artefakt eine besondere Gesprächsdynamik entsteht, dann kann genau das als Lernergebnis festgehalten werden. Beispielsweise stellt ein „Verkaufsberater" in für ihn untypischer Weise nur geschlossene Fragen, der „Kunde" reagiert darauf mit Zurücklehnen und Einsilbigkeit. Das Artefakt ist zwar nicht typisch für den Rollenspieler – aber die Wirkung, die das Kommunikationsmuster in diesem Fall hatte, stellt sich auch in anderen Gesprächen ein. Verlegen Sie also die Auswertung ins Allgemeingültige.
6. Umgekehrt kann gerade die „Ausnahmesituation Rollenspiel" zum Gegenstand der Reflexion und Selbsterkenntnis werden: Manchmal ist es für den Teilnehmer interessant zu verstehen, weshalb er gerade hier und jetzt zu diesem außergewöhnlichen Verhaltensmuster gegriffen hat. Die Einsicht was ihn dazu motivierte, welche eigene Einstellung, welche Einschätzung des Gesprächspartners oder welche innere Stimme ihn geleitet hat, ist eine Chance, sich selbst besser kennen zu lernen.

Thomas Bliesener weist noch darauf hin, dass die beiden zuletzt genannten Auswertungs-perspektiven unter Umständen vom Trainingsziel abweichen. Die neue Sichtweise kann andererseits das Seminar bereichern – wenn beide Optionen nicht zu oft angewandt werden. Bei der Anlage der Rollenspiele kann der Trainer deshalb dafür sorgen, dass die Bedingungen für das Rollenspiel möglichst natürlich sind, so dass sich die Spielerinnen und Spieler ohne Hürde auf das Rollenspiel einlassen können und diese künstlichen Verhaltensweisen kaum oder gar nicht auftreten.

Die AGABU-Formel

Manche Reaktionen sind eine Flucht vor dem Blick auf den „Blinden Fleck". Es ist nicht immer angenehm, Verhaltensweisen an sich zu entdecken, die man selbst nicht mag. *Die AGABU-Formel* („Alles ganz anders bei uns") kann ein solcher Schutz sein. Dann geht es nicht um sachliche Diskussionen: *„Ja, aber in der Praxis ist das ganz anders!"* Ein Reaktionsvorschlag: *„Wir arbeiten jetzt mit dem, was in diesem Rollenspiel passiert ist. Und natürlich entscheidet am Ende jeder selbst, was er für sich aus diesem Erlebnis mitnimmt. Was ist für jemanden hier im Raum eine interessante Erkenntnis aus dem eben Erlebten?" … „Danke. Die Reflexion des eigenen Verhaltens ist eine wertvolle Fähigkeit. Mit einem solchen Austausch können Sie einander dabei unterstützen, Neues an sich selbst zu entdecken."*

Widerspenstige Technik

Mit Pannen umgehen

„Alles ist so gut gelaufen, und gerade als ich die Videoaufzeichnung mit der Gruppe durchgehen will, ...“ Vor allem kann eine technische *Panne* Sie daran erinnern, wie wichtig der Technik-Check im Vorfeld ist. Aber auch trotz eines Checks passiert der eine oder andere Zwischenfall. Wenn die Technik nicht mitspielt, ist dies ärgerlich – das sagen wir den Teilnehmenden auch. Dennoch lässt sich auch aus einer solchen Panne manchmal noch etwas machen ...

Der Erste-Hilfe-Kasten bei Technikproblemen

Störung	Lösungsidee
Ton ist unverständlich oder ganz ausgefallen	Nutzen Sie die Aufzeichnung zur Analyse der Körpersprache. Besonders spannend ist der schnelle Vorlauf, bei dem die Bewegungen im Zusammenspiel der Akteure erlebt werden (außerdem ist es meist sehr lustig anzuschauen). Wer führt die Bewegung an? Geht die andere Person mit? Wechselt die Führung? Der Protagonist kann mitteilen, welche Bewegungen er evtl. bewusst gemacht hat.
Bild ist schlecht zu erkennen	Analysieren Sie bestimmte Passagen auf den Tonfall und die stimmlich erkennbare Mimik hin – es ist immer wieder interessant zu hören, wie ein Lächeln klingt ... Hier würden wir allerdings nur einen kleinen Teil abspielen, da diese Analyse nicht so viel „hergibt“ und dadurch leicht ermüdet.

Störung	Lösungsidee
Aufnahme ist ganz gescheitert	*„Der worst case…"* Genau das sagen wir den Teilnehmern (ist uns glücklicherweise erst einmal passiert ...) und bitten sie um Entschuldigung. Wir beenden die Rollenspielauswertung ohne die Aufzeichnung. Wenn es zum Thema passt, können die Teilnehmer danach ihrerseits berichten, wann sie mal eine ähnliche Situation (technische Panne) erlebt und was sie daraus gelernt haben.

VIER

Spontane Spiele – Praxissituationen von Teilnehmern im Rollenspiel bearbeiten

Schnellfinder

Erneut 10 3/4 Schritte 331

▶ Essay: Rollenspiel statt Mediation – Ein Konflikt wird sichtbar, von Frank Seeger 341

Fazit 346

Erneut 10 3/4 Schritte ...

Bisher haben wir Ihnen vorbereitete Rollenspiele vorgestellt – als (neu gewonnener) Fan dieser Methode wollen Sie jetzt noch mehr? Nun, viele Gesprächssituationen aus dem Alltag der Teilnehmerinnen und Teilnehmer, über die sie im Seminar berichten, können natürlich auch sehr gut mit der Rollenspielmethodik bearbeitet werden. Wir sprechen dann von „Ad-hoc-Rollenspielen". Was tun wir – zusätzlich zu den im ersten Kapitel angesprochenen 10 3/4 Schritten – zur Vorbereitung, Durchführung und Auswertung dieser situativ entwickelten Rollenspiele? Wir stellen Ihnen weitere 10 3/4 Schritte vor.

Schritt 1: Flexibel konzipieren

Sie können Vergangenheit, Gegenwart und Zukunft durchspielen.

Immer wieder wird Morenos Ausspruch zur Funktion von Rollenspielen zitiert: *„Lass das Leben herein."* Dazu passt die Meinung von John Lennon: *„Leben ist das, was geschieht, während Du andere Pläne machst."* Flexibilität innerhalb Ihrer Leitfäden ist umso wichtiger, je mehr Ad-hoc-Rollenspiele Sie einplanen. Denn die Dynamik der Gruppe und der einzelnen Teilnehmer ist bei allen erlebnisorientierten Methoden nur bedingt vorauszusagen (ein Grund, der unserer Überzeugung nach dazu führt, dass leider noch immer so viele Lehrer und Erwachsenenpädagoginnen, Trainer und Gruppenleiterinnen den Frontalunterricht vorziehen). Bei der Arbeit mit „spontanen Spielen" gilt dies ebenso, wenn nicht gar in verstärktem Maße. Denn vieles ist möglich: Situationen aus der *Vergangenheit*, mit deren Verlauf eine Teilnehmerin unzufrieden war, werden noch einmal durchgespielt und aufgearbeitet. Die *Gegenwart* in

Form eines ungelösten Konfliktes oder einer schwelenden Entscheidung wird auf die Bühne geholt. Oder die *Zukunft* wird vorbereitet, indem ein erwarteter oder vermuteter Augenblick „geprobt" wird. Jede Situation kann einen unterschiedlichen Zeitbedarf haben, jede Auswertung verläuft anders.

Deshalb planen wir den Seminarbeginn sowie das Ende, schaffen anhand der Lernziele Klarheit darüber, welche Themen wir vermitteln werden – lassen aber die Methode und den Zeitpunkt offen. So können die Inhalte gezielt an real Erlebtes angeschlossen oder durch das Erleben im Rollenspiel ausprobiert, gefestigt und variiert werden, was unmittelbar die Brücke in die Praxis der Teilnehmer schlägt.

Schritt 2: Situationen festlegen

Wie komme ich nun als Trainerin oder Rollenspielleiter mit der Gruppe zu einer *Entscheidung darüber, welche Fälle gespielt werden*? Eine Vorarbeit hierzu kann schon die Einladung übernehmen, zum Beispiel bei einem Seminar im Krankenpflegebereich. *„Da wir an Ihren individuellen Situationen arbeiten werden, also an Ihrer täglichen Praxis, notieren Sie sich bitte bereits jetzt, welche Erlebnisse Sie in unser Seminar einbringen möchten. Für welche unglücklich gelaufene Situation mit Ihren Patienten oder deren Angehörigen suchen Sie noch nach Lösungen? Welche Situation mit Angehörigen oder Patienten steht Ihnen bevor, die Sie schon jetzt proben möchten? Bringen Sie auch Material mit, das Sie zur Darstellung der Situation benötigen (zum Beispiel geschwärzte Kopien einer Krankenakte)."*

Mitgebrachte Situationen im Seminar sammeln

Im Seminar *sammeln* Sie die mitgebrachten Situationen: *„Wie angekündigt, arbeiten wir an Ihren Fällen. Vielleicht haben Sie schon im Vorfeld einige Situationen sammeln können, vielleicht fallen Ihnen jetzt noch Szenen ein, die wir uns näher anschauen sollten. Bitte gehen Sie zu dritt zusammen und sammeln Sie stichwortartig solche Geschehnisse. Pro Stichwort, das Sie uns später mündlich erläutern können, beschriften Sie bitte eine Moderationskarte."* In der Dreiergruppe fallen in der Regel auch denjenigen Situationen ein, die im ersten Moment denken, dass es nichts gibt, was sie beitragen könnten. Außerdem ist es unwichtig, ob von jedem eine Szene eingebracht wird oder nicht – auch am Modell (dem, was uns ein anderer Mensch von sich zeigt) lernen wir Menschen erfolgreich. *„Eines ist noch wichtig: Bitte sammeln Sie die Situationen jetzt nur. Es ist verführerisch, ausgiebig über das Erlebte oder Bevorstehende zu diskutieren und Lösungen zu suchen – das machen wir aber zu einem späteren Zeitpunkt. Jetzt ist das Ziel nur, dass Sie sich in der Dreiergruppe ein Bild von der Situation machen können, die ein Gruppenmitglied erlebt hat."*

Wenn die Stichwortkarten gefüllt sind, gehen Sie sie mit der Gruppe kurz durch. Auch hier ist das Ziel zu verstehen, was gemeint ist. Gleichartige Karten clustern Sie (d.h., Sie führen sie zu thematisch ähnlichen Gruppen zusammen, entweder auf dem Boden oder an einer Pinwand). Alternativ kann auch jeder Teilnehmer eine einzige Situation beschreiben und sie als Schlagzeile in Worte fassen. Oder er zeichnet sie – auf einem halben Flipchart-Bogen – als Bild auf. Diese Schlagzeilen oder Bilder werden ebenfalls präsentiert und erläutert.

Passen die Themen zum Seminarziel?

Sollten Themen auftauchen, die mit dem *Seminarziel* nicht in Einklang zu bringen sind, teilen Sie dies der Gruppe mit. Sie können dem Falleinbringer anbieten, in einer Pause kurz ein paar Ideen zu diesem Punkt zu sammeln. Sollte die Mehrheit der Gruppe an dem Thema starkes Interesse haben, wägen wir den Auftrag des „Bezahlers" (z.B. des Unternehmens, das mich für seine Mitarbeiter engagiert hat) und die Wichtigkeit des Themas für die Performance (Leistungserbringung) der Teilnehmer ab – und gehen als Exkurs evtl. auf den Fall ein.

Die Reihenfolge festlegen

Sind alle Themen geklärt, gilt es zu entscheiden, welche davon für die Gesamtgruppe am spannendsten sind. Die klassische Vorgehensweise hierzu ist das Kleben von Punkten. Jede Teilnehmerin und jeder Teilnehmer kann Punkte auf die gesammelten Themen verteilen. An der Moderationsmethode orientiert, errechnen Sie die Punktanzahl, die Sie jedem Teilnehmer geben, wie folgt: Anzahl der

Themen, geteilt durch 2 plus 1 = Anzahl der Punkte pro Teilnehmer. Es dürfen maximal 3 Punkte auf ein Thema geklebt werden, wenn dieses jemandem besonders wichtig ist. Alle kleben gleichzeitig.

Nach der Auszählung steht die *Reihenfolge* der Themen fest. Sie gehen dann natürlich von der höchsten Punktzahl in Richtung der niedrigeren (ja, ja, auch, wenn Ihnen ein anderes Thema vielleicht doch besser gefallen hätte ... ☺).

Ein anderer Entscheidungsweg: Es bringen nur die Teilnehmer ein Thema ein, denen etwas auf dem Herzen liegt. Wenn alle Themen kurz angesprochen wurden, platzieren sich die Einbringenden als Stellvertreter für dieses Thema vor der Gruppe. Nun stellen sich die übrigen Personen zu dem Thema (= Einbringer) dazu, das sie am meisten interessiert/berührt/selbst betrifft. Auch hier wird durch die Anzahl der Teilnehmer pro Thema/Einbringer die Reihenfolge der Bearbeitung sichtbar – oder die Gruppen bearbeiten die Themen parallel und stellen sich am Ende gegenseitig die Ergebnisse vor (bei „reifen" Gruppen mit viel Erfahrung in der Rollenspielmethodik ist dies auch ohne einen zweiten oder dritten Rollenspielleiter machbar.)

Schritt 3: Warm-up

Methoden zum Warmspielen

Zum „Warmspielen" lassen sich viele verschiedene *Methoden* nutzen. So können Sie neben der „Benefiz-Gala" aus dem ersten Kapitel (siehe Seite 28) zum Beispiel die Gruppe in zwei Hälften teilen. Beide Teilgruppen stehen einander gegenüber, je ein Teilnehmer der einen und der anderen Gruppe bilden ein Team und schauen einander an. Zwischen ihnen ist ein Abstand von mindestens drei Metern. Nun bewegt sich einer der beiden auf eine selbst gewählte Art und Weise auf den anderen zu. Der andere hat die Aufgabe, auf den Platz seines Teampartners zu wechseln – mit derselben Bewegungsform. Dann ist das nächste Paar an der Reihe. Wenn alle einmal den Platz gewechselt haben, geben die bisher reagierenden Teampartner die Bewegung vor – ebenfalls, bis alle einmal den Platz gewechselt haben. Das Spiel lässt sich auswerten mit der Überlegung: Wie schwer/leicht habe ich es meinem Teampartner gemacht? Was heißt dies für die Rollenspielsituation? Wo liegt die reale Herausforderung, die der Rollenspieler in der Praxis meistern soll? Wie schafft der Gegenspieler die Balance zwischen einer übertrieben „fiesen" oder untertrieben „laschen" Herausforderung?

Schritt 4: Rollen beschreiben

Die Spieler brauchen Fakten.

Bei allen zu spielenden Situationen im Ad-hoc-Rollenspiel, egal ob sie in der Zukunft, der Gegenwart oder in der Vergangenheit liegen, geht es um reale Momente aus dem Leben des Falleinbringenden. Deshalb beschreibt er alle wichtigen *Fakten*:

- Wer sind die Gesprächspartner in der Situation, um die es gehen soll? Welche Aufgabe haben sie? Wie alt sind sie? Wie lange sind sie im Unternehmen? Wie stehen sie zum Falleinbringer? Wie stehen sie zueinander?
- Wer ist sonst noch wichtig, auch wenn er/sie im Rollenspiel gar nicht sichtbar werden wird? Was muss die Gruppe über diese Person(en) wissen?
- Was ist die aktuelle Situation? Was ist die Vorgeschichte? Was ist der Anlass des jetzigen Treffens? Wer hat die Initiative für das Treffen ergriffen? Wo findet es statt? Wann? Was wissen die Eingeladenen über die Themen und den Ablauf?
- Welches Ziel verfolgt der Einbringer? Welche Reaktionen sind von wem zu erwarten?
- Welche anderen Dinge, zum Beispiel Gegenstände im Raum oder Geräusche außerhalb, sind in dieser Situation von Bedeutung?
- Was war die Schwierigkeit oder Herausforderung in diesem Gespräch? Was hinderte am Gesprächserfolg?
- Und nicht zuletzt: Was möchte der Falleinbringer für sich erkennen? Worauf sollten wir für ihn achten, was möchte er mit dem Rollenspiel für sich herausfinden?

Die Rollenspielleitung erhält aus den Antworten auf diese Fragen Anhaltspunkte für den Bühnenaufbau, die Spieler können in ihre Rollen finden und die Beobachtenden wissen, worauf sie besonders achten sollten.

Schritt 5: Bühne einrichten

Die Protagonisten bestimmen die Bühneneinrichtung.

Damit das reale Rollenerleben so gut wie möglich erreicht wird, sollte der *Protagonist* bei Ad-hoc-Rollenspielen die Bühne gestalten. Das heißt nicht, dass alle Pause machen während die Hauptdarsteller Tische und Stühle schleppen ☺. Vielmehr geht es darum, herauszufinden, was nötig ist, damit die Situation so realistisch wie möglich erscheint. Eine Pflanze, ein Tisch, der Winkel zum Fenster, die permanenten Störungen durch Kollegen – sorgen Sie für die Rahmenbedingungen, die dem Protagonisten wichtig sind.

Schritt 6: Spieler einrollen

Varianten, wer welche Rolle einnimmt

Es liegt nahe, dass der Einbringer des Falles auch automatisch der Protagonist ist. Das muss jedoch nicht sein. Möglich sind folgende Varianten:

- Der Falleinbringer setzt sich ins Publikum, jemand übernimmt seine Rolle. Er achtet auf eine möglichst genaue „Ausführung" der Rolle, also auf ein Verhalten, das er selbst auch zeigen könnte. So sieht sich der Falleinbringer „im Spiegel", kann seine Fähigkeit zur *Selbstreflexion* erweitern. Wenn der Spieler andere Wege geht, als sie der Falleinbringer bisher beschritten hat, kann dies zu neuen Ideen für eine Lösung führen. Der Falleinbringer betrachtet die Situation von außen und kann sich ganz auf die Reflexion seiner Wirkung und auf mögliche neue Ansätze und Ideen konzentrieren.
- Der Falleinbringer geht in die Rolle der (Konflikt-/Gesprächs-/Diskussions-)Partnerin, ein anderer Teilnehmer übernimmt

die Rolle, die real der Falleinbringer besetzt. Diese Methode des *Rollentauschs* kann ebenso wie in der Vorbereitung auch einmalig oder mehrfach während eines Spiels durchgeführt werden. Dadurch erlebt der Einbringer des Falls die Situation aus der Sicht seines sonstigen Gegenspielers und gewinnt neue Eindrücke. Auch nimmt er seine eigene Wirkung aus einer anderen Perspektive wahr. Seine *Empathiefähigkeit* wird gestärkt, die Erfahrung kann nachhaltigen Einfluss auf seine Denkhaltung und seine Einstellung zur Gegenpartei haben.

- Wenn der Falleinbringer sich selbst spielt, bekommt er die Chance, sein *Fremdbild zu erfahren*. Aus dem anschließenden Feedback kann er neue Sichtweisen gewinnen, seinen „Blinden Fleck" verkleinern. Er kann sein Denken, sein Verhalten und seine Strategien hinterfragen.
- Außerdem ist es möglich, dass er seine reale Rolle einnimmt, aber Dinge tut, die er in der realen Situation unterlässt. So sagt er beispielsweise dem Rollenpartner ohne „Maulkorb", was Sache ist. Oder er schweigt, weil er sonst immer redet. Oder er ist dagegen, weil er sonst immer dafür ist. Ein solches Spiel kann *befreien*, entlasten, klären und/oder Neues ermöglichen.

Die Wahl der Methode hängt jedes Mal vom Lern- oder Erkenntnisziel des Falleinbringers ab. Will er verschiedene Verhaltensmöglichkeiten sehen und sammeln? Will er die „andere Seite" besser verstehen lernen, um dann im realen Gespräch angemessen mit dem Gesprächspartner umgehen zu können? Will er herausfinden, an welcher Stelle er etwas an seinem Gesprächsverhalten ändern kann? Oder möchte er seine eigene Haltung für sich klären, vielleicht Entlastung erfahren oder einen inneren Druck loswerden der sich angesichts einer ständig wiederkehrenden schwierigen Gesprächssituation aufgestaut hat? Fragen Sie den Falleinbringer lieber einmal mehr danach, was für ihn gerade wichtig ist – oder melden Sie ihm zurück, was Sie für wichtig halten und lassen Sie ihn diesen Vorschlag innerlich überprüfen.

Der Einbringer steuert die Rollenbesetzung.

Teilnehmer, die selbst einen Fall einbringen, sollten des wirklichkeitsnahen Spielerlebens wegen auch die *Rollenbesetzung selbst steuern*. Sowohl ihr eigner Stellvertreter als auch der oder die

Antagonist(en) stehen aus Sicht des Falleinbringers für die realen Personen – dies kann auf einer Äußerlichkeit, einer Stimmlage, einem Verhalten oder einer Gestik basieren. Oft haben die reale Person und der ausgewählte Spieler für einen anderen Beobachter keinerlei Ähnlichkeit miteinander – für den Falleinbringer gibt es aber eine wichtige Verbindung, vielleicht auch nur eine unbewusste. Damit keine Missstimmung in der Gruppe aufkommt, sollten Sie betonen, dass der Mitspieler nicht ausgesucht wurde, weil er so IST wie die festgelegte Gegenrolle, sondern weil er sie aus Sicht des Falleinbringers gut SPIELEN kann.

Das Grundziel von Rollenspielen, nämlich reales Rollenerleben in gespielten Situationen, wird bei Ad-hoc-Rollenspielen umso eher erreicht, je besser die Rollenspieler das Verhalten der wirklich Beteiligten darstellen. Schon mit einer guten Situationsbeschreibung unterstützt der Falleinbringer den Antagonisten dabei, in seine Rolle hineinzufinden. Dies lässt sich noch verstärken, indem der Einbringer kurz in die Rolle des Gegenparts einsteigt und Fragen nach dessen Art und Verhaltensweisen beantwortet, indem er die Worte der realen Person nutzt, dessen Körperhaltung spielt, dessen Mimik einsetzt. So lange, bis der Rollenspielpartner seine Rolle als Antagonist deutlich vor Augen hat und sich in der Lage sieht, zu übernehmen (siehe auch *„Rolleninterview“* bei „Zwei Ideen aus der Theaterpädagogik“ Seite 321).

Rollentausch

Sollte der Falleinbringer während der Durchführung des Rollenspiels den Eindruck gewinnen, die Darstellung eines Charakters ist zu realitätsfern, ist es ratsam, das Spiel zu unterbrechen. Am besten kündigen Sie diese Möglichkeit in der Vorbereitung des Rollenspiels an, so dass der Einbringende die „Erlaubnis“ zum Eingreifen in das Spiel hat. Ein *Rollentausch* kann nach der Unterbrechung dem Spielenden helfen, die gespielte Person besser einschätzen zu können (der Falleinbringer übernimmt für einen Moment die Rolle des Spielenden). Oder der Falleinbringer *doppelt* den Gegenspieler, das heißt, er souffliert dem Antagonisten Reaktionen, die der Gegenpart gezeigt hätte. Diese Aufgabe kann auch ein anderer Teilnehmer übernehmen, der den Gegenpart kennt. Wichtig ist bei alldem, dass der Falleinbringer derjenige ist, der beurteilt, wann die

Situation für ihn so gestaltet ist, dass sie ihm ein reales Rollenerleben bietet – nicht der Trainer oder die Gruppe.

Welche Rolle spielt der Trainer?

In vielen Fällen kommt die Frage auf: *Sollte ich als Trainerin eine Rolle übernehmen?* Für ein „Ja" spricht die Chance, der Gruppe die Wirkung eines bestimmten Verhaltens demonstrieren zu können. Ohne belehrend zu erscheinen, kann die Trainerin überzeugend einen Weg zur Lösung weisen. Dazu wird eine Szene noch einmal kurz angespielt und die Trainerin übernimmt die Protagonistenrolle – so lange, bis sie ihren Punkt verdeutlicht hat.

Klar „Nein" sagen wir zu der Idee, als Trainer eine Rolle ganz und gar zu übernehmen, wenn der Grund ist, dass kein Teilnehmer dies tun möchte. Oder wenn die Ursache darin liegt, dass die Teilnehmer glauben, die Rolle nicht spielen zu können. Denn die größte Lernchance liegt in der Einnahme einer Rolle, im Spielen selbst – und die Lernenden sind in einem Seminar in erster Linie die Teilnehmenden.

Wenn die Forderung laut wird: *„Zeigen Sie uns doch mal, wie es gehen kann!"*, ist nach unserer Erfahrung Vorsicht geboten: Was will der Teilnehmer mit dem Satz bezwecken? Mit einem *„Inwiefern hilft Ihnen das?" „Für wen aus der Gruppe ist es noch wichtig, mich in der Rolle des ... zu sehen? Aus welchem Grund?"* können Sie sich mehr Klarheit verschaffen. Reflektieren Sie: Empfinden Sie die Stimmung zwischen Ihnen und diesem Teilnehmer oder der Gruppe als angespannt? Hat der Teilnehmer Sie vielleicht als besserwisserisch erlebt? Findet ein Machtspiel statt? Klären Sie im Zweifel die Beziehungsebene, ein Blitzlicht oder ein Vier-Augen-Gespräch in der Pause können helfen. Wenn Sie als Trainer das Gefühl haben, die Teilnehmer haben wirklich keine Idee, wie ein beschriebenes Verhalten aussehen soll, kann eine kurze Übernahme der Rolle sinnvoll sein. Wenn Sie Angst haben zu scheitern, stehen wir vor der Grundsatzdiskussion: Wie gut muss der Fußballtrainer selbst das Tor treffen können? Wir denken: mindestens so gut, dass die Spieler erkennen können, welche Idee hinter seiner Schusstechnik steckt. Und wenn der Schuss daneben geht, sollte er erläutern können, was die Ursache dafür ist.

Schritt 7: Spiel ab!

Der leere Stuhl

Nehmen wir an, in einem Verhandlungstraining wird deutlich, dass sich der Mitarbeiter Peter Barth in seinen Verhandlungen mit Kunden unsicher fühlt, seit er bei der letzten Gehaltsverhandlung mit seiner Chefin das Ziel einer dreiprozentigen Erhöhung nicht erreicht hat. Durch das Nachspielen des Gesprächs aus der Vergangenheit kann die Situation aufgearbeitet werden. Eine interessante Variante zum herkömmlichen Spiel stellt *der leere Stuhl* dar. Dabei wird das Rollenspiel von Beginn an oder ab einem bestimmten Zeitpunkt nur mit dem Hauptakteur durchgeführt, während der Mitspieler durch einen leeren Stuhl gekennzeichnet wird.

In unserem Beispiel: Herr Barth sitzt auf seinem Stuhl und sieht seine Chefin auf dem leeren Stuhl. Er spricht mit ihr über seinen Wunsch nach mehr Gehalt. Nach einer Weile wechselt er den Stuhl und kommuniziert aus Sicht seiner Chefin. Dieses Vorgehen trainiert die Empathie (Einfühlung in eine andere Person) und führt beim Akteur zu einem veränderten Blick auf die Situation. Vielleicht entdeckt Peter Barth neue Verhaltenswege bei der Verhandlung oder er überdenkt seine Ziele (*„Wie angemessen waren die drei Prozent bei der wirtschaftlichen Lage des Unternehmens?“*) oder er bewertet die „Niederlage“ anders (*„Es war gar keine Niederlage, ich habe lediglich neue Fakten in meine eigenen Überlegungen einbezogen – die mir im Nachgang eine andere Einschätzung der Situation ermöglichten.“*).

Spielerwechsel

Eine andere Variation ist der *Spielerwechsel*: Während des Rollenspiels wird ein Akteur durch einen anderen Akteur ersetzt. Wird der Hauptdarsteller Barth ersetzt, nimmt er sich während des weiteren Spielverlaufs von außen wahr und erlebt andere Verhaltensweisen, die in der Situation eventuell adäquater sind. Wird die Mitspielerin (Chefin) ersetzt, stellt dies den Hauptakteur Barth vor neue Herausforderungen.

Doppeln

Die bereits beim Einrollen angesprochene Methode des *Doppelns* bringt weitere Impulse in den Rollenspielverlauf. Der Rollenspielleiter oder ein Beobachter stellt sich hinter Peter Barth und spricht an seiner Stelle. Er benutzt die Ich-Form und äußert an Stelle des Protagonisten Emotionen, Gedanken oder Wünsche, die er bei ihm vermutet – dabei verlässt er sich auf seine Intuition: *„Ich wollte Ihnen schon immer mal sagen, dass es mir an Anerkennung für meine Leistung fehlt. Wenn Sie mir nicht mehr Gehalt geben können – gut, das akzeptiere ich. Aber Sie könnten mich mehr loben, meiner Leistung Beachtung schenken. Sie kommen immer nur dann, wenn etwas schief geht."* Der Hauptakteur kann diese „soufflierten" Worte ablehnen, wenn sie nicht seiner Meinung entsprechen, oder er kann mit ihnen weiterarbeiten. Das Doppeln ist dann sinnvoll, wenn der Protagonist festzustecken scheint, wenn ihm die Ideen ausgehen, wenn er „hängt". Es sollte nur so lange erfolgen, bis der Hauptakteur wieder in der Lage ist, das Gespräch selbst fortzusetzen. Das Doppeln hilft dem Protagonisten bei der Reflexion seines Verhaltens und Denkens in der Rollenspielsituation – ohne die Situation selbst zu sehr zu unterbrechen.

Rollenzuwachs

Ebenfalls sinnvoll kann ein *Rollenzuwachs* sein. Zwei Akteure führen ein Gespräch, nach einer gewissen Zeit kommt ein Dritter oder Vierter hinzu, je nach Setting und Praxisrelevanz. So kann die Chefin von Peter Barth spontan den nächsten Vorgesetzten hinzurufen, wenn sie die Frage nach der Gehaltserhöhung nicht allein entscheiden darf oder möchte. Dies trainiert die Flexibilität des Protagonisten und seine Fähigkeit, beide Gesprächspartner wahrzunehmen und auf sie einzugehen.

Zurzeit liegt die Konfliktbearbeitung weit vorne in der „Hitliste" der Teilnehmer. Hierzu einige spannende Rollenspielvarianten ...

Rollenspiel statt Mediation – ein Konflikt wird sichtbar

von Frank Seeger

Wenn derzeit Konflikte auftreten, dann wird oft ein Mediator engagiert, der dann behutsam versucht, den Streit zur Zufriedenheit der Beteiligten zu schlichten. Das ist eine Möglichkeit der Konfliktlösung.

Es gibt jedoch auch die Möglichkeit, einen Streit zu visualisieren und darzustellen. Dazu braucht man zwei Darsteller – Menschen mit Theatererfahrung und/oder einem hohen Einfühlungsvermögen – und einen Spielleiter.

Jeder Darsteller wird mit der Darstellung einer Konfliktpartei beauftragt. Dazu informiert er sich so vollständig wie möglich über seine zu spielende Konfliktpartei.

Der Spielleiter informiert sich über die vorhandenen Streitpunkte und stellt diese den Darstellern zur Verfügung. Dann überlegt sich der Spielleiter eine konkrete, realitätsnahe Situation, in der die beiden Kampfhähne im Rollenspiel aufeinander treffen und von der aus es schnell zum Streit kommen kann.

Bei diesem Rollenspiel sind natürlich die echten Streitparteien als Zuschauer anwesend und können dadurch „ihren" Konflikt von außen beobachten und so die zur Konfliktlösung manchmal nötige Distanz gewinnen. Es ist jetzt die Aufgabe des Spielleiters zu beurteilen, ob dem Rollenspiel noch andere Personen beiwohnen sollen. Auf keinen Fall darf bei den Konfliktparteien der Eindruck entstehen, dass sie vorgeführt werden. Sie müssen frühzeitig informiert werden und natürlich in die Recherchen von Spielleiter und Darstellern einbezogen werden.

Wenn das Rollenspiel läuft, kann der Spielleiter jederzeit durch „Einfrieren" (die Szene wird angehalten, vgl. Essay auf Seite 321 f.: „Zwei Ideen aus der Theaterpädagogik") in das Spiel eingreifen. Idealerweise fangen die echten Konfliktparteien jetzt an, dem Spielleiter mitzuteilen, wie sie den Konflikt lösen können. Wenn weitere Personen anwesend sind, kann der Spielleiter auch deren Vorschläge aufgreifen. Aus diesen Vorschlägen wählen die Darsteller der Konfliktpartner eine Vorgehensweise aus (ggf. in Abstimmung mit den Konfliktpartnern) und das Rollenspiel geht weiter. So wird nach und nach der Streit zwischen den Darstellern und damit auch zwischen den Konfliktparteien beendet. Beide Seiten haben zur Lösung beigetragen und können sich somit mit dem dargestellten Streit, dessen Verlauf und mit dem Ergebnis identifizieren.

Perspektivenwechsel

Natürlich kann der Einbringer des Konfliktfalls auch selbst in eine Rolle gehen. Oder er wechselt durch die drei Positionen: Bei dieser Variation des „Leeren Stuhls" (siehe Seite 340) erlebt der Falleinbringer seine Situation aus drei Sichten: 1. assoziiert mit der eigenen Person, 2. assoziiert mit dem Konfliktpartner, 3. dissoziiert zum Geschehen, als neutraler Dritter auf die Situation schauend.

Ein Beispiel

Ein Beispiel: Andrea Kaup liegt seit Monaten mit ihrer Kollegin aus der Nachbarabteilung, wir nennen sie R., im Clinch. Die Fronten sind verhärtet und beide haben die Klärungsversuche eingestellt. Aber da Andrea in einem neuen Projekt eng mit R. zusammenarbeiten soll, hat sie sich entschlossen, den Fall in diesem Seminar noch einmal anzupacken. Als Falleinbringerin legt sie fest, wo im Raum welche Position gespielt werden soll. Sie hat ein Gespür dafür, wie weit weg Position 2 von Position 1 platziert sein sollte und ob Position 3 zum Beispiel auf dem Tisch stehend oder in einem bestimmten Winkel zu den beiden anderen Personen einzunehmen ist. Die von ihr bezeichneten Stellen werden gekennzeichnet, indem Pinwandkarten auf den Boden gelegt werden.

Dann führt die Rollenspielleiterin die Falleinbringerin durch die einzelnen Rollen. Zuerst in die Position 1: *„Also, Sie als Andrea Kaup, wie erleben Sie die Zusammenarbeit mit Frau R.?" „Wie geht es Ihnen mit der Situation?" „Was sagen Sie R., wenn Sie alles aussprechen dürfen, was Ihnen durch den Kopf geht?" „Was wünschen Sie sich von R.?"* Nachdem Andrea Kaup auf diese Art ihre eigenen Wahrnehmungen, Interpretationen und Emotionen in der Situation reflektiert hat, wechselt sie in die 2. Position. *„Sie als Frau R., wie erleben Sie die Situation mit Frau Kaup da drüben?"* Die Rollenspielleiterin achtet intensiv darauf, dass die Protagonistin in die Person R „hineingeht" und in der Ich-Form aus der Person R. heraus spricht. *„Wie geht es Ihnen damit, Frau R.?" „Wenn Sie, Frau R., Frau Kaup alles sagen dürften, was Sie wollen – was sagen Sie ihr dann jetzt?" „Was wünschen Sie sich von Frau Kaup?"* Schließlich wechselt die Protagonistin in die Position 3. *„Wenn Sie sich das so anschauen, Sie als unbeteiligte Dritte ... Da steht Frau R., dort steht Frau Kaup. Wie nehmen Sie von hier außen die Situation der beiden wahr?"* Auch hier wird die Rollenadaption durch die Protagonistin, also das Einsteigen in die Rolle der neutralen Beobachterin, durch die Rollenspielleiterin genau beachtet und unterstützt. *„Was meinen Sie von hier draußen: Was bräuchten die beiden, damit sie weiterkommen?"*

Ideen, die aus der neutralen Position heraus entwickelt werden, überprüft Andrea Kaup, indem sie erneut in die Positionen 1 und 2 hineingeht. Die Protagonistin hat allerdings in der realen Situation nur einen direkten Einfluss auf das Verhalten der Position 1, also ihr eigenes Verhalten als Andrea Kaup. Deshalb hinterfragt die Rollenspielleiterin dann, wenn Andrea Wünsche über das Verhalten der anderen Person R. äußert, was sie aus der Position 1 heraus selbst dazu beitragen wird, dass R. sich so verhalten kann. Aus der 2. Position heraus kann die Falleinbringerin abschließend überprüfen, ob das veränderte Verhalten der Andrea Kaup (also ihr Verhalten) eine positive Auswirkung auf Frau R. haben kann.

Es ist immer wieder interessant, wie viel sich dadurch verändert, dass nicht nur von den Stühlen aus über einen solchen Fall gesprochen wird. Das Hineingehen in die Rollen wird durch die „Raum-Anker", also durch die gekennzeichneten Stellen im Raum, wesentlich intensiver möglich. Womit wir wieder bei dem grundsätzlichen Ziel von Rollenspielen wären: Reales Rollen-ERLEBEN durch gespielte Situationen.

Veranstalten Sie keine Methodenschlacht!

Die zuvor beschriebenen Interventionen decken zum Teil weitere Lernziele ab (Einfühlen in andere, Dissoziationsfähigkeit, Selbstreflexion ...). Zudem bringen sie Abwechslung ins Seminar, der Verlauf der Rollenspiele wird „bunter", die Aufmerksamkeit der Teilnehmenden bleibt wach – also jede Menge positiver Auswirkungen, solange Sie *nicht zu viele Variationen* einbauen, so dass die Didaktik zur „Methodenschlacht" entartet ...

Jede der Interventionen ist sowohl bei vergangenheitsgerichteten als auch bei gegenwarts- und zukunftsorientierten Rollenspielen einsetzbar. Wird im Rollenspiel die Zukunft vorweggenommen, sollten zudem möglichst viele Szenarien entwickelt werden, was geschehen könnte. Bei einer bevorstehenden Projektpräsentation vor dem Vorstand wird gemeinsam mit der Gruppe ein Brainstorming durchgeführt – *„Was wäre, wenn ..." „... ein Vorstand ganz begeistert und der andere komplett dagegen ist." „... sie dir gar nicht zuhören, sondern in ihren Unterlagen blättern." „... sie dich ins Kreuzverhör nehmen." „..."* Aus den Möglichkeiten wählt der Falleinbringer die zwei bis drei Versionen aus, die ihm am wahrscheinlichsten vorkommen – und spielt sie durch. Er probiert sich aus, spult den Film zurück, lässt sich Ideen von der Gruppe geben, ... so lange, bis er ein Erfolgserlebnis aus dem Spiel mitnimmt – und sich darüber bewusst ist, dass ihm nun viel mehr Varianten des eigenen Verhaltens zur Verfügung stehen als vor dem Spiel.

Schritt 7 3/4: Aussteigen, bitte!

Es sei noch einmal betont, wie gut es den Teilnehmenden und dem weiteren Seminarverlauf tut, wenn die Chefinnen, Mediatoren, Krankenpflegerinnen und Beamten im Spiel zurückbleiben – und die Menschen wieder zu Teilnehmerinnen und Teilnehmern werden – bewusst unterstützt durch Ihre Intervention zum Ausrollen (siehe Kapitel 1, Seite 41).

Die Schritte **8. Auswerten** , **9. Teilen (Sharing)** und **10. Überleiten** der Ad-hoc-Rollenspiele entsprechen den abschließenden methodischen Schritten bei der Durchführung von vorbereiteten Rollenspielen (ab Seite 41).

Fazit

Begeistern Sie sich selbst für diese herausragende Methode – dann begeistern Sie auch Ihre Teilnehmer. Durch

- überzeugend vermittelten Sinn,
- abwechslungsreiche Gestaltung der Rahmenbedingungen,
- zielführend ausgewählte Spiel-Situationen,
- variantenreiche Durchführungsformen,
- verschiedenste Auswertungsarten
- und einen gesicherten Transfer.

Reales Rollenerleben durch gespielte Situationen

Für reales Rollenerleben durch gespielte Situationen. Wir wünschen Ihnen viel Erfolg bei und mit der Leitung von Rollenspielen – und freuen uns auf den Dialog mit Ihnen.

eva.neumann@kommunikativeshandeln.de
sowie
sabine.hess@flextrain.de

FÜNF

Wissenswertes –
Literatur, Kontaktadressen und Stichworte

Schnellfinder

Literatur/Quellen 349
- Quellen für andere Rollenspiele 349
- Anleitungen zum Entwickeln von Ad-hoc-Rollenspielen 349
- Seminarmethodik, Theorie 350
- Seminartranskripte, Rollenspielabläufe 350
- Benachbartes 351
- Inspirierende Filme 352

Autorenverzeichnis 353

Stichwortverzeichnis 363

Literatur/Quellen

Quellen für andere Rollenspiele

Michael Birkenbihl: Rollenspiele schnell trainiert. So optimieren Sie Ihre Trainings. Mit 20 Beispielen. mvg-Verlag, Landsberg am Lech, 1996.

Josef Broich: Rollenspiele mit Erwachsenen. Anleitungen und Beispiele für Erwachsenenbildung, Sozialarbeit, Schule. Rowohlt TB, Reinbek bei Hamburg, 1980.

Rüdiger Hintsch, Ulrich Pfingsten: Gruppentraining sozialer Kompetenzen. Grundlagen, Durchführung, Anwendungsbeispiele. Beltz PVU, Weinheim, 4., völlig neu bearb. Aufl., 2002.

Alexander Redlich und J.E.Elling: Potenzial: Konflikte. Ein Seminarkonzept zur Konfliktmoderation und Mediation für Trainer und Lerngruppen. Mit Übungsmaterial und 10 Fallbeispielen. Windmühle Verlag und Vetrieb von Medien, Hamburg, 2000.

Doris Röschmann und Herman Weber: Arbeitskatalog der Übungen und Spiele Bd. 2. Ein Verzeichnis von über 400 Gruppenübungen und Rollenspielen. Windmühle Verlag und Vetrieb von Medien, Hamburg, 1998.

Anleitungen zum Entwickeln von Ad-hoc-Rollenspielen

Karl Benien: Beratung in Aktion. Erlebnisaktivierende Methoden im Kommunikationstraining. Windmühle GmbH, Hamburg, 2002.

Friedemann Schulz von Thun: Praxisberatung in Gruppen. Erlebnisaktivierende Methoden mit 20 Fallbeispielen zum Selbsttraining für Trainerinnen und Trainer, Supervisoren und Coaches. Beltz Verlag, Weinheim und Basel, 1996.

Seminarmethodik, Theorie

Thomas Bliesener, Ruth Brons-Albert (Hrsg.): Rollenspiele in Kommunikations- und Verhaltenstrainings. Westdeutscher Verlag, Opladen, 1994.

Bodo G. Toelstede, Paul Gamber: Video-Training und Feedback. Beltz Verlag, Weinheim und Basel, 1993.

Roger Schaller: Das große Rollenspielbuch. Grundtechniken, Anwendungsformen, Praxisbeispiele. Beltz Verlag, Weinheim und Basel, 2001.

Bernd Weidenmann: Erfolgreiche Kurse und Seminare. Professionelles Lernen mit Erwachsenen. Beltz Verlag, Weinheim und Basel, 2000.

▶ Englischsprachige (US-amerikanische) Trainerbücher

C. Leslie Charles, Chris Clarke-Epstein: The Instant Trainer. Quick Tips on How to Teach Others What You Know. McGraw Hill, 1998.

Elaine Biech: Training for Dummies. Wiley Publishing Inc., 2005.

Seminartransskripte, Rollenspielabläufe

Joern J. Bambeck: Seminar. Gabler, Wiesbaden, 1988.

Inge Brenner, Hanno Clausing, Monika Kura, Bernd Schulz, Hermann Weber: Das pädagogische Rollenspiel in der betrieblichen Praxis. Konflikte bearbeiten. Windmühle GmbH, Hamburg, 1996.

Benachbartes

▶ Rollentheorie

Eberhard Stahl: Dynamik in Gruppen, Handbuch der Gruppenleitung. Beltz PVU, Weinheim und Basel, 2002.

▶ Psychodrama

Falko von Ameln, Ruth Gerstmann, Josef Kramer: Psychodrama. Springer, Berlin, 2004.

R. Bosselmann, E. Lüffe-Leonhardt, M. Gellert: Variationen des Psychodramas, ein Praxis-Handbuch – nicht nur für Psychodramatiker. Limmer Verlag, 1993.

Eva Leveton: Mut zum Psychodrama. Iskopress, 2004.

Jakob L. Moreno: Psychodrama und Soziometrie. Edition Humanistische Psychologie, 2001.

▶ Theaterpädagogik

Amelie Funcke, Maria Havermann-Feye: Training mit Theater. Wie Sie Theaterelemente erfolgreich ins Training bringen. managerSeminare Verlags GmbH, Bonn, 2004.

Keith Johnstone: Improvisation und Theater. Die Kunst, spontan und kreativ zu agieren. Alexander Verlag, 6. Auflage, 2002.

Keith Johnstone: Theaterspiele. Spontaneität, Improvisation und die Kunst des Geschichtenerzählens. Alexander Verlag, 3. Auflage, 2000.

Radim Vlcek: Workshop Improvisationstheater, Übungssammlung für Theaterarbeit, Ausdrucksfindung und Gruppendynamik. J. Pfeiffer Verlag, München, 1997.

Inspirierende Filme

„Der Club der Toten Dichter“ (USA 1989 „Dead Poets Society“) von Peter Weir (Regie), Tom Schulman (Buch), mit Robin Williams, Robert Sean Leonhard, Ethan Hawke u.a.

„Dangerous Minds – Wilde Gedanken“ (USA 1995) von John N. Smith (Regie), LouAnne Johnson (Buch), mit Michelle Pfeiffer, George Dzundza, Courtney B. Vance u.a.

„Die Kinder des Monsieur Matthieu“ (F 2004 „Les Choristes“) von Christophe Barratier mit Gérard Jugnot (Regie), Georges Chaperot und René Wheeler (Buch), mit Francois Berléand, Vad Merad, Jean-Paul Bonnaire, Marie Bunel u.a.

„Rhythm is it“ (D 2004) ein Film der Berliner Philharmoniker von Thomas Grube und Enrique Sánchez Lansch (Regie), mit Sir Simon Rattle, Royston Madoom, Susannah Broughton u.a.

„Verzauberter April“ (UK 1989 „Enchanted April“) von Mike Newell (Regie), Elizabeth von Arnim, Peter Barnes (Buch), mit Josie Lawrence, Miranda Richardson, Joan Plowright, Alfred Molina u.a.

„Die Zeit der bunten Vögel“ (USA 1990 „Where the Heart is“) von John Boorman (Regie), John Boorman, Telsche Boorman (Buch), mit Uma Thurman, Dabney Coleman, Joanna Cassidy u.a.

Autorenverzeichnis

Eva Neumann M.A., Schondorf

Jahrgang 1969. Kommunikationsberaterin mit den Schwerpunkten Gesprächsführung und Rhetorik, Coach für Selbstführung und (Trainings-)Konzeptentwicklung. Während des Studiums der Musikwissenschaft und Allgemeinen Rhetorik an der Universität Tübingen zunächst journalistisch unterwegs. Seit Mitte der 90er Jahre ist sie als Trainerin und Coach in Unternehmen der Automobilindustrie, öffentlich-rechtlichen Institutionen und Einrichtungen des Gesundheitswesens tätig, vernetzt im süddeutschen Raum: Gründerin des Forums für kommunikatives Handeln (2000). Eva Neumann schreibt und redet für Rundfunk und Tageszeitungen, veröffentlicht Fachartikel und -bücher. Als Coach kombiniert sie das Internal-Family-System (IFS) mit neurolinguistischen Verfahren. NLP-Master (DVNLP), wingwave®-Coach und -Trainerin, Coach für Persönlichkeitsentwicklung (2009 zert. v. Dietz-Training, anerkannt vom DBVC).

Musizieren, genaues Zuhören und Hinschauen, Freude an der Sprache, Tauchen und Kochen mit Partner und Freunden sowie ihre fünfköpfige Familie füllen ihre Freizeit aus. Die begeisterte Rollenspiel- und Trainingskonzeptentwicklerin liebt es, die Seminarmethodik situativ zu variieren, um sie an individuelle Fragestellungen anzupassen.

Eva Neumann
Rechbergstraße 7
D-73614 Schorndorf

Tel: 07181-406798
Fax: 07181-406799
eva.neumann@kommunikativeshandeln.de
www.kommunikativeshandeln.de

Meine Motivation dieses Buch zu schreiben: Es war und ist die Freude am Erfahrungsaustausch und am Gespräch mit Kolleg/innen, meine Sammlerleidenschaft, und der reichere Spielraum für Trainer und Teilnehmende!

Sabine Heß, Berlin

Trainerin (seit 1989), Rednerin und Coach. Jg. 1967, heute Inhaberin im Team *flex*train, „von Hause aus" Bankfachwirtin. Sie arbeitet hauptsächlich mit TrainerInnen und AusbilderInnen, leitet die offene Traineraus- und -weiterbildung für Selbstständige und Angestellte bei *flex*train. Und entwickelt und begleitet individuell zugeschnittene Maßnahmen in Unternehmen wie z.B. Bertelsmann oder L'Oréal. Mehrfach wurden ihre Arbeiten ausgezeichnet (BDVT und ASTD).

Als zertifizierte Trainerin dta, systemische Beraterin, NLP-Coach und -Trainerin sowie Consultant für das Language and Behaviour Profile lebt Sabine Heß seit 2007 ihre Experimentierfreude beim Improvisationstheater aus. Nicht nur bei Großgruppen nutzt sie ihre Erkenntnisse aus dem Story Telling Retreat mit Dough Stevenson und wurde 2008 als Rednerin in die German Speakers Assoziation aufgenommen. In weiteren Rollen ist sie Mutter zweier Jungs, Läuferin und Musikliebende.

Sabine Heß flextrain
Donnersmarckplatz 3
D-13465 Berlin

sabine.hess@flextrain.de
www.flextrain.de

Meine Motivation für dieses Buch: Ich finde es klasse, wenn immer mehr TeilnehmerInnen von Weiterbildungsmaßnahmen sagen: „Wow, dass Rollenspiele viel bringen, wusste ich – aber die können ja sogar richtig Spaß machen …!"

study&train, Gesellschaft für Weiterbildung mbH

study&train
WEITER DURCH BILDUNG

Das Trainer-Netzwerk study&train ist gegründet worden, um Kunden zum Erfolg zu verhelfen – durch hausinterne wie öffentliche Seminare, in maßgeschneiderten Projekten wie dem „Event"-Vortrag, der Krisen-Moderation oder der Weiterbildungsberatung sowie in Einzelcoachings bei unterschiedlichsten Fragestellungen: sei es die Redevorbereitung oder das Coaching in Konfliktsituationen.

Der Anspruch seiner Netzwerkmitglieder ist es, ein hohes fachliches Niveau und ausgeprägten Unterhaltungswert zu verbinden. Das gelingt auf der Basis von Trainingserfahrung und angewandter Methodenvielfalt. Im Netzwerk sind 22 Trainings- und Kommunikations-Spezialist/innen vereint, die meisten mit akademischem Studium. In Qualitätsteams arbeiten sie an der kontinuierlichen Verbesserung ihrer Beratungs- und Seminarqualität, unter anderem zu den Themenkreisen „Rhetorik", „Präsentation", „Verhandeln", „Führung", „Kommunikation", „Kundenservice", „Verhalten am Telefon" und „Zeit und Ziele planen".

Das Netzwerk-Wissen ist anerkannt: 13 Trainingsbücher sind in bisher 35 Auflagen erschienen. Daneben entwickelt und produziert study&train Audio-Lernmedien. Mehr als 100 Stammkunden aus Wirtschaft, Verwaltung und Non-Profit-Unternehmen, vom Einzelunternehmer bis zum Weltkonzern, vertrauen auf die Kompetenz des Netzwerks.

study & train GmbH
Möhringer Landstraße 36
D-70563 Stuttgart

Tel: 0711-7168286
Fax: 0711-7168287
info@study-train.de
www.study-train.de

Die Netzwerker:

Rainer W. Baber M.A.

Allgemeine Rhetorik, Literaturwissenschaft und Neuere Geschichte; Kaufmännische Ausbildung, Rhetorik- und Verkaufsberater.

Baber-Consulting
Training Beratung Coaching
Schloßstraße 25
D-73765 Neuhausen/Fildern

Tel: 07158-948814
Fax: 07158-62504
info@baber-consulting.de
www.Baber-Consulting.de

Arbeitsschwerpunkte: Rhetorik, Verkauf, Präsentations- und Vortragstechnik, Gesprächs- und Verhandlungsführung, Kundenorientierung am Telefon und Zeitmanagement.

Dr. Gudrun Fey M.A.

Philosophie, Linguistik, BWL; Trainerin und geschäftsführerende Gesellschafterin von study&train.

study & train GmbH
Möhringer Landstraße 36
D-70563 Stuttgart

Tel: 0711-7168286
Fax: 0711-7168287
GF@study-train.de
www.study-train.de

Arbeitsschwerpunkte: Rhetorik, Präsentation, Selbstmarketing und Netzwerken.

Sonja Förste

Mathematikerin und Mediatorin. Führungskräftecoach, Kommunikationstrainerin und Geschäftsführerin von SFplus.

SFplus – Institut für
Verhandlung und Führung
Gabriel-Biel-Str. 13
D-72076 Tübingen

Tel: 07071-968399
Fax: 07071-968398
sonja.foerste@SFplus.de
www.SFplus.de

Arbeitsschwerpunkte: Verhandlungsführung (GoWinSystems), Konfliktmanagement, Gesprächsführung und Rhetorik, Teamentwicklung (Team Management Systems) und Führung (SFSystemFührung)

Astrid Göschel M.A., die SprachINGENIEURIN

Rhetorik und Linguistik (Tübingen); Master of NLP (DVNLP); Trainerzertifiziert (Persolog®); Autorin; Inhaberin der Firma „SprachINGENIEURIN®".

SprachINGENIEURIN®
mit Sprache Brücken bauen
Anne-Frank-Str. 35
D-72764 Reutlingen

Tel: 07121-371100
Fax: 07121-371123
ag@sprachingenieurin.de
www.sprachingenieurin.de

Arbeitschwerpunkte: Kundenorientierung, Unternehmenskommunikation, Angewandte Sprachfähigkeit, Sprache als Werkzeug, Multiplikatorenschulung, Konzeption und Entwicklung von PE-Konzepten für firmeninterne Trainings

Melanie Grimm

Beraterin und Coach.

impuls beraten & begleiten
Kaagangerstr. 14
D-82279 Eching am Ammersee

Tel: 08143-447077
Fax: 08143-447076
mg@impuls-geber.de
www.impuls-geber.de

Arbeitsschwerpunkte: Coachings zu Dienstleistungsthemen, Wertemanagement und Selbstführung.

Christine Oberpaur

Wirtschaftspsychologin und Lehrmediatorin, Coach, Trainerin.

D-70197 Stuttgart
Tel: 0711-6574069
Fax: 0711-6571998

info@oberpaur.com
www.oberpaur.com

Arbeitsschwerpunkte: Wirtschaftsmediation, Seminare: Gesprächsführung, Konfliktmanagement.

Katharina K. Schaal M.A.

Politikwissenschaft und Rhetorik; Kommunikationsberaterin.

Starke Wortarbeit
Bodelschwinghweg 5
D-70736 Fellbach

Tel: 0711-8602082
Fax: 0711-3157550
schaal@starkewortarbeit.de
www.starkewortarbeit.de

Arbeitsschwerpunkte: Beratung und Coaching, Rhetorik, Gesprächsführung und Kommunikation.

Petra Schächtele M.A.

Magister Soziologie und Rhetorik; Diplom Informatikerin

Beratung, Training, Counseling
Verdistr. 1
D-72768 Reutlingen
www.mindspots.de
Tel: 07121-968650
Fax: 07121-968651
ps@mindspots.de

Arbeitsschwerpunkte: Präsentieren, Verhandeln, Rhetorik – schlagfertig und gelassen.

Johanna Schott

Dipl. Kauffrau, Geschäftsführende Gesellschafterin der study&train GmbH.

study & train GmbH
Möhringer Landstraße 36
D-70563 Stuttgart
Tel: 0711-7168286
Fax: 0711-7168287
js@study-train.de
www.study-train.de

Arbeitsschwerpunkte: Zusammenführen von Kundenbedarf und Trainern: Eigene Trainings zu Rhetorik, Verhalten am Telefon und Kundenservice.

Frank Seeger

Theaterpädagoge, Kommunikationsberater.

Weißdornweg 14/246
D-72076 Tübingen
Tel: 07071-928078
SeegerFrank@aol.com

Arbeitsschwerpunkte: Rhetorik, Theaterpädagogik, Kreativitätstraining.

Klaus Steinke

Verhandlungsführungsexperte und Geschäftsführer.

Klaus Steinke GmbH
Sonnenbergstr. 5a
D-70184 Stuttgart

Tel: 0711-240290
Fax: 0711-2360653
Klaus.Steinke@GoWinSystems.com
www.12talente.de

Arbeitsschwerpunkte: Verhandlungsführung (GoWinSystems), chief catalyst im Projektteam „Lebendige Rhetorik" und im Netzwerk „12 Talente".

Markus Stoltze M.A.

Sozialwirt-FH; Ev. Theologie und Pädagogik; Auditor und Qualitätsmanager, Qualitätsberater.

Consulting, Management
und Training
Egerländerstr. 26b
D-86179 Augsburg

Tel: 0821-422288
Fax: 0821-422280
markus.stoltze@t-online.de

Arbeitsschwerpunkte: Qualitätsmanagement, Moderation und Teamentwicklung.

Renate Weiß M.A.

Magistra Artium Rhetorik und Musikwissenschaft, Kommunikationsberaterin, Expertin für Umgangsformen und Imagegestaltung

WEISS CONSULTING
Rhetorik – Umgangsformen – Imageberatung
Rilkestraße 2
D-72760 Reutlingen

Tel: 07121-6955500
Fax: 07121-6955501
rw@weiss-consulting.de
www.weiss-consulting.de

Arbeitsschwerpunkte: Rhetorik, Business-Knigge, Kundenorientierung, Tischkultur, Dress for Success

Stichwortverzeichnis

A

ABC-Training 39
Ad-hoc-Rollenspiel 20, 331
AGABU-Formel 326
Angst nehmen 321
Antagonisten 31
Anzahl der Rollen 63
Artefakte 324
Arten 60
Ausrollen 41, 345
Auswählen der Spielpartner 29
Auswerten 41

B

Benefiz-Gala 28
Beobachter 18, 32
Beobachtungsbogen 33
Bühne einrichten 34, 336

D

Darstellung des Ablaufs 28
Dilts, Robert 16
Doppeln 340
Durchführen 38

E

Einbringer 337
Einfühlungsvermögen 42
Einrichten 34

Einrollen 31, 336
Einstimmen 26
Eisbrecher 28
Emotionales Erleben 318
Erlebniswelt 22

F

Fakten sammeln 335
Falleinbringer 338
Feedback-Regeln 25
Feedback (an)nehmen 26
Feedback schenken 25
Fertige Rollenspiele 20
Fremdbild erfahren 337

H

Handlungsziele erreichen 199

I

Identifikation 33
Indirektes Feedback 45
Inneres Abwägen 22
Innere Haltung des Trainers 23

J

Johari-Fenster 50

K

Kommunikationsspiele 61
Kommunikationstechniken anwenden 65
Konflikt 341
Konfliktfall 342
Konzipieren 21, 331
Kurzrollenspiele 61, 114

L

Leerer Stuhl 340
Lernbereiche 55

M

Machtspiel 339
Mediation 341
Methodik des Rollenspiels 17
Moreno, Jakob Levi 15

O

Offenes Klima 23

P

Pannen 327
Perspektivenwechsel 342
Positives Feedback geben 44
Protagonist 31, 336
Psychische Wirklichkeit 17

R

Reihenfolge festlegen 333
Rollen 15
Rollenbesetzung 337
Rollenspieleinsatz 21
Rollenspielsammlung 53
Rollentausch 338
Rollenzuwachs 341
Rollen beschreiben 335
Rückmeldung 47

S

Schriftliches Feedback 44
Schutz vor Bloßstellung 314
Selbstreflexion 336
Seminarziel 333
Sequenzielles Rollenspiel 38
Sharing 43
Simulation 18
Sinn erläutern 29
Situationen festlegen 332
Slow Motion 38

Spiel-Storming 40
Spielerwechsel 340
Störung 327

T

Teilen 50
Teilnehmer zurückführen 41
Theaterpädagogik 321
Trainerrolle 339

U

Überleiten 52
Umgang mit Emotionen 323
Umgebungsbedingungen
und Hilfsmittel 19

V

Verhalten des Rollenspielpartners 19
Vertrag zum Vertragen 24
Vertrauen schaffen 27
Vertraulichkeit 49
Video-Feedback 35
Video-Präsentation 49

Videoeinsatz 34
Vier-Augen-Pausengespräch 314
Vorbereiten 23
Vorgeführt werden 314

W

Warm-up 28,334
Widerstände 309
Wirkung 60
Wortwahl 30

Z

Ziel des Rollenspiels 17
Zurückspulen 40